ELVIDIO SURIAN

MANUALE
DI
STORIA DELLA MUSICA

VOLUME III

L'Ottocento:
la musica strumentale e il teatro d'opera

RUGGINENTI EDITORE

Elvidio Surian
Manuale di storia della musica.
Volume 3. L'Ottocento: La musica strumentale e il teatro d'opera

Copyright © 1993 by
RUGGINENTI EDITORE, Milano
I-20141 MILANO, via dei Fontanili, 3

Finito di stampare nel mese di ottobre 2005 presso
Stampatre, Torino.

Printed in Italy

RE 1039
ISBN 88-7665-058-X

Prima edizione: novembre 1993
Prima ristampa: settembre 1995
Seconda ristampa: settembre 1996

Seconda edizione riveduta e ampliata: settembre 1999
Terza edizione riveduta: ottobre 2002
Quarta edizione riveduta: ottobre 2005

Redazione: Musica Practica, Torino.

Premessa.

Rispetto ad epoche storiche precedenti l'Ottocento conobbe senz'altro un impareggiabile incremento di pubblico per molti generi di musica. Ciò favorì lo sviluppo e la produzione di un'enorme quantità di musica in precedenza inimmaginabile. E il linguaggio musicale raggiunse per la prima volta una posizione di parità estetica con la poesia e con le arti figurative. Secondo il vedere dei filosofi e scrittori tedeschi del primo romanticismo – il nome dato all'epoca che grossomodo abbraccia l'intero XIX secolo – la musica venne addirittura considerata l'arte suprema e ideale perché non ha nessun contatto con le cose concrete e perché è quella che arriva a condurre l'anima verso l'infinito, l'assoluto. I filosofi del romanticismo credevano specialmente nella superiorità della musica strumentale – quella di Beethoven in particolare – su quella vocale. E in effetti la musica strumentale, solistica-virtuosistica e sinfonica specialmente, ebbe in quest'epoca ampia diffusione, in precedenza sconosciuta. Ciò non toglie l'importanza del teatro d'opera italo-franco-tedesco, che costituisce uno dei fenomeni artistico-culturali più vistosi del XIX secolo.

Ho ritenuto necessario riservare un intero volume per fornire agli studenti dei corsi di Storia della musica alcuni punti di orientamento elementari inerenti le strutture compositive e i generi musicali ritenuti più rappresentativi dell'epoca. Onde evitare di delineare una storia "eroica" (ossia articolata in una serie di grandi nomi) della musica dell'Ottocento, ho organizzato la materia secondo il criterio dei generi musicali, con riferimenti costanti alla storia sociale, culturale e delle idee. Vale notare che, dopotutto, i dati reali di una qualsivoglia storia della musica sono prima di tutto i caratteri specifici delle opere musicali, così come di una storia della letteratura sono quelli delle opere letterarie. Ciò non vuol dire che si è voluto offrire una "storia della musica senza nomi"; sarebbe del tutto insensato realizzarla per un'epoca che più di ogni altra ha messo in primo piano il concetto di "personalità" e di "originalità" della creazione musicale. Accanto alla trattazione dei principali generi musicali si

3

forniscono quasi sempre alcuni essenziali dati biografici dei singoli autori. Ho dedicato un ampio capitolo a Beethoven poiché nessun compositore di musica strumentale del periodo romantico poté sottrarsi al peso schiacciante della sua eredità; persino il *Musikdrama* di Wagner si è presentato come opera concepita nello spirito delle sinfonie del grande compositore di Bonn.

La necessità di condensare una storia tanto diversificata nell'arco di un unico volume fa sì che molto debba essere omesso. Lo studente non troverà qui, per esempio, molti dati ed estese informazioni sulla vita e la produzione dei singoli compositori; né, salvo qualche eccezione, molti riassunti di trame di opere teatrali. Si possono attingere utilmente queste informazioni dai più recenti dizionari ed enciclopedie musicali, in particolare dall'*Enciclopedia della musica Garzanti*, nuova ed. (1996), pubblicata nella serie delle cosiddette "garzantine".

Ringrazio i colleghi di Storia della musica del Conservatorio di Pesaro che mi hanno generosamente aiutato con preziosi consigli e incoraggiamenti durante la stesura di questo libro e per averne letto il manoscritto. Sono grato anche a Flavio Gatti e allo *staff* redazionale dell'editore Rugginenti per la competente collaborazione alla realizzazione di questo volume. Infine ringrazio mia moglie Eugenia e mia figlia Laura che mi hanno incoraggiato, facilitato e sopportato nella mia fatica.

Al testo della Terza edizione di questo volume sono state apportate alcune aggiunte e correzioni varie, oltre ai necessari aggiornamenti alle Bibliografie poste in fine di ciascun capitolo.

Pesaro, agosto 2002   E. S.

23. Ludwig van Beethoven (1770-1827) e il suo tempo.

La Rivoluzione francese e la musica

L'epoca della Rivoluzione francese e dell'impero napoleonico (1789-1815) fu segnata da rivolgimenti politici, sociali e civili di notevole portata che ebbero ripercussioni profonde sul pensiero filosofico, sulle lettere, sulle arti dell'Europa intera. L'affermazione dei diritti naturali di uguaglianza e fraternità dell'uomo come patrimonio di tutta l'umanità, la fede negli ideali della ragione, della libertà e dell'eroismo, l'esaltazione delle virtù morali e patriottiche furono tutti valori che in buona parte erano stati tracciati dai pensatori illuministi e poi lasciati in eredità alla Rivoluzione francese. Lo stesso Napoleone Bonaparte (1769-1821), in quanto responsabile di numerosi provvedimenti legislativi di riforma dell'amministrazione pubblica, dei codici civile, penale e commerciale, ebbe per qualche tempo la simpatia e l'ammirazione di molti intellettuali e uomini di cultura non solo francesi, ma anche tedeschi, italiani e di altre nazionalità.

L'impatto della Rivoluzione francese però si fece poco sentire nel campo del linguaggio musicale. La gran quantità di musica prodotta in Francia nell'ultimo decennio del Settecento non presentava all'ascolto nessuna caratteristica rivoluzionaria, legata com'era per lo stile al mondo dell'*ancien régime* e all'aura di solenne grandiosità di cui si era nutrita l'opera francese. Vale sottolineare che, negli anni della Rivoluzione, molte *tragédies lyriques* – di Gluck in particolare – non sparirono completamente dal repertorio dei teatri parigini. L'importanza della Rivoluzione è data, piuttosto, dai mutamenti che ha indotto nel costume musicale, nelle modalità della fruizione musicale, nel rapporto tra compositore, esecutore e pubblico.

Nel periodo rivoluzionario la musica veniva considerata come elemento essenziale di decorazione delle feste e cerimonie pubbliche che si tenevano all'aperto nelle strade e nelle piazze di Parigi e di altre città della Francia. Le feste servivano all'esaltazione dell'entusiasmo patriottico, a suscitare il più largo consenso, a stimolare la capillare partecipazione delle masse e diventare allo stesso tempo strumenti efficaci di consolidamento dell'assetto del potere. I capi della Rivoluzione introdussero nella musica destinata a questi rituali di massa un'esplicita funzione ideologica e morale che essa non aveva mai avuto sin dall'antichità, all'infuori dell'ambito religioso. Mentre la propaganda che appariva nelle opere letterarie a stampa e nei prodotti delle arti visive aveva serie limitazioni di diffusione poiché poteva raggiungere un numero ristretto di persone (alla vigilia della Rivoluzione il tasso di analfabetismo della popolazione francese era del 65%), il messaggio politico poteva essere trasmesso a un gran numero di cittadini tramite la musica. Tra i componimenti che vennero scritti appositamente per gli eventi rivoluzionari si trovano marce, musica militare e canti di ogni genere: odi, inni alla libertà, alla natura, canti patriottici, civili, morali, per la partenza e il ritorno dell'armata e anche religiosi. Una delle maggiori funzioni pubbliche era l'apoteosi degli eroi caduti attraverso l'esecuzione di inni, marce e cantate funebri.

I musicisti dovettero piegarsi alle nuove esigenze e produrre un tipo di musica adatto ai rituali richiesti dai capi della Rivoluzione. Al posto delle sottili sfumature timbriche, degli artifizi costruttivi e degli intrecci polifonici ingegnosi propri della musica precedente (teatrale, sinfonica e da camera) i compositori sostituirono grandi masse sonore, motivi facili e orecchiabili (di derivazione triadica, ritmi puntati di fanfara), tessiture vocali elementari, cori all'unisono, strutture manifestamente semplici ma di sicuro effetto. Le opere musicali solenni e grandiose della Rivoluzione erano indirizzate ad un pubblico del tutto nuovo rispetto ai tradizionali frequentatori del *Concert spirituel*, dell'Opéra o dei salotti privati, aristocratici o borghesi che fossero. I partecipanti alle feste pubbliche talvolta cantavano all'unisono con gli esecutori, i quali erano essi stessi musicisti e cantori non professionisti. Le masse sonore necessarie agli spazi esterni erano ottenute mediante un ampio uso, in precedenza impensabile, degli strumenti a fiato e delle percussioni (tam-tam e grancassa). Una tale ricchezza del volume sonoro ebbe effetto sulla condotta armonica molto elementare dei canti rivoluzionari: predominano gli accordi di tonica-dominante, le modulazioni avvengono raramente e solo nelle tonalità più vicine, molto disteso è il ritmo degli accordi (con estesi pedali e lunghe stazioni su un singolo accordo, ben oltre la battuta). Forse il più celebre canto rivoluzionario è il *Chant de guerre pour l'armée du Rhin* ("Canto di guerra per l'armata del Reno"), noto come *La Marseillaise* ("La Marsigliese"), scritto (parole e musica) nel 1792 da Claude-Joseph de Lisle (1760-1836), dal 1879 l'inno nazionale francese.

Lunga è la schiera di compositori, anche di alto livello, che dedicarono il loro talento all'esaltazione degli ideali della Rivoluzione. Tra i musicisti di spicco che si impegnarono a scrivere un gran numero di marce, inni e canti adatti alle festività e alle cerimonie repubblicane sono da ricordare François-Joseph Gossec (1734-1829) e il suo allievo Charles-Simon Catel (1773-1830), Luigi Cherubini (1760-1842, a Parigi dal 1788), Etienne-Nicolas Méhul (1763-1817), Bernard Sarrette (1765-1858), Jean-François Le Sueur (1760-1837).

Molto vasto era il repertorio dei canti rivoluzionari: è stato stimato che dal 1789 al 1800 ne furono scritti più di 3000, con una produzione media di due al giorno. La capillare diffusione di questo repertorio in ogni città della Francia e nelle colonie di oltremare fu garantita per mezzo di un'iniziativa editoriale che non trova precedenti negli annali della stampa musicale. Si tratta della pubblicazione mensile dal titolo *Le Magasin de musique* ("Rivista di musica"), fondato nel 1794 e distribuito con il sostegno finanziario governativo da un'associazione di 51 musicisti, tra i quali Gossec, Sarrette, Méhul e Cherubini. È il primo esempio che si conosca di un'associazione di artisti-editori che distribuiscono essi stessi il proprio prodotto artistico, assicurandosi quei giusti proventi di cui in passato avevano usufruito in gran parte gli stampatori e i negozianti di musica.

Notevole incidenza ebbe la Rivoluzione francese anche nel campo dell'istruzione musicale. Per intensificare l'assistenza ai musicisti e coinvolgerli attivamente nella vita civica del Paese fu fondata, nel giugno del 1792, una *École de musique de la Garde nationale* ("Scuola di musica della Guardia nazionale"), una scuola popolare di musica aperta gratuitamente a 120 allievi destinati a fare servizio presso la Guardia nazionale (fondata da Sarrette nel 1789) e le feste pubbliche. E per la prima volta nella storia della musica la formazione del musicista non riguardò solo la musica sacra (come avveniva nelle scuole annesse alle istituzioni religiose) o la musica teatrale (come l'insegnamento che si dava all'*École royale de chant* – "Scuola reale di canto" – istituita a Parigi nel 1784 e aperta a trenta allievi soltanto), ma si concentrò sostanzialmente sull'insegnamento degli strumenti a fiato, i quali dovevano appunto sostenere i canti eseguiti nelle feste spettacolari all'aperto. Sarrette fu l'animatore principale dell'*École*, che nel novembre del 1793 fu potenziata (fu composta di 115 insegnanti e 600 allievi) e chiamata *Institut national de musique* ("Istituto nazionale di musica"). Nell'estate del 1795 si ravvisò ancora una volta la necessità di allargare ulteriormente l'istituzione (vi sarà annessa, ad esempio, una ricca biblioteca, una collezione di strumenti e un'officina per la stampa) che fu denominata *Conservatoire national de musique* ("Conservatorio nazionale di musica"). Diretta da Sarrette fino al 1814, questa scuola darà poi alla Francia un primato europeo nel campo della didattica musicale e sul suo modello saranno istituiti (cfr. il Cap. 24) i primi conservatori di musica in Italia (a Milano, Bologna e Napoli).

L'aura di solennità e di grandiosa monumentalità di cui si nutrì la musica della Rivoluzione francese costituì la premessa di inedite esperienze nel campo della musica sinfonica dell'epoca romantica. Al massiccio volume sonoro del repertorio della Rivoluzione fu debitrice l'orchestra di Berlioz (cfr. il Cap. 24) e del *grand opéra* francese (cfr. il Cap. 25).

Anche Beethoven si appropriò con abbondanza di elementi linguistici di ascendenza francese. Egli non manifestò in alcun modo simpatie verso la Rivoluzione, ma nel corso della sua vita si mostrò sempre fedele agli ideali di libertà, di fratellanza, al rispetto dei diritti umani. Evidente è la presenza di molte peculiarità stilistiche francesi in opere beethoveniane quali la *Terza* e *Quinta sinfonia*, le *ouvertures* dell'*Egmont* e della *Leonore*, la *Sonata* per pianoforte in LA♭ magg., Op. 26 (il secondo movimento porta il titolo *Marcia funebre sulla morte d'un Eroe*). In questi lavori Beethoven adattò il tono monumentale tipico della musica francese, e ne nacque quello stile che si affaccia nelle sue opere scritte tra il 1802 e il 1813/1814 e che i critici hanno definito "eroico": si manifesta in particolare nelle proporzioni colossali e nell'estensione della *Terza sinfonia* (caratteristiche che la distanziano maggiormente dai modelli precedenti), come anche nella posa eroica e il carattere trionfale di tutti i tempi (salvo lo "Scherzo") della *Quinta sinfonia*.

Non è possibile sapere quando Beethoven possa essere venuto a contatto con la musica della Rivoluzione francese. Forse venne a conoscenza delle cerimonie repubblicane tenutesi a Nancy e a Strasburgo, ad appena 250 chilometri circa da Bonn, dove rimase fino al 1792. Qualcosa di quella musica andò oltre i confini della Francia fino a comprendere città come Anversa e Colonia, e non è improbabile che copie delle marce e degli inni, stampati in tirature molto alte, siano arrivate fino a Vienna. Beethoven deve quasi sicuramente aver tratto il tema dell'ultimo movimento della *Quinta sinfonia* (ESEMPIO 1b) dall'inno (ESEMPIO 1a) di Gossec *Aux mânes de la Gironde* ("Ai morti della Gironda",1795). Si osservi come le due melodie sono improntate ad una enfatica semplicità:

Par - tez, par - tez trou - pe_im - mor - tel———— le, me - ri -
tez des de - stins des de - stins si beaux!

(Partite, partite [voi] truppa immortale, meritate destini invero meravigliosi!)

ESEMPIO 1a

ESEMPIO 1b

La biografia, la personalità, il metodo creativo di Beethoven

L'inesauribile forza e la giustamente famosa originalità dell'arte di Beethoven esercitano ininterrottamente da oltre due secoli un fascino irresistibile su tutti coloro che amano la musica. Già durante la vita del musicista si andò formando un mito intorno al suo nome. Il culto di Beethoven nacque in concomitanza della nuova posizione privilegiata che i teorici-filosofi del romanticismo tedesco attribuirono alla musica all'interno della gerarchia delle arti (cfr. il Cap. 24). La sua musica strumentale, specie quella sinfonica, fu ritenuta la più appropriata ad esprimere in suoni l'ineffabile, l'inesprimibile, l'essenza stessa della musica. Gli scrittori romantici ammirarono Beethoven fino all'adulazione facendolo apparire sotto le spoglie dell'artista prometeico rivoluzionario, del gran sacerdote e profeta che aprì la strada al rinnovamento del linguaggio musicale. Indiscusso divenne il predominio delle sue sinfonie, dei quartetti, delle sonate per pianoforte nel repertorio concertistico a partire dal primo Ottocento in poi. Già nel 1804 le sue opere apparivano nei programmi dei concerti con la stessa frequenza di quelle di Haydn e di Mozart e furono quasi tutte stampate durante la sua vita, spesso sotto il suo diretto controllo.

Beethoven va considerato come il musicista più influente del XIX secolo: nessun compositore dell'epoca romantica poté sottrarsi al peso schiacciante della sua eredità. In concomitanza all'entusiasmo per la sua musica, si andò formando una letteratura biografica tendente a tracciare un'immagine mitica della sua vita e della sua personalità. Gli esegeti romantici beethoveniani si prodigarono a collegare biografia e opera, a considerare cioè le opere come il commento della sua vita e, viceversa, la sua vita come il commento alle sue opere. Si tratta di un metodo adottato nelle trattazioni biografiche – molto numerose nel XIX secolo – anche di altri grandi compositori. Vale ricordare, però, che non sempre un'opera può essere espressione diretta di un "momento di vita" dell'autore, anzi può, talvolta, addirittura mascherarlo. D'altro canto, non si può negare che le circostanze biografiche possano essere utili o addirittura indispensabili per la interpretazione delle opere (per conoscerne la genesi, ad esempio) di un musicista, in particolare delle epoche più recenti (dal 1750 ca., quando si cominciò a considerare le opere musicali espressione di una certa "individualità"; cfr. il vol. II, Cap. 22). Nel XIX secolo e dopo, si tentò di forgiare il ritratto psicologico "interno" di Beethoven e di offrire l'immagine di un artista-eroe, colpito dalla sordità, isolato dall'umanità, in lotta contro il destino. Si scrissero su di lui biografie in gran parte fondate su leggende e aneddoti, con il risultato che spesso si confusero invenzione allegorica e verità biografica nel ricostruire gli elementi essenziali della sua vita. La *Biographie von Ludwig van Beethoven* (Münster 1840) di Anton F. Schindler (1795-1864), il quale era stato (dal 1820) l'assistente, il factotum e il segretario del compositore, contribuì ampiamente al formarsi della concezione ottocentesca beethoveniana, e continuò ad esercitare la propria influenza fino ai nostri giorni (la biografia fu tradotta in varie lingue, con riedizioni, rivedute e ampliate, nel 1845 e 1860).

Per merito precipuo di studiosi inglesi, statunitensi e tedeschi, la ricerca beethoveniana ha compiuto grossi passi in avanti negli ultimi anni e oggi disponiamo di un quadro più attendibile, più giusto e preciso della biografia del grande compositore di Bonn. Grazie al diligente e rigoroso studio degli appunti, degli schizzi, dei manoscritti autografi e di altri documenti coevi (lettere, fonti archivistiche, ecc.) è stato anche possibile giungere ad un'accurata ricostruzione cronologica di quasi tutti i suoi lavori e alla pubblicazione (1955) del catalogo tematico delle sue opere a cura di G. Kinsky e H. Halm (cfr. il vol. I, Cap. 1).

Alla sua morte, Beethoven lasciò una quantità di materiale documentario, forse superiore a quanto ci è stato lasciato da qualsiasi altro compositore (è da supporre che desiderasse farci conoscere riguardo a sé stesso e la sua creatività qualcosa in più di una semplice cronologia delle opere): numerose partiture manoscritte di opere pubblicate o ancora inedite, una cinquantina di quaderni e circa 350 fogli singoli contenenti schizzi musicali, 400 quaderni d'appunti – i celebri "quaderni di conversazione" – e altri effetti e documenti personali, quali il cosiddetto "Testamento di Heiligenstadt" redatto nell'ottobre del 1802. Ad un'asta pubblica avvenuta (novembre 1827) dopo la sua morte molti di questi documenti furono smembrati, venduti pezzo per pezzo e dispersi tra vari compratori. Altri ancora andarono distrutti. Dei 400 quaderni di conversazione affidati a Schindler ne rimangono, ad esempio, solo 137; 263 furono da lui distrutti perché ritenuti di scarso interesse. Riferentisi agli anni 1818-1827 quando il compositore era in uno stato di quasi totale sordità, i quaderni di conversazione registrano le domande e le risposte (riguardano perlopiù questioni di vita quotidiana, di carattere riservato) vergate in gran parte da visitatori, appartenenti perlopiù alla cerchia piuttosto ristretta degli amici intimi, che comunicavano con lui per iscritto (egli rispondeva il più delle volte a voce).

Documenti di eccezionale importanza per la storia della vita creativa di Beethoven sono gli schizzi musicali dove il compositore annotava ogni idea musicale che gli si presentava, foss'egli a casa, in strada, in una taverna, ecc. Beethoven non componeva in fretta e usava abbozzare la sua musica con grande anticipo rispetto alla stesura finale dell'opera e in modo sorprendentemente particolareggiato, lavorando contemporaneamente a più composizioni, anche diverse l'una dall'altra. Nel 1806-1807, ad esempio, lavorò contemporaneamente agli abbozzi della *Quinta* e della *Sesta sinfonia*, che sono opere di carattere molto diverso l'una dall'altra. Una volta disse ad un suo amico: "Porto sempre un quaderno d'appunti [...] con me, e, quando mi viene in mente un'idea, la trascrivo immediatamente. Mi alzo nel bel mezzo della notte per fissare sulla carta un pensiero, per paura di dimenticarlo". Usò questo metodo di lavoro dagli anni della sua giovinezza a Bonn fino alla morte, anche per le opere più brevi e meno impegnative. Gli abbozzi preparatori assumono pertanto una rilevanza particolare, superiore a quella che di norma rivestono per qualunque altro compositore (ma pochi altri compositori hanno lasciato tanti schizzi di composizioni proprie quanti ne ha lasciati

Beethoven): servono per penetrare a fondo e risolvere molti aspetti problematici del suo laborioso processo creativo. Specie negli ultimi vent'anni molti studiosi si sono dedicati all'analisi particolareggiata degli schizzi di Beethoven, collocandoli in una luce del tutto nuova. Sono stati utilizzati per illuminare determinati punti della cronologia delle opere, per rivelare progetti lasciati incompiuti, per comprendere lo svolgimento stilistico di molte sue opere, per fornire un'idea generale sia del modo in cui egli si accostava alla composizione (per rilevare, ad esempio, ciò che aveva scritto poi cancellato) sia della genesi di determinate opere.

Carattere saliente del metodo creativo di Beethoven è di sottoporre l'opera ad un inesorabile processo di selezione dei materiali tematici. Ecco cosa riferì ad un certo Louis Schlosser, violinista dell'orchestra di corte di Darmstadt, che lo visitò nel 1822:

> [...] un tema che mi sia venuto in mente una volta, lo ricordo per anni. Modifico parecchio, scarto, provo e riprovo, finché non sono soddisfatto; allora ha inizio nella mia mente l'elaborazione [*Verarbeitung*] in ampiezza, concentrazione, altezza e profondità. Poiché so ciò che voglio, l'idea fondamentale non mi abbandona mai; si fa strada e cresce, sento e vedo l'immagine [*Bild*] in tutta la sua estensione, come mi stesse dinanzi in una gettata, e quindi non mi rimane che scrivere. Il che avviene rapidamente, per il tempo che ho, giacché a volte lavoro a diverse opere contemporaneamente, eppure sono sicuro di non confondere l'una con l'altra [...]. Le idee mi vengono non so da dove, non chiamate, indirettamente o direttamente. Potrei afferrarle con le mani all'aperto, nei boschi, nelle passeggiate, nel silenzio della notte, di primo mattino, stimolate da stati d'animo che il poeta traduce in parole e io in suoni.

Come mostra l'andamento degli schizzi, Beethoven abbozzava temi e passaggi, ma progettava anche la composizione nel suo insieme. A differenza di altri compositori quali Mozart (per il quale si può dire che la prima ispirazione aveva già il suggello della compiutezza; cfr. il vol. II, Cap. 22), egli faceva tentativi su tentativi prima di arrivare alla formulazione definitiva di un tema. Gradualmente la concezione dell'intera opera prendeva forma influenzando i particolari dei singoli temi, i quali raggiungevano uno stato di compiutezza (lo dimostrano le analisi comparative tra gli schizzi e il pezzo finito) soltanto attraverso un elaborato processo di metamorfosi: gli abbozzi venivano scartati uno dopo l'altro e soltanto le idee musicali che avevano l'impronta di una assoluta maturità e originalità erano poi elaborate. Ciò che in particolare interessava Beethoven era la creazione di complessi motivici suscettibili di elaborazioni, che offrissero cioè possibilità di ulteriori sviluppi. Haydn aveva già adottato questo metodo compositivo in molte sue opere scritte dopo il 1780 ca. (cfr. il vol. II, Cap. 22), ma spettò a Beethoven far evolvere ulteriormente questa concezione del lavoro compositivo. Ecco l'abbozzo (1822) dell'*Ode alla Gioia* della *Nona sinfonia*:

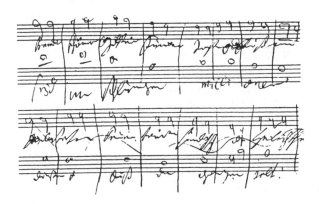

Il travaglio consapevole di selezione, di trasformazione e di revisione delle idee musicali era diretto ad enfatizzare in ogni singola opera quei tratti caratteristici e originali che la distanziassero maggiormente da altre opere e magari dai modelli precedenti. La pratica di inserire in una composizione pagine utilizzate in opere precedenti (una pratica molto comune nel Settecento) è, pertanto, praticamente scomparsa in Beethoven, salvo alcune eccezioni. Molte sue opere scritte dal 1802 in poi si distinguono infatti per le proprie qualità individuali proprio perché furono frutto di un lento e laborioso processo di cernita, di condensazione e di sintesi del materiale musicale. Ognuna delle nove sinfonie richiese, ad esempio, un lungo periodo di gestazione, che nel caso estremo della *Nona sinfonia* abbracciò un periodo di quasi dieci anni (dai primi abbozzi del 1814 al completamento nel 1824). Vale notare che Mozart aveva composto le ultime tre sinfonie in meno di due mesi (fine giugno-primi agosto del 1788) e che Haydn terminò in pochi anni (1791-1795) le dodici sinfonie "Londinesi". Va però tenuto presente che della produzione complessiva di Beethoven (circa seicento composizioni) molte sono le opere che non rivelano tratti particolari di originalità. Si tratta di quei lavori composti perlopiù frettolosamente e che sono in gran parte scomparsi dal repertorio odierno: musica da camera per fiati, pezzi d'intrattenimento, musiche di scena, composizioni vocali e strumentali d'occasione.

Sempre profondamente radicato attraverso l'intero arco della sua carriera fu in Beethoven il desiderio di affermarsi come compositore e di conquistarsi un posto importante nella grande tradizione musicale del tempo. Egli era pienamente consapevole delle proprie potenzialità e della grandezza del proprio genio. Tutta la sua vita fu caratterizzata da un costante desiderio di crescita e di trionfo della propria arte, che gli fruttò una reputazione sempre più grande ed una fama internazionale. Benché priva di avvenimenti esteriori di rilievo, l'intera vita di Beethoven fu segnata da profondi conflitti interiori, da periodi di crisi psicologiche che lo conducevano alla solitudine, all'infelicità e persino a desideri suicidi – seguiti da periodi di relativa serenità che lo portavano ad un'attiva vita sociale. Altro elemento significativo della personalità beethoveniana fu la tensione tra obbedienza e ribellione, fra il bisogno di essere accettato da coloro che detenevano il potere nella società e l'impulso a criticarne i comportamenti, a volte con il linguaggio più scortese e sprezzante. Fedele ai principii illuministici e umanitari di libertà e di uguaglianza, Beethoven non aveva certo un atteggiamento di conformismo utilitaristico nei confronti della società in cui viveva. Tuttavia, non si dovrebbe esagerare il suo radicalismo rivoluzionario avanzato dalla letteratura popolare e da numerosi critici, anche recenti. Egli, come detto, non manifestò in alcun modo simpatie verso la Rivoluzione francese, ad esempio.

Beethoven nacque e passò gli anni della giovinezza a Bonn, città nel territorio della Renania che ospitava allora la corte dell'elettorato di Colonia. Durante il governo (dal 1784) dell'elettore Maximilian Franz (1756-1801), fratello dell'imperatore Giuseppe II di Asburgo (1741-1790), la letteratura e il pensiero dell'Illuminismo erano particolarmente diffusi a Bonn. Le attività culturali erano molto fiorenti, specialmente in campo teatrale e operistico (si rappresentavano molte opere di compositori italiani e francesi quali Cimarosa, Sacchini, Paisiello, Grétry, Gossec). Per quanto riguarda la musica strumentale vi si trovavano in vendita e si eseguivano, nei palazzi della nobiltà e dell'alta borghesia, numerose sonate, sinfonie, concerti e pezzi cameristici del momento, specialmente di Haydn e di Mozart. Fu questa l'atmosfera in cui Beethoven si formò dal punto di vista professionale, sociale e culturale.

Beethoven nacque in una famiglia di musicisti: suo nonno Ludwig (1712-1773) era maestro di cappella (dal 1761) alla corte del principe elettore, e suo padre Johann (ca. 1740-1792) era tenore di corte oltre che modesto insegnante di violino e di pianoforte. Quest'ultimo non aveva una buona reputazione alla corte di Bonn: stava molto tempo fuori casa (passava notti intere nelle osterie o vagabondando per la città con gli amici), evitava le responsabilità familiari ed aveva il vizio del bere. A quattro-cinque anni il giovane Ludwig fu avviato dal padre allo studio della musica. Fu istruito nel pianoforte e nel violino in modo prepotente e brutale. A volte veniva chiuso in cantina e anche picchiato per costringerlo a sedersi al pianoforte. Il primo talento del giovane musicista si manifestò per l'improvvisazione. Più tardi (dal 1780 o 1781) studiò composizione con Christian Gottlob Neefe (1748-1798), compositore e organista tedesco giunto a Bonn nel 1779, il quale lo introdusse al *Clavicembalo ben temperato* di J.S. Bach. Nel 1783 il giovane musicista fu nominato "maestro al cembalo" e nel 1784 organista di corte aggiunto. A partire dal 1788 ricevette un ulteriore incarico di violista presso il teatro di corte.

Il numero totale delle singole composizioni che Beethoven scrisse durante il periodo di Bonn ammonta a più di cinquanta, alcune delle quali furono pubblicate. Non si conoscono però con esattezza le date di queste composizioni: due terzi di esse furono scritte negli anni 1789-1792, ma alcune risalgono al 1782-1785. Si tratta di lavori che coprono gran parte dei generi tradizionali dell'epoca (si contano pezzi per pianoforte, musica da camera, cantate, arie da concerto e numerosi *Lieder*), non riflettono ancora l'acquisizione di uno stile personale e mostrano quasi invariabilmente l'adozione di formule convenzionali. Molte di queste composizioni utilizzano le tecniche della variazione, altre comprendono movimenti in forma-sonata.

Per proseguire gli studi di composizione e per affermarsi come virtuoso pianista presso i circoli dell'alta società, Beethoven, a ventidue anni, si trasferì a Vienna, città che all'epoca offriva eccellenti possibilità a un giovane musicista desideroso di mettersi in luce (cfr. il vol. II, Cap. 22). Giunse nella capitale asburgica nel novembre del 1792 e vi risiedette per tutta la vita – non rivide mai più Bonn. Nel dicembre dello stesso anno iniziò a studiare composizione sotto la guida di Haydn (le lezioni si protrassero fino alla partenza di Haydn per Londra nel gennaio del 1794). Dal maggior compositore vivente Beethoven fu istruito prevalentemente nella libera composizione – al giovane musicista interessava perfezionarsi nello stile strumentale viennese moderno allora imperante. È probabile che l'anziano maestro lo consigliasse anche su certi problemi del mestiere – le relazioni con gli editori, ad esempio. Contrariamente a quanto asseriscono diverse biografie, anche recenti, i rapporti tra maestro e allievo furono di stima e di reciproco rispetto. La dedica di Beethoven delle *Sonate* per pianoforte Op. 2 (pubblicate nel 1796) a Haydn tende infatti a smentire l'idea di un rapporto negativo tra i due musicisti.

Berichte   Reibungen

I resoconti di attriti personali o d'incompatibilità artistica tra i due furono quasi tutti formulati dopo la morte di Beethoven e non sono fondati su dati certi e inconfutabili. È probabile che Haydn si fosse curato poco dei progressi del suo allievo nello studio del contrappunto. E infatti Beethoven per questa disciplina si affidò (nel 1794-1795) all'insegnamento del rinomato contrappuntista e organista alla corte imperiale Johann Georg Albrechtsberger (1736-1809). Dal 1801-1802 ca. studiò anche per alcuni anni, ma in modo episodico, con il celebre operista e maestro di cappella imperiale Antonio Salieri (1750-1825), il quale gli diede consigli soprattutto per ciò che riguarda lo stile vocale e la corretta declamazione musicale della lingua italiana.

Appena giunto a Vienna Beethoven riuscì ad accedere con facilità nei saloni e nei palazzi di aristocratici che coltivavano la musica, grazie alle conoscenze del conte Ferdinand Ernst Waldstein (1762-1823), il quale era stato il suo principale protettore a Bonn; a lui dedicò in segno di gratitudine la *Sonata* per pianoforte in DO magg., Op. 53, "Waldstein", del 1805. Nonostante la notevole quantità di pezzi composti durante i primi dieci anni a Vienna (nel 1799 le sue musiche erano pubblicate da ben cinque editori), Beethoven fu stimato inizialmente soprattutto per le sue doti di virtuoso esecutore, specialmente nella libera improvvisazione, al pianoforte. Si esibì molte volte nei salotti aristocratici e nelle sale da concerto, e si trovò contemporaneamente sotto la protezione di diversi rappresentanti della nobiltà. Tra quelli che assunsero un ruolo significativo nella sua carriera (come anche in quella di altri compositori; cfr. il vol. II, Cap. 22) divenendo suoi devoti sostenitori figurano il barone Gottfried van Swieten (sul quale cfr. il vol. II, Cap. 22), il principe Joseph Lobkowitz (1772-1816), il conte russo Andreas Razumovskij (1752-1836) e il conte Moritz Fries (1777-1826). Il principale mecenate e protettore di Beethoven fu il principe Karl von Lichnowsky (1761-1814): dal 1800 ad almeno fino al 1806 gli concesse un assegno fisso annuo oltre ad altri doni personali. In cambio della sua attiva protezione Lichnowsky ricevette la dedica di numerose prime opere beethoveniane, quasi tutte presentate per la prima volta in pubblico nel suo palazzo. A partire dal 1801-1802 il compositore raggiunse un buon grado di sicurezza economica grazie anche alle vendite dei suoi lavori a vari editori. Vendeva inoltre nuove opere ad aristocratici musicofili per una somma stabilita, in cambio della quale essi ricevevano la dedica e i diritti esclusivi di esecuzione per un certo numero di mesi. Quando anche editori stranieri iniziarono a richiedere con sempre maggior insistenza quelle sue opere che avevano avuto vendite eccellenti a Vienna, Beethoven si conquistò riconoscimento e fama internazionali. Negli ultimi dieci anni circa della sua vita godette di rendite cospicue procurategli dalla vendita delle sue composizioni. Talmente ottima era la sua situazione finanziaria da permettergli di abbandonare l'insegnamento privato – nei primi anni viennesi insegnò pianoforte a giovinette aristocratiche – evitargli di dover comporre opere effimere d'occasione e conquistarsi una relativa indipendenza dalle forme tradizionali di mecenatismo aristocratico. Poteva vagliare offerte, discutere compensi e contratti, richiedere anticipi ad editori, vendere persino la stessa opera a più editori contemporaneamente. Già nel 1801 si riteneva pienamente gratificato della posizione che aveva raggiunto nella sua carriera. Ciò è quanto emerge da una lettera che scrisse il 29 giugno di quell'anno ad un suo amico a Bonn:

> Vuoi avere notizie sulla mia situazione. Ebbene, nel complesso non è affatto male [...]. Le mie composizioni mi rendono parecchio, e posso dire di ricevere più commissioni di quante sia in grado di portare a termine. Inoltre, per ogni lavoro posso contare su sei o sette editori, o anche di più, se lo voglio; non discutono nemmeno più con me, io fisso un prezzo e quelli pagano. Vedi dunque quant'è piacevole la situazione in cui mi trovo. Ad esempio, se vedo un amico in difficoltà, e se lo stato delle mie finanze non mi permette in quel momento di aiutarlo, basta che mi metta al tavolino a comporre, ed ecco che in breve tempo sono in grado di soccorrerlo. Inoltre, vivo con maggiore parsimonia di un tempo; e se dovessi rimanere qui per sempre, riuscirei senza dubbio ad ottenere ogni anno un giorno per un concerto. Ne ho già dati alcuni.

Le spese che doveva sostenere erano comunque piuttosto alte e non sorprende, quindi, che avesse accumulato molti debiti: cambiava continuamente alloggio – a Vienna cambiò abitazione una sessantina di volte – ogni anno affittava un appartamento per trascorrere la stagione estiva fuori città, mantenne sempre due persone di servizio e, dopo la morte del fratello (1815), dovette sostenere le spese legali per la tutela esclusiva, contrastata dalla madre, del nipote Karl (1806-?) di nove anni e poi pagare per la sua educazione.

Gli anni a partire dal 1798 circa fino al 1804 circa furono i più critici della vita di Beethoven. Furono anni segnati da profondi conflitti interiori che sfociarono in una crisi di notevoli proporzioni e che ebbero ripercussioni considerevoli sulla sua personalità. Tale situazione di disagio fu indubbiamente causata da una malattia all'orecchio di cui non si sa la diagnosi esatta: forse si trattava di una otosclerosi, forse di una otite all'orecchio medio. I primi sintomi preoccupanti della malattia si erano manifestati nel 1798 o 1799, forse già nel 1796 circa. La malattia gli causava fastidio, talvolta dolore, e una parziale perdita dell'udito, che nei successivi vent'anni andò peggiorando fino a farsi totale nel 1822 – pare sia rimasto totalmente sordo dall'orecchio destro. Intorno al 1816 cominciò a fare uso di un cornetto acustico – era divenuto difficile parlare con lui senza dover gridare – e dal 1818 iniziò a comunicare con i visitatori tramite i quaderni di conversazione.

Per un musicista che aveva davanti a sé una luminosa carriera di virtuoso pianista – l'esecuzione era stata fino ad allora la sua principale attività – la diminuzione dell'udito ebbe naturalmente un effetto drammatico: sentì il pericolo di finire in balìa del disprezzo dei suoi rivali e nemici. I timori per la sua salute e la sua carriera lo condussero alla solitudine, all'infelicità e incoraggiarono tendenze, già latenti in lui sin dagli anni di Bonn, alla misantropia e al sospetto. In un mondo di sempre crescente isolamento acustico, si concentrò totalmente sulla composizione. Gli anni che trascorse in uno stato di disperazione e di angoscia (1798 ca.-1804 ca.) furono nondimeno anni di straordinaria e intensa produttività. Il 29 giugno 1801 scrisse ad un suo amico: "Vivo immerso nella mia musica e riesco appena a finire un pezzo che già ne inizio un altro. Al ritmo con cui ora compongo, produco spesso tre o quattro opere contemporaneamente". Le opere scritte in quegli anni mostrano chiaramente come stesse passando ad uno stile radicalmente nuovo (vedi più avanti). Va tenuto presente che Beethoven, benché affetto da una crescente sordità, senza dubbio sapeva esattamente quello che voleva in merito al risultato sonoro delle sue composizioni. Come ogni musicista esercitato, egli aveva nella mente le sonorità che voleva realizzare, e infatti non sembra abbia composto molto al pianoforte.

Quale crisi interiore Beethoven stava attraversando a causa della sordità lo rivela un celebre documento dell'ottobre 1802 ritrovato tra le sue carte dopo la morte, oggi conosciuto come "Testamento di Heiligenstadt" dal nome del villaggio (vicino a Vienna) dove si ritirò nella primavera-estate del 1802. Destinatario ideale del testamento indirizzato ai fratelli Carl (1774-1815) e Johann (1776-1848) è, fin dalla prima apostrofe *O ihr Menschen* ("O voi, uomini"), l'umanità in generale, alla quale egli cerca di spiegare il suo stato di turbamento e la lotta che dovette sostenere prima di rassegnarsi al suo drammatico destino. Egli chiama in causa l'arte quale la sola ragione che l'abbia sottratto a togliersi la vita. Con queste parole Beethoven compare come un musicista (forse il primo nella storia della musica) che si considera investito di una missione, che si sente intenzionato a sviluppare appieno le proprie "capacità artistiche", che si vorrebbe portatore di un messaggio da tramandare al pubblico al di là del tempo.

PER I MIEI FRATELLI CARL E [JOHANN] BEETHOWEN

O voi, uomini che pensate o dite che io sono astioso, testardo o misantro-po, come mi giudicate male. Voi non conoscete la causa segreta che mi fa apparire così ai vostri occhi. Fin dall'infanzia il mio cuore e il mio animo sono stati colmi del tenero sentimento della benevolenza, ed io sono sempre stato propenso a compiere grandi azioni. Considerate però che negli ultimi sei anni sono stato tormentato da un male senza speranza, peggiorato per colpa di medici insensati; di anno in anno sono stato ingannato con speranze di miglioramento, ed infine costretto ad accettare la prospettiva di una *malattia cronica* (la cui guarigione esigerà degli anni o sarà forse impossibile). Pur essendo dotato di un temperamento ardente e vivace, ed anche sensibile ai piaceri della società, sono stato presto costretto a ritirarmi in me stesso, a vivere in solitudine. [...] Questa disgrazia è per me doppiamente dolorosa, perché sono destinato ad essere incompreso: non può esservi alcun conforto per me nella compagnia dei miei simili, né conversazioni elevate, né recipro-co scambio di idee. Sono costretto a vivere quasi completamente solo, come fossi stato bandito dalla società, alla quale posso mescolarmi soltanto in caso di necessità. Se mi avvicino alla gente mi assale un violento terrore; ho paura di correre il rischio che si noti la mia condizione. [...] Tu, Essere Divino, mi leggi in fondo all'animo: Tu sai che è radicato in me l'amore per l'umanità e il desiderio di fare il bene. – Oh, uomini, miei compagni, quando un giorno leggerete questo, sappiate che avete commesso un'ingiustizia contro di me: chi sia stato colpito dalla sventura può trovare consolazione nel caso di un infelice par suo, il quale, nonostante la Natura gli sia stata avversa, ha non-dimeno fatto tutto ciò che era in suo potere per venire accettato nel novero degli artisti e degli uomini degni. [...] Mi affretto con gioia all'incontro con la morte. – Se essa giungerà prima che io abbia avuto la possibilità di svilup-pare tutte le mie capacità artistiche, allora sarà giunta troppo presto nono-stante il mio crudele destino, e desidererei probabilmente ritardare la sua venuta – eppure anche così sarei felice, poiché non verrebbe forse a liberarmi da uno stato di perenne sofferenza? [...] Oh Provvidenza – concedimi un gior-no almeno *di pura gioia* – è trascorso tanto tempo da quando una gioia vera echeggiò nel mio cuore – Oh quando – Oh quando, oh Essere Divino – la sen-tirò ancora nel tempio della natura e dell'umanità – Mai? – No – Oh sarebbe troppo crudele.

L'angoscia di Beethoven diminuì negli anni successivi: egli riuscì ad accettare la propria sordità immergendosi nel lavoro. L'isolamento e la solitudine rendevano però difficili i rapporti con gli altri uomini. Aveva un carattere decisamente eccentrico e i suoi più intimi amici erano vittime delle sue maniere brusche e dei suoi con-tinui sbalzi di umore: momenti di sfrenata allegria erano seguiti da furori improvvisi e da sconfinate espressioni di pentimento. Soprattutto negli ultimi anni di vita, il suo aspetto fisico rifletteva la stranezza e la irrequietezza del suo carattere. Scrive il suo biografo Schindler: "La sua testa, che era insolitamente grossa, era coperta da lunghi capelli irsuti che, essendo sempre in disordine, conferivano al suo aspetto una certa aria selvaggia. Questa selvatichezza era notevolmente accentuata quando egli lasciava crescere una lunga barba, come spesso faceva".

Nonostante il carattere eccentrico di Beethoven, tutti coloro che lo conobbero provavano per lui stima, affetto e simpatia. Quando gli amici si recavano da lui venivano accolti con cordialità e affettuosità. Cercava inoltre di seguire un ideale di comportamento esemplare. Tra le virtù che reggevano la sua vita, e che pretendeva dagli altri, erano la grande integrità morale, la correttezza dei sentimenti, la profonda repulsione per i compromessi, la devozione per la ragione e per la libertà, lo sviscerato amore per la natura.

Fin dagli anni della gioventù, Beethoven ebbe difficoltà nello sviluppare una relazione affettiva seria e duratura con una donna. Secondo le testimonianze dei suoi amici, egli era spesso innamorato, ma di solito aveva delle donne amate una concezione ideale che non corrispondeva alla realtà: si innamorava di donne che erano legate ad un altro uomo – nel qual caso era pressoché impossibile un matrimonio – oppure desiderava una donna che dimostrava scarso o addirittura nessun interesse verso di lui, e pertanto si doveva ritirare aspettandosi un rifiuto. L'atteggiamento di Beethoven verso le donne era sicuramente collegato al suo timore (conscio o inconscio) di condurre una normale vita familiare. Per un uomo completamente preso dalla propria arte, il celibato era apparentemente una condizione necessaria (sebbene dolorosa) nello sviluppo della propria creatività. La ricerca di una donna irraggiungibile impediva la possibilità di un esito positivo delle sue relazioni con l'altro sesso e costituiva, in effetti, una rinuncia al matrimonio oltre che un'accettazione della solitudine come proprio destino. Per quanto ne sappiamo, l'unica tra le donne amate da Beethoven che sembra aver corrisposto le sue attenzioni, lo accettava pienamente come uomo e diceva di amarlo senza riserva, fu la donna oggi conosciuta come l'"Immortale Amata". A lei indirizzò l'unica lettera d'amore della sua vita (che probabilmente mai spedì e che fu ritrovata tra le sue carte personali dopo la morte). La lettera fu quasi sicuramente scritta a Teplitz (in Boemia), dove il compositore stava trascorrendo un periodo di vacanza, nel luglio del 1812 – nella lettera manca però l'indicazione dell'anno e della località. Non c'è neanche certezza assoluta sull'identità dell'Immortale Amata. Dalla raccolta di una serie di dati e di indizi circostanziati l'autorevole biografo di Beethoven M. Solomon (cfr. la *Bibliografia* a fine Cap.) è arrivato alla conclusione che la donna alla quale il musicista scrisse la lettera fu quasi sicuramente Antonie Brentano (1780-1869), una nobile dama viennese sposata (dal 1798) con quattro figli.

Con toni appassionati e confusi il compositore dichiara nella lettera che le sarebbe rimasto eternamente fedele; le faceva appello affinché continuasse ad amarlo, ma le comunicava che, in effetti, non era possibile compiere il passo finale di vivere insieme, come lei gli aveva presumibilmente prospettato. Dopo il 1812 e per tutto il resto della vita non conosciamo alcuna ulteriore storia d'amore di Beethoven. Durante gli ultimi anni, dall'elenco dei suoi amici le donne sono totalmente assenti, e pochissime sono le lettere ad esse indirizzate.

Dopo che alcuni suoi protettori morirono (Lichnowsky e Lobkowitz), altri emigrarono (il conte Razumovskij fece ritorno in Russia), altri ancora lo abbandonarono, dal 1815 in poi Beethoven costituì gradualmente una nuova cerchia di amici. Il gruppo più numeroso era formato da rappresentanti del mondo dell'editoria e dell'imprenditoria musicale: Anton Diabelli (1781-1858), Tobias Haslinger (1787-1842) e Sigmund Anton Steiner (1773-1838), la famiglia Streicher, proprietaria di una fabbrica di pianoforti nella cui casa vi era una sala privata da concerto dove si riunivano intenditori musicofili e dove si organizzavano ogni settimana serate musicali (vi partecipava spesso anche Beethoven). In un'altra cerchia di amici si contavano parecchi giornalisti e direttori di giornali di Vienna. Questi si ritrovavano con Beethoven nelle taverne o nei ristoranti preferiti e discutevano di musica, politica, affari personali, ecc.

Dopo il 1815 ca., la salute di Beethoven cominciò a deteriorarsi. Oltre al notevole peggioramento dell'udito, verso il 1820-1821 apparvero i primi sintomi di un disturbo epatico che sembra essere stato causato dalla sua notevole assunzione di bevande alcoliche e che infine si sviluppò in una cirrosi epatica. I suoi numerosi medici si disperavano per l'indisciplina del paziente (conduceva una vita irregolare). La malattia si acuì maggiormente negli ultimi mesi di vita: subì quattro operazioni che però non gli recarono alcun giovamento. Morì di cirrosi epatica il 26 marzo 1827.

Caratteri stilistici della musica di Beethoven

L'opera di Beethoven è da considerare essenzialmente come parte ed estensione dello stile classico viennese, che aveva creato un vasto ed unico *corpus* di capolavori, specialmente nelle composizioni strumentali. Beethoven accettò senza riserve il lessico musicale, le strutture ed i procedimenti compositivi sui quali avevano lavorato i suoi immediati predecessori e contemporanei, in particolare Haydn e Mozart (cfr. il vol. II, Cap. 22), ma si sforzò nel contempo di permearli di maggior fantasia, di infondervi una speciale intensità individuale e una qualità espressiva inconfondibile. Nell'intero arco della sua carriera artistica è sempre presente la tensione tra fedeltà alle strutture compositive consacrate dalla tradizione e un impulso-bisogno di travolgerle, o perlomeno di arricchirle di nuovi contenuti espressivi e di nuove soluzioni formali. Non si può però dire che Beethoven abbia creato "nuove" forme, neanche nelle sue ultime composizioni sperimentali (vedi più avanti), perché in effetti non pronunciò mai un addio preciso ai procedimenti e ai modelli organizzativi adoperati dai suoi predecessori. Va tenuto presente inoltre che la recente letteratura critica beethoveniana ha ormai accantonato la insipida disputa se il compositore di Bonn fosse un classico o un romantico. Elementi del passato e del futuro si fronteggiano costantemente nella sua musica e anzi ne costituiscono l'essenza.

Sulla base di effettive differenze stilistiche, si suole suddividere le opere di Beethoven in tre "periodi" creativi. A proporre per primo tale ripartizione stilistica fu Wilhelm von Lenz (1809-1883) nello studio *Beethoven et ses trois styles* ("Beethoven e i suoi tre stili", San Pietroburgo 1852). Benché possa risultare alquanto problematico distinguere nettamente – con date precise – i confini che separano un periodo dall'altro, la tripartizione di Lenz fu accolta da molti studiosi e appare comunque in parte giustificata dalle parole dello stesso Beethoven sulla "nuova via" compositiva imboccata intorno al 1802 (vedi più avanti) e dal profondo cambiamento stilistico che si fa sentire nelle opere scritte a partire dal 1816 circa. Le tre distinte fasi della carriera creativa di Beethoven si articolano come segue:

– Primo periodo (ca. 1782-ca. 1802). Costituito dagli anni di Bonn e dai primi anni a Vienna. Tra le opere più significative composte in questo periodo figurano le prime due sinfonie; venti *Sonate* per pianoforte – dall'Op. 2 fino all'Op. 31, oltre alle due "sonate facili" dell'Op. 49 –; i sei *Quartetti* per archi Op. 18; i tre *Trii* per pianoforte, violino e violoncello Op. 1; otto *Sonate* per violino e pianoforte, dall'Op. 12 fino all'Op. 30; i primi tre concerti per pianoforte e orchestra.

– Secondo periodo (ca. 1803-ca. 1815). Comprende le sinfonie dalla *Terza* all'*Ottava*; l'opera *Fidelio*; le sette *Sonate* per pianoforte dall'Op. 53, "Waldstein", fino all'Op. 90; i *Quartetti* per archi Op. 59 (detti "Razumovsky" perché dedicati al conte russo

A. Razumovsky), Op. 74 e Op. 95; le *Sonate* per violino e pianoforte Op. 47 e Op. 96; i concerti per pianoforte e orchestra n.
4 e 5; il *Concerto* per violino e orchestra Op. 61.

– Terzo periodo (ca. 1816-1826). Comprende la *Nona sinfonia*; le
ultime cinque *Sonate* per pianoforte, dall'Op. 101 fino all'Op.
111; le 33 *Variazioni su un valzer di Diabelli*, Op. 120; i
Quartetti per archi Op. 127, 130, 131, 132, 135 e la *Grosse Fuge*
("Grande fuga") Op. 133 che in origine era il finale dell'Op. 130;
la *Missa solemnis*.

Il primo periodo

Sin dall'inizio della sua carriera creativa Beethoven operò nell'intento di espandere le strutture formali che aveva ereditato dai suoi
predecessori, introducendovi vari effetti e procedimenti affatto nuovi
o fino ad allora trascurati. A parte l'influsso di Haydn, i tre *Trii* per
pianoforte, violino e violoncello, Op. 1, pubblicati nel 1795, rivelano
un'impostazione di largo respiro tipicamente "beethoveniana": sono
tutti in quattro movimenti, tutti di grande durata (raggiungono oltre
le mille battute per trio), con lunghe Code nei primi movimenti (vedi
i *Trii* n. 1 e 2). Degna di nota è la scrittura indipendente e a tratti
molto elaborata della parte di violoncello, che aveva pochi precedenti (soltanto nei *Trii* di Mozart del 1786-1788). Le sonate per violino e
pianoforte testimoniano, invece, la perfetta padronanza che aveva
Beethoven della scrittura squisitamente violinistica. Al violino sono
affidati passaggi brillanti, talvolta a doppie e triple corde, bruschi
cambiamenti di dinamica e di registro, ampie curve melodiche spesso enfatizzate o aggraziate da appoggiature semplici e doppie. I due
strumenti sono in genere trattati su un piano di parità: i materiali
tematici sono equamente distribuiti, con frequenti dialoghi serrati
tra l'uno e l'altro strumento. Vale tenere presente che Beethoven
mantenne costantemente una speciale predilezione per il violino
componendo per questo strumento alcune tra le sue opere più significative. Violinista egli stesso a Bonn, subito dopo il suo arrivo a
Vienna prese lezioni da Wenzel Krumpholz (ca. 1750-1817) e da
Ignaz Schuppanzigh (1776-1830), del quale rimase sempre fedele
amico. Fra il gruppo di sonate per violino e pianoforte composte nel
quinquennio 1797-1802 spiccano la *Sonata* in FA magg., Op. 24, "La

primavera", per la sua vena lirico-sentimentale, e la *Sonata* in DO min., Op. 30, n. 2, per il tono cupo ed eroico. In queste due sonate si notano inoltre tratti stilistici innovativi e perfino sperimentali, come nel Rondò finale dell'Op. 24 con le sue impreviste digressioni in tonalità remote (nei primi tre ritornelli) prima di ristabilirsi sulla tonalità principale. La *Sonata* Op. 30, n. 2, chiaramente suggerisce l'inizio di una tendenza verso lo sfruttamento di sonorità orchestrali nei generi cameristici, tendenza che si farà ancora più marcata nelle successive composizioni. Il carattere "sinfonico" di questa sonata risiede nella notevole estensione dell'ambito espressivo, specialmente nel primo movimento che si distingue per il tema introduttivo presentato all'unisono con forza e maestosità, le chiare curve melodiche, i repentini cambiamenti del disegno ritmico, i contrasti della dinamica equamente distribuiti tra i due strumenti.

Il pianoforte è lo strumento che forse più di qualsiasi altro fu legato alla carriera artistica di Beethoven e che fu per lui fonte principale e determinante di ispirazione. Le trentadue sonate per pianoforte che recano un numero d'*opus* coprono infatti un arco di tempo praticamente ininterrotto (1795-1822) della sua carriera. Quasi ognuna di esse fu stampata non appena completata (al massimo entro un anno). Oltre la metà (venti) delle sonate fu composta negli anni anteriori al 1803. Col trasferimento a Vienna Beethoven si rese conto che la moltitudine di pianisti e di studenti di pianoforte, ivi e in altre parti d'Europa, costituiva un mercato avido di composizioni per quello strumento (cfr. il vol. II, Cap. 22). Sin dagli anni di Bonn, egli aveva del resto mostrato particolare interesse per le tecniche costruttive dei pianoforti. Per tutta la vita fu continua la richiesta da parte sua di strumenti di estensione più ampia, dotati di maggiore potenza sonora, di pedali più versatili, con meccanica più pesante rispetto agli strumenti a tastiera più antichi. Nelle sue sonate Beethoven forzò le potenzialità tecniche dello strumento ai loro limiti estremi, sì da creare sonorità pressoché orchestrali, insolite e lussureggianti. Desiderava pertanto strumenti tecnicamente evoluti, capaci di sostenere tali sonorità. Vale ricordare che nei primi anni dell'Ottocento il pianoforte non era, quale è oggi, una macchina perfezionata, ma uno strumento in continua evoluzione. Beethoven lo considerava uno strumento inadeguato e invocò miglioramenti ai fabbricanti Matthäus Andreas Stein (1776-1842) e Johann Andreas Streicher (1761-1833). A quest'ultimo scrisse nel 1806: "Non c'è dubbio che, per quanto riguarda il modo di suonare, il *pianoforte* è ancora il meno studiato e sviluppato tra tutti gli strumenti; si ha spesso l'impressione di ascoltare semplicemente un'arpa". I costruttori di pianoforti risposero alla necessità di Beethoven per un timbro robusto e per gli effetti orchestrali. Ecco quanto scrive Johann Friedrich Reichardt (1752-1814) in un resoconto di viaggio datato Vienna, 7 febbraio 1809, (*Vertraute Briefe*, Amsterdam 1810) sui miglioramenti tecnici apportati ai pianoforti Streicher:

> Streicher ha abbandonato la meccanica delicata, troppo cedevole e vivace dei vecchi strumenti viennesi e, su parere e richiesta di Beethoven, ha dato ai propri strumenti più resistenza ed elasticità, cosicché il virtuoso che suoni con forza e pregnanza possa agire sullo strumento in modo da sostenere e rinforzare [il suono?] e determinare una pressione e una corsa [del tasto?] più sensibili. Grazie a questo cambiamento egli ha dato un carattere più ampio e variegato ai propri strumenti, i quali saranno così in grado, più di qualsiasi altro strumento, di soddisfare il virtuoso che miri a qualcosa di più di una brillante esecuzione.

Sappiamo che i pianoforti ricevuti in dono, in segno della sua celebrità internazionale, dalle ditte Erard di Parigi (nel 1803) e Broadwood di Londra (nel 1818) non avevano soddisfatto le aspettative del compositore. Per tutta la sua vita, gli strumenti preferiti rimasero quelli viennesi. L'estensione di tutte le venti sonate composte prima del 1803 (ossia quelle precedenti l'Op. 53) è compresa all'incirca entro la gamma di cinque ottave (dal FA grave al FA_5) prevalente nei pianoforti del Settecento (cfr. il vol. II, Cap. 22). Le restanti dodici sonate (dall'Op. 53 all'Op. 111) aumentano gradatamente l'estensione verso il registro acuto e, nelle ultime cinque sonate, verso quello grave. L'arricchimento della scrittura pianistica di Beethoven avvenne quando i fabbricanti tedeschi e viennesi, in anticipo su quelli francesi e inglesi, si dedicarono a perfezionare la meccanica dello strumento e ad estenderne la tastiera. Nel 1803 Streicher costruì pianoforti di sei ottave, portate a sei e mezzo nel 1818.

Sul piano formale – nel trattamento della forma-sonata, ad esempio – le prime sonate per pianoforte di Beethoven si accostano essenzialmente ai modelli di Haydn, Mozart, Clementi. In fatto di scrittura pianistica, carattere distintivo di questi lavori è una generale tendenza a raggiungere sonorità ricche e brillanti – melodie nascoste dal velo degli arpeggi, ottave spezzate che salgono e scendono lungo tutta la tastiera, accordi densi nella mano sinistra, nella mano destra, talvolta in ambedue le mani, ecc. – che possono essere state suggerite a Beethoven dalle sonate di Muzio Clementi (cfr. il vol. II, Cap. 22). Concepite con ampiezza e vastità di disegno formale, queste sonate furono evidentemente intese da Beethoven come lavori d'importanza. Le prime quattro sonate (le tre dell'Op. 2 e l'Op. 7) sono mediamente lunghe quasi una volta e mezza quelle dei suoi predecessori e adottano lo schema di quattro movimenti (con l'aggiunta di un Minuetto o Scherzo) riservato per solito alle sinfonie e ai quartetti. I primi movimenti in forma-sonata sono di ampie dimensioni, con Esposizioni ricche di materiali tematici contrastanti, di repentini effetti dinamici, ritmi sincopati, passi modulanti inaspettati (il tema secondario del primo movimento della *Sonata* in LA magg., Op. 2, n. 2, battute 59-82, è presentato nella tonalità di MI min. e immediatamente fatto modulare prima di comparire nella tonalità di MI magg.), elaborate ornamentazioni ed enfatici passi cadenzali. Nei movimenti lenti, predominano in genere i momenti di scorrevole lirismo, le cupe sonorità, le atmosfere intensamente espressive (vedi il "Largo appassionato" della *Sonata* in LA magg., Op. 2, n. 2, e il "Largo con gran espressione" della *Sonata* in MI♭ magg., Op. 7). Fu Beethoven stesso a intitolare *Pathétique* ("Patetica") e a definire *Grande* la *Sonata* in DO min., Op. 13 (del 1798-1799). Grazie anche al suo titolo romantico, la *Patetica* conobbe grande popolarità e se ne pubblicarono numerosi arrangiamenti per gruppi cameristici diversi. È la prima sonata di Beethoven ad adottare un'introduzione in tempo lento, che viene parzialmente ripresa, accorciata e modificata, dopo l'Esposizione e dopo la Ripresa dell'"Allegro", nel preciso intento di allontanarsi dalle procedure comuni, così da accentuare i contrasti e creare un'atmosfera di notevole tensione drammatica. Tra i procedimenti stilistici adoperati per dare un tono grandioso e potentemente drammatico al primo movimento di questa sonata spiccano gli accompagnamenti in ottave spezzate febbrilmente persistenti, le frequenti sincopi, le dinamiche continuamente cangianti, i giri inaspettati dal maggiore al minore, l'uso efficace dell'incrocio tra le due mani che fa estendere il tema secondario per più di tre ottave (cfr. le battute 51-88). La *Sonata* in LA♭ magg., Op. 26, e le due *Sonate* (in MI♭ magg. e in DO diesis min.) dell'Op. 27 non seguono la tradizionale distribuzione dei tempi. L'Op. 26 comincia con un "Andante con [5] Variazioni" improntato a un ampio e scorrevole lirismo, mentre le sonate dell'Op. 27 si aprono con un movimento introduttivo lento liberamente costruito e di carattere improvvisativo. Ad entrambe le sonate dell'Op. 27 Beethoven diede il titolo *Sonata quasi una fantasia*, una designazione che non ha precedenti nel periodo classico maturo. Non è forse senza importanza il fatto che nessuna di queste tre sonate presenti, quale tempo di apertura, un "Allegro" in forma-sonata interamente sviluppato (compare soltanto nel finale dell'Op. 27, n. 2). La sonata-fantasia consentiva al compositore un'espressione più libera di idee derivate dall'improvvisazione – vale ricordare le sue doti eccezionali come improvvisatore. L'"Adagio sostenuto" con cui comincia la *Sonata* in DO diesis min. è basato su un solo tema accompagnato da figure arpeggiate e su un ritmo armonico intenzionalmente molto allungato. Per il carattere sognante di questo movimento, il poeta Ludwig Rellstab (1799-1860), molti anni dopo la sua pubblicazione nel 1802, battezzò la sonata *Mondschein* ("Al chiaro di luna").

Il più ambizioso progetto unitario dei primi anni viennesi di Beethoven fu la composizione (1798-1800) dei sei *Quartetti* per archi Op. 18, pubblicati nel 1801 con dedica al principe Lobkowitz, suo protettore. (Il probabile ordine originario di composizione è il seguente: prima il n. 3, poi i n. 1, 2, 5, 4 e 6.) Non si possono però considerare opere sperimentali paragonabili con le coeve sue sonate per pianoforte. Sono lavori che senza dubbio rivelano l'influsso di Haydn – qualche studioso ha avanzato l'ipotesi che Beethoven abbia studiato la composizione per quartetto con Haydn – nel modo di sviluppare i motivi e di arricchire la scrittura quartettistica con elementi contrappuntistici. Pur seguendo la tradizionale articolazione formale in quattro tempi, Beethoven mostra una certa tendenza a sperimentare differenti tipi e disposizioni dei singoli tempi. I movimenti finali, ad esempio, sono composti in forma-sonata (i n. 2, 3, 5) oppure in forma sonata-rondò (i n. 1, 4 e 6) anziché nella caratteristica forma rondò. L'"Adagio cantabile" del *Quartetto* in SOL magg., n. 2, ha una sezione centrale in tempo "Allegro" fuor del comune, interamente basata sul motivo cadenzale dell'"Adagio". Ancor più sorprendente è il mistico tempo lento (l'effetto misterioso è determinato da una particolare e poco ortodossa ambiguità tonale) di 44 battute intitolato *La Malinconia* che introduce il finale del *Quartetto* in SI♭ magg., n. 6. L'"Adagio" ritorna brevemente due volte: nel pieno dell'"Allegretto quasi Allegro" (ne interrompe il moto propulsivo) e prima della Coda finale.

Completata all'età di trent'anni (nel 1800), la *Prima sinfonia* in DO magg., Op. 21, divenne una delle sinfonie più eseguite durante la vita del compositore. L'organico adottato è in tutto conforme all'orchestra di Haydn e di Mozart (cfr. il vol. II, Cap. 22). Si può anzi dire che fino alla *Nona sinfonia* Beethoven non introdusse cambiamenti sostanziali nel numero delle parti orchestrali, eccezion fatta per l'aggiunta dei tromboni – strumenti che in precedenza venivano impiegati esclusivamente nel repertorio sacro e operistico – dell'ottavino e del controfagotto nella *Quinta sinfonia*. L'aspetto nuovo dell'orchestrazione beethoveniana non consiste pertanto nell'introduzione di nuovi strumenti, bensì nel geniale sfruttamento delle risorse tecniche ed espressive di tutte le categorie e specie strumentali, dei legni in modo particolare. Ogni strumento partecipa in egual misura allo sviluppo del discorso musicale. Tipico della scrittura orchestrale di Beethoven è lo stile cosiddetto "spezzato", dove il filo della melodia corre da uno strumento all'altro. (Esempi significativi di questa scrittura si trovano nei primi movimenti della *Terza* e della *Quinta*, e nell'"Allegretto" della *Settima sinfonia*.) L'uso abbondante e indipendente degli strumenti a fiato nella *Prima sinfonia* fu censurato dal critico del giornale di Lipsia, l'*Allgemeine musikalische Zeitung*, presente alla sua prima esecuzione (Vienna, 2 aprile 1800) con le seguenti parole: "... ci fu un uso esagerato dei legni, sì da sembrare più una composizione per banda di fiati che un lavoro per grande orchestra". Lo stesso recensore non considerò la sinfonia un'opera tradizionale, e parlò della sua "arte ragguardevole, della sua novità [...] e abbondanza di idee", riferendosi senza dubbio alle audaci battute iniziali "fuori tonalità" della lenta introduzione (inizia in FA magg., modula in SOL magg. prima di affermare la tonalità di base di DO magg.) e all'uso scoperto e tematicamente rilevante dei timpani nell'"Andante cantabile", che prefigura un uso simile nelle sue opere successive.

Il secondo periodo

Intorno al 1802 Beethoven avrebbe detto al violinista Krumpholz: "Non sono contento dei lavori scritti finora. Da oggi in poi voglio imboccare una 'nuova via'". Non si sa però di preciso che cosa egli intendesse per "nuova via". All'incirca contemporanea delle parole rivolte a Krumpholz è una lettera del 18 ottobre 1802, scritta all'editore Breitkopf di Lipsia, in cui dichiara di aver creato una struttura più complessa e fantasiosa della tecnica della variazione nei due cicli di variazioni Op. 34 (sei *Variazioni su un tema originale* [in FA magg.]) e Op. 35 (15 *Variazioni e Fuga su un tema originale* in MI♭ magg., conosciute successivamente come "Variazioni sul tema dell'*Eroica*"):

> Ho fatto due lavori di variazioni [...]. Ambedue sono lavorati in una maniera davvero nuova, ognuno in modo diverso [...]. In genere lo sento dire solo da altri che ho idee nuove, mentre io stesso non lo so mai. Ma questa volta sono io a doverLe assicurare che la maniera in questi due lavori è interamente nuova e mia.

Inconsueto è il piano formale dell'Op. 34 in quanto le variazioni differiscono non solo nel metro ma anche, salvo l'ultima, nella tonalità, che ogni volta è una terza maggiore o minore inferiore. Alla base del ciclo di variazioni dell'Op. 35 non sta un singolo tema compiuto, bensì tre elementi indipendenti l'uno dall'altro: 1) un basso del tema che appare prima del tema stesso (è enunciato e successivamente contrappuntato a due, tre, quattro parti), 2) una melodia tematica, 3) un'impalcatura armonico-metrica comune a 1) e 2). Nelle singole variazioni questi elementi vengono citati per intero o parzialmente ed elaborati in maniera sempre diversa. Alla base delle batt. 1-4 della Variazione II, per esempio, sta l'impalcatura armonico-metrica; nelle batt. 6-8 il basso del tema è citato nella figura acuta di accompagnamento della mano destra.

È probabile che le parole di Beethoven "nuova via" o "maniera interamente nuova" si riferissero più genericamente al desiderio di avviare un salto di qualità nel suo stile, di infondere alle sue composizioni elementi nuovi o precedentemente trascurati, ovvero di pervenire ad un nuovo stile di natura più individuale e personale. Praticamente ogni sua opera scritta dal 1802 in poi presenta di fatto spiccati caratteri individuali e, talvolta, connotazioni formali molto significative, con elaborazioni e sviluppi sempre nuovi dei materiali tematici in ogni lavoro e movimento. L'elementare motivo ritmico di quattro note (♪♪♪♪ ♩) che apre il primo movimento della *Quinta sinfonia* (1808), ad esempio, non è mai stato adoperato in un contesto neppur lontanamente vicino a quello impiegato in quella sinfonia: esso solo costituisce la sostanza tematica dell'intero movimento e ne determina il carattere inconfondibilmente singolare e individuale.

Nelle opere del "secondo periodo" le strutture e gli schemi compositivi tradizionali non vengono né pienamente accolti né completamente ripudiati, bensì utilizzati come "materiale" da manipolare in forme sempre differenti a seconda del contesto in cui esso veniva a trovarsi. Il principio formale flessibile e pur vincolante della forma-sonata viene arricchito di nuove e inesplorate possibilità (nell'Esposizione si trova a lavorare con cellule motiviche di grande concentrazione, ad esempio), secondo un'impostazione di largo respiro mai tentata prima di allora. In particolare nei lavori scritti tra il 1803 e il 1815 ca., inesauribile e straordinaria è l'abilità di Beethoven di trasformare, elaborare e sviluppare pochi motivi che in un primo momento sembrano elementari o addirittura poveri di sostanza, ma che poi acquistano un'impronta caratteristica mediante le relazioni che vengono istituite tra di essi, sì da formare un insieme coerente, unificato ed inscindibile. È proprio la semplicità dei temi che garantisce la possibilità di arrivare a colpire l'attenzione dell'ascoltatore e di utilizzare i temi per sviluppi molto più complicati, elaborati ed estesi di quanto avvenisse in precedenza. Aumenta infatti la lunghezza di ciascuna sezione di un movimento in forma-sonata.

Molto spesso Beethoven allunga l'Esposizione tramite la ripetizione, di norma variata, del primo tema principale (vedi la *Terza sinfonia*, primo movimento) e tramite l'andamento lento del ritmo armonico (vedi la *Sonata* per pianoforte in DO magg., Op. 53, "Waldstein", primo movimento) che contribuisce a dare una grande spaziosità a questa sezione. Come in Haydn, accade spesso che il primo tema principale e il tema del secondo gruppo tematico, come anche i passi di collegamento tra di essi, siano simili o addirittura identici (vedi la *Sonata* per pianoforte in FA min., Op. 57, oggi nota con l'appellativo di "Appassionata"), senza per questo che i loro contrasti (ritmici, armonici, di tessuto sonoro) rimangano meno evidenti delle loro affinità. L'impianto tonale dell'Esposizione è ancora fermamente fondato sull'opposizione e la classica tensione fra tonica e dominante (cfr. il vol. II, Cap. 22). A partire dal 1802 ca. e per il resto della sua vita Beethoven sperimentò altre soluzioni: anziché nella dominante talvolta il secondo gruppo tematico è presentato nella mediante o sopradominante, come ad esempio nelle *Sonate* per pianoforte in SOL magg., Op. 31, n. 1; in DO magg., Op. 53; in SI♭ magg., Op. 106; e nel *Quartetto* per archi Op. 127.

Nella concezione beethoveniana della forma-sonata un'enfasi speciale è riservata alla sezione dello Sviluppo, che diviene, in maniera del tutto nuova ed originale, la principale area di tensione del materiale tematico. Sotto l'aspetto della lunghezza, le sezioni di Sviluppo raggiungono un'estensione mai tentata prima di allora. Nel primo movimento della *Terza sinfonia*, ad esempio, lo Sviluppo addirittura supera per più di cento battute la durata dell'Esposizione.

L'allungamento dello Sviluppo rendeva importante dare un rilievo speciale al passaggio alla Ripresa. Si tratta di un momento carico di drammatica tensione; di norma l'entrata della Ripresa viene meticolosamente preparata così da attirare l'attenzione dell'ascoltatore, spesso con iterazioni ritmiche di travolgente impeto, le quali sono elemento essenziale nella creazione della tensione, che viene risolta con la Ripresa. Nel primo movimento della *Sonata* per pianoforte in DO magg., Op. 53, un graduale "crescendo" (a partire dalla batt. 146) pieno di tensione prepara il ritorno pianissimo, alla batt. 156, del tema principale. Alquanto sorprendente e armonicamente travolgen-

te è il passo alla fine dello Sviluppo nel primo movimento (batt. 394-
395) della *Terza sinfonia*: l'entrata pianissimo del tema in MI♭magg.
nel corno si innesta inaspettatamente, come da lontano, sul *ppp* tremolo nei violini su SI♭ e LA♭ (si sentono pertanto nello stesso momento l'accordo di tonica e una parte della settima di dominante); l'inizio
della Ripresa (batt. 398) è reso così tanto più efficace ed emozionante quanto strutturalmente saldo. Nella maggior parte dei movimenti in forma-sonata di Beethoven la Ripresa non è semplicemente una
ripetizione, bensì una ripresentazione dell'Esposizione in forma
nuova ed alquanto elaborata (nelle sinfonie vi sono cambiamenti nel-
l'orchestrazione, ad esempio).

La parte finale della forma-sonata, la Coda, aumenta molto in
estensione nelle composizioni del secondo periodo: Beethoven voleva
dare così un peso speciale alla conclusione del movimento. Ciò è evidente in quasi tutte le sinfonie: nel primo movimento della *Quinta
sinfonia* la Coda ha un'importanza pari e un numero di battute pressoché uguale alle altre tre sezioni. Il peso maggiore di questa sezione, maggiore di quanto fosse mai stato proposto in precedenza, è
comunque determinato non tanto dalla sua durata quanto dal suo
contenuto. Spesso la Coda è contrassegnata da modulazioni sorprendenti, nonché da sviluppi dinamici e intensivi (vedi il movimento
finale della *Quarta sinfonia*) tanto da poter essere definita un secondo Sviluppo: il tema principale viene presentato in mere ripetizioni
con varianti ritmiche e melodiche invece che nelle progressioni tipiche dello Sviluppo (vedi i primi movimenti della *Terza* e della *Quinta
sinfonia*).

Caratteristica principale delle opere del secondo periodo è la spinta enfatica verso il grandioso e il monumentale, che era l'ideale stilistico della musica francese di fine Settecento (vedi sopra). I tratti
salienti dello "stile eroico" – così è stato chiamato da alcuni storici
della musica – che si estinse negli anni 1813-1814 si possono riassumere nei seguenti punti:

- Ampia dilatazione delle strutture compositive (vedi sopra al
  riguardo della forma-sonata) dominate dalla logica ferrea del-
  l'elaborazione motivico-tematica.

- Allungamento del ritmo armonico (= la rapidità e la frequenza
  con cui si avvicendano le armonie).

- Potenziamento dei motivi manifestamente semplici ed elementari, spesso basati su triadi arpeggiate e sui gradi fondamentali della scala maggiore-minore.

- Iterazioni di intere frasi o di singoli accordi, talvolta messe in rilievo mediante l'intensificazione dei contrasti dinamici.

- Presenza di vaste zone di tensione drammatica, con accelerazioni e distensioni dei profili ritmici (si ricava l'impressione di un continuo alternarsi di impetuosità e spossatezza).

- Ricorso a procedimenti e a tecniche modulanti poco ortodossi, con movimenti a tonalità distanti (vedi l'introduzione della *Quarta sinfonia* e il finale dell'*Ottava sinfonia*), dissonanze armoniche non preparate, uso enfatico e prolungato dell'accordo di settima diminuita (vedi il finale della *Sonata* per pianoforte in FA min., Op. 57, "Appassionata").

Esempio paradigmatico della maniera "eroica" del secondo periodo di Beethoven è la *Terza sinfonia* in MI♭ magg., Op. 55, composta tra il 1803 e il 1804. Il titolo definitivo di *Sinfonia Eroica, composta per festeggiare il souvenire di un grand'Uomo* venne dato nel 1806, quando venne pubblicata a Vienna, con dedica al principe Lobkowitz, la prima edizione delle parti orchestrali staccate. L'intento originario del compositore fu di intitolare la sinfonia *Bonaparte* per i sentimenti di simpatia che nutriva per il generale francese e anche (molto probabilmente) per agevolare un suo progettato trasferimento a Parigi. La decisione di rimanere a Vienna va collegata allo scoppio della guerra franco-austriaca (1805) e alla delusione già procuratagli da Napoleone autoproclamatosi imperatore nel maggio 1804. Secondo quanto ci è stato riferito dal suo allievo e assistente Ferdinand Ries (1784-1838), alla notizia dell'incoronazione di Napoleone Beethoven stracciò il frontespizio della sinfonia in un impeto di rabbia patriottica. Questo semplice aneddoto, che appare senz'altro degno di fede, diventò parte integrante del mito beethoveniano e fu diffuso tenacemente dai biografi del romanticismo: l'episodio venne interpretato come esempio della resistenza del compositore alla tirannide e come dimostrazione dei suoi ideali liberali e patriottici. In realtà, la reazione di Beethoven non era definitiva e sembra che egli mantenesse l'intento di dedicare la sinfonia a Napoleone o almeno di intitolarla a lui. Sul frontespizio, non stracciato, della partitura della sinfonia, nella copia (copia di amanuense) personale di Beethoven, compare il titolo pieno di cancellature e correzioni, di pugno del compositore: *Sinfonia grande / intitolata Bonaparte / 804 im August*. Le parole "intitolata Bonaparte" sono cancellate dalla seguente annotazione a matita di Beethoven: *Geschrieben / auf Bonaparte* ("scritta su Bonaparte"). Beethoven ammirò sempre la grandezza di Napoleone (nel 1810 contemplò di dedicare a lui la *Messa* in DO magg., Op. 86) e per qualche tempo collegò il concetto dell'"eroico" (il "grand'Uomo" celebrato nella sinfonia) con la figura di Bonaparte.

L'*Eroica* è un lavoro concepito su scala molto vasta: per ampiezza e complessità senz'altro supera ogni altra opera sinfonica composta fino ad allora. Nel suo profilo autobiografico del 1842 (*Erinnerungen aus meinem Leben*, "Ricordi della mia vita") Carl Czerny (1791-1857), alunno di Beethoven e celebre didatta del pianoforte, considerò la sinfonia "troppo lunga, elaborata, incomprensibile, e fin troppo rumorosa". Nel primo movimento la forma-sonata è adoperata in proporzioni gigantesche, con una molteplicità esuberante di idee tematiche. Il movimento comincia con un tema molto elementare, di per sé del tutto insignificante (vedi l'ESEMPIO 2). Esso consta di due elementi: 1) un motivo di carattere statico basato sulle note della triade di tonica e 2) il movimento cromatico di semitono in cui il motivo triadico devia, inaspettatamente, alle batt. 6-7 e che costituisce il "fattore di sviluppo", la parte incalzante del tema:

ESEMPIO 2

Questi due elementi diventano i perni dell'elaborazione tematica dell'intero movimento: vengono piegati, rivoltati, frammentati, trasformati e sviluppati con inesauribile inventività. Il movimento cromatico, ascendente o discendente, costituisce un tratto fondamentale del percorso armonico (vedi specialmente la sezione di Sviluppo). L'ESEMPIO 3 mostra alcuni passi derivati dal motivo triadico:

ESEMPIO 3

L'impiego di una *Marcia funebre* al posto del consueto movimento lento è da considerare uno dei caratteri innovativi dell'*Eroica*. È un movimento pieno di tragico pathos e di splendore grandioso. Molti sono gli elementi presenti derivati dal repertorio della Rivoluzione francese: i motivi semplici, la condotta armonica elementare, la regolarità della struttura fraseologica di 2 + 2 battute, i ritmi di fanfara, l'imitazione di rulli di tamburo (vedi le biscrome negli archi). Il movimento, in DO min., è ampliato per mezzo di una sezione centrale in DO magg. che esula dallo schema tradizionale della marcia funebre. Questa sezione, che ha più il carattere di un inno piuttosto che di una marcia funebre, comprende un lungo fugato (batt. 114-150) e una Coda insolitamente estesa (batt. 209-247).

Nella *Quinta sinfonia* in DO min., Op. 67, composta nel 1807-1808, i tratti distintivi dello stile monumentale si presentano ancor più accentuati rispetto all'*Eroica*. Per la sua posa eroica, il carattere trionfale – addirittura militare – di tutti i suoi tempi, salvo lo "Scherzo", la *Quinta* acquistò la reputazione della sinfonia beethoveniana per eccellenza. Fu una delle opere di cui si nutrì l'estetica musicale romantica (venne considerata espressione emblematica della musica strumentale assoluta; cfr. il Cap. 24). Particolarità stilistica di questa sinfonia è l'estrema economia del materiale tematico e l'unità di concezione che non si limita ad un solo movimento, ma che abbraccia la sinfonia nella sua totalità. Si può dire che in questo lavoro Beethoven dimostra, forse per la prima volta, la capacità straordinaria che possedeva di saper sfruttare al massimo tutte le possibilità di sviluppo e di elaborazione di un singolo tema. Il primo tempo vive in funzione del motivo ritmico di quattro note (♪♫|♩) annunciato solennemente nelle battute d'apertura, il cui sviluppo e la cui elaborazione rappresentano la sua principale risorsa espressiva: appare nei bassi all'entrata del secondo tema (batt. 65) che è una trasformazione del primo. Lo stesso motivo si insinua in alcuni punti del movimento lento (vedi i ritmi del tipo ♫|♩ dalla batt. 23 in poi, ad esempio), nella transizione tra terzo e quarto movimento (si noti l'effetto elettrizzante del passaggio da DO min. a DO magg. che avviene senza interruzione tra i due movimenti), e nell'ultimo movimento (vedi il ritmo di terzina ♫|♩ a partire dalla batt. 44 e il ritmo ♪♩♩|♩ dei contrabbassi e controfagotti dalla batt. 363 in poi).

Anche la *Sesta sinfonia* in FA magg., Op. 68 ("Pastorale"), composta nel 1808, obbedisce ad una concezione unitaria per quanto riguarda il contenuto espressivo. Proseguendo sulla linea della tradizione settecentesca di lavori strumentali che mirano a ritrarre scene pastorali o a suggerire i sentimenti nati dal simbolico idillio con la natura (si rivela in varie opere, in particolare di Vivaldi e nei due oratori di Haydn), sulla partitura autografa della sinfonia intitolata "Sinfonia Pastorale o Ricordi della vita campestre" ognuno dei cinque movimenti reca i seguenti titoli descrittivi: "Sentimenti piacevoli evocati dall'arrivo in campagna", "Scena presso il ruscello", "Allegra riunione di contadini", "Temporale", "Canto pastorale: rendimento di grazie all'Onnipotente dopo la tempesta". Va però tenuto presente che fu intenzione precipua di Beethoven sottrarre l'opera al campo della musica puramente descrittiva. E infatti fa coincidere l'apparato programmatico con i movimenti tradizionali della forma sinfonica classica. Per evitare il pericolo di essere frainteso e per mitigare la carica descrittiva dei titoli apposti ai movimenti, inserì l'annotazione seguente nella parte autografa del primo violino: *Mehr Ausdruck der Empfindung als Mahlerei* ("Più un'espressione di sentimento che una rappresentazione pittorica"). E in un appunto contenuto negli abbozzi della sinfonia si pronunciò con le seguenti parole nel merito della musica descrittiva:

> La descrittività troppo accentuata nella musica strumentale è inutile. "Sinfonia pastorale". Chiunque abbia un'idea della vita di campagna può capire da sé quel che l'autore vuol dire, senza tanti titoli. Il tutto verrà compreso anche senza descrizioni, visto che si tratta più di sentimenti che di quadri musicali.

Tuttavia non mancano tratti propriamente descrittivi, come la Coda del secondo tempo (il flauto, l'oboe e il clarinetto si uniscono nel rappresentare rispettivamente i versi dell'usignolo, della quaglia e del cucù) o il terzo tempo (la danza campestre è bruscamente interrotta dai cupi rimbombi di tuono dei timpani che precedono la tempesta).

Lo stile della "maniera grandiosa" che plasmò le opere orchestrali di Beethoven viene esteso anche ai generi cameristici composti nel secondo periodo. Caratterizzata da un afflato sinfonico-monumentale è la *Sonata* per violino e pianoforte in LA min., Op. 47, composta nel 1802-1803 e dedicata (è l'unica opera di Beethoven dedicata ad un virtuoso esecutore) al violinista parigino Rodolphe Kreutzer (1766-1831). Intento precipuo di Beethoven è di introdurre in quest'opera elementi di conflitto dinamico ed altri spiccati tratti virtuosistico-concertanti (dando un egual peso ad entrambi gli strumenti, ad esempio) in uno dei generi più estrinsecamente da salotto. Lo rivela il titolo della prima edizione (Bonn 1805) della sonata: *Sonata scritta in uno stilo molto concertante quasi come d'un Concerto*. Ne è esempio eloquente l'"Adagio sostenuto" introduttivo (la sola introduzione lenta nelle sonate per violino di Beethoven): l'esordio a sorpresa del pianoforte porta ad una brusca svolta della tonalità di base, crea un'atmosfera di cupo contrasto e di alta tensione drammatica con la distesa frase di apertura affidata al solo violino.

Il piglio grandioso dello stile beethoveniano del secondo periodo si insedia manifestamente anche nei tre *Quartetti* per archi Op. 59, "Razumovsky", portati a termine nel 1806. Come nell'*Eroica*, in questi lavori Beethoven applicò l'espansione delle strutture compositive (della forma-sonata in particolare: vedi il primo movimento del primo quartetto) per mezzo degli intensi, lunghi e complessi sviluppi tematici, aprendo così nuovi orizzonti al genere del quartetto. Sono lavori ricchi di vari effetti e procedimenti inediti. Fra questi si annoverano la brillante scrittura per archi (molto sfruttati sono i registri estremi) densamente polifonica, il ricco tessuto armonico, il carattere dinamico e propulsivo dell'assetto ritmico (vedi il tema di apertura del secondo movimento del primo quartetto: è un motivo ritmico tenuto su un'unica nota per quattro battute). I *Quartetti* Op. 59 non piacquero ai contemporanei: li considerarono di difficile comprensione. A causa delle difficoltà tecniche, si posero, in effetti, ben al di sopra delle capacità degli esecutori dilettanti, per quanto di alto livello. Muzio Clementi, il celebre pianista, riferì ad un amatore inglese di musica di aver detto una volta a Beethoven: "Sicuramente non crederete che questi lavori siano musica", al che il compositore gli rispose: "Oh, questi lavori non sono per voi, ma per un'età più avanzata". Con l'Op. 59 il quartetto per archi diventò musica per sala da concerto – in precedenza si eseguiva perlopiù in privato – contando su musicisti di professione come interpreti, e su un pubblico scelto di intenditori. Sui quartetti di Beethoven (soprattutto le raccolte dell'Op. 18 e dell'Op. 59) si orientò il primo complesso quartettistico stabile a Vienna, che a partire dal 1804 e fino al 1814 – fu poi impegnato, fino al 1823, in *tournées* internazionali – diede dei concerti – si arrivava, a volte, ad un pubblico di ben cinquecento frequentatori – sia in case private sia in sale pubbliche e, d'estate, nei giardini pubblici della città. Fondatore e primo violino di questo *ensemble* fu I. Schuppanzigh, il quale fu maestro e amico di Beethoven.

Il terzo periodo

Nonostante il raggiungimento di una certa indipendenza economica e l'affermazione che conobbe in campo internazionale, gli ultimi dieci anni circa della vita di Beethoven furono anni di isolamento, cagionato in primo luogo dal notevole peggioramento dell'udito – stava diventando clinicamente sordo. Da questo isolamento scaturirono le ultime opere che ne furono, forse, l'espressione. Essendo pervenuto ad una crisi personale che minacciava di sopraffare la sua personalità, Beethoven si sforzò di raggiungere un nuovo equilibrio psicologico e creativo. Cercò di trovare nuovi modi espressivi e nuove soluzioni formali ai modelli organizzativi (la forma-sonata, il tema con variazioni) consacrati dalla tradizione e che egli stesso aveva contribuito a portare alla perfezione. Molte delle caratteristiche stilistiche delle sue ultime opere non sono immediatamente identificabili nella musica dei suoi contemporanei o dei suoi immediati predecessori. Per la loro modernità, sono opere che sotto il profilo tecnico ed estetico si sottraggono alla loro epoca e neanche fondano una tradizione diretta, giacché poche tracce di una loro influenza si fecero sentire sulle opere dell'epoca immediatamente successiva alla loro nascita. Fu infatti sulle opere del secondo periodo, quali la *Quinta* e la *Sesta sinfonia* o l'*Appassionata*, che si foggiò l'immagine che ci si faceva, nel primo Ottocento, della musica di Beethoven. Nelle sue ultime sonate per pianoforte e specialmente negli ultimi quartetti per archi – opere composte senza la prospettiva di un'esecuzione immediata – Beethoven può essere considerato l'iniziatore dell'avanguardia artistica nella storia della musica, ossia di un'arte difficilmente decifrabile nei termini concessi ai contemporanei ma che sarebbe stata capita pienamente solo dai posteri. Va però tenuto presente che nonostante le difficoltà tecniche e il carattere sperimentale, questi lavori non furono scritti senza riferimento ad un pubblico. Il suo era un pubblico molto particolare, formato da musicisti e musicofili intenditori che erano ammiratori suoi (alcuni erano suoi discepoli). Gli ultimi quartetti vennero studiati assiduamente, provati più volte e quindi eseguiti, come già l'Op. 59, in occasione di ristrette riunioni private o semiprivate che si tenevano nelle case di costruttori di pianoforti e di editori (gli Streicher e gli Artaria in particolare). Il *Quartetto* per archi in DO diesis min., Op. 131, non venne presentato in pubblico a Vienna fino a quasi dieci anni dopo la morte del compositore (nel 1835).

Con il completamento della *Settima* e dell'*Ottava sinfonia* nel 1811-1812 lo stile eroico si era praticamente dissolto. La nascita del nuovo stile avvenne però molto gradualmente, attraverso un processo lento e laborioso. Negli anni tra il 1816 e il 1819 la produttività di Beethoven scese ad un livello molto basso, mai raggiunto prima di allora. Non scrisse alcuna sinfonia fino al 1824, anno di completamento della *Nona*. Non completò nessun concerto dopo il 1809 e non scrisse nessuna serie di variazioni per pianoforte tra il 1809 e il 1822-1823. Le ultime cinque sonate per pianoforte (le Op. 101, 106, 109, 110 e 111) furono composte tra il 1816 e il 1822. Per dodici anni (dal 1812 al 1824) abbandonò il genere del quartetto per archi, genere che divenne poi il principale laboratorio sperimentale negli ultimi anni della sua vita. Ecco l'ordine cronologico di composizione degli ultimi quartetti:

Op.	127	in MI♭ magg.:	completato nel febbraio 1825;
	132	in LA min.:	terminato entro il luglio 1825;
	130	in SI♭ magg.,	con la *Grosse Fuge* (Op. 133) come finale:
			composto tra il luglio-agosto e il novembre 1825;

131   in DO diesis min.:   scritto tra la fine del 1825 e il luglio 1826;
135   in FA magg.:   composto nel luglio-ottobre del 1826.

L'Op. 127 fu pubblicata nel 1826 a Magonza da Schott. I rimanenti quartetti furono stampati postumi nel 1827: l'Op. 130 a Vienna da Artaria, l'Op. 131 da Schott, le Op. 132 e 135 a Berlino e Parigi da Schlesinger.

Lo stile delle ultime opere di Beethoven è caratterizzato da un'esplorazione quanto mai intensa della scrittura contrappuntistica e da una maggior attenzione per i procedimenti della variazione. Questo particolare incremento delle tecniche compositive del passato, che conferisce alle opere tarde un carattere "arcaicizzante" e nel contempo proiettato verso il futuro, fu in parte dovuto al serio e rinnovato interesse del compositore verso la musica di J.S. Bach, di Handel e di Palestrina, specialmente a partire dal 1816-1817. (Nel 1817 iniziò un arrangiamento per quartetto d'archi della fuga in SI min., BWV 869, dal Libro primo del *Clavicembalo ben temperato* di Bach.) Da allora in poi si intensificò l'attenzione di Beethoven verso la polifonia: più della metà delle opere principali della sua piena maturità artistica contengono una fuga in piena regola, e in numerose altre sono impiegati fugati, canoni e molti passi pieni di artifizi contrappuntistici. Tale presenza consistente delle tecniche contrappuntistiche non costituisce però un ripiego verso un passato idealizzato, né una serie di ricerche antiquarie, bensì esprime il bisogno di Beethoven di infondere nei modelli formali tradizionali (in modo particolare della forma-sonata e del tema con variazioni) un carattere complesso, una logica astratta e una qualità meditativo-riflessiva, determinati dalla logica rigorosa della scrittura contrappuntistica. La fusione di fuga, forma-sonata e forma variazione costituisce indubbiamente uno dei tratti fondamentali del tardo pensiero musicale beethoveniano. La tecnica della elaborazione tematica che in parte aveva caratterizzato le opere del secondo periodo, ora viene portata ai limiti estremi: lo sviluppo del tema (in un ciclo di variazioni, ad esempio) avviene non soltanto con semplici alterazioni nella sua fisionomia, ma in trasformazioni del suo stesso carattere (cfr. le 33 *Variazioni su un valzer di Diabelli*, Op. 120). Si può anzi dire che in alcune delle ultime opere il concetto stesso di "tema" diviene singolarmente ambiguo (perde i suoi contorni precisi). In stretta connessione con la tendenza all'astrazione, punto di partenza del pensiero compositivo di Beethoven non è tanto un "tema" o un "motivo" – ossia una struttura concreta ritmico-melodica in cui si sono amalgamati una serie di intervalli, una precisa successione di durate e un ordinamento di accenti – quanto una formula astratta, una struttura "diastematica" (così è stata definita da C. Dahlhaus, autorevole studioso di Beethoven) costituita da un raggruppamento di intervalli che permea discretamente il tessuto motivico dell'intera composizione o di parte di essa. Si tratta di un'"idea fondamentale", di una "struttura di fondo" che serve a stabilire un fitto reticolo di relazioni, manifeste o latenti, tra più movimenti. Un'idea che si sottrae alla semplice percezione irriflessa in quanto si presenta priva di segni distintivi. Nel *Quartetto* per archi in LA min., Op. 132, un gruppo di quattro note (ESEMPIO 4a) si delinea subito quale vera e propria idea di fondo comune all'Introduzione ("Assai sostenuto") e all'"Allegro", e si definisce come una configurazione "astratta" (ESEMPIO 4b) di due intervalli di semitono (ascendenti o discendenti), con un intervallo intermedio variabile:

ESEMPIO 4

La struttura di quattro note come idea fondamentale non è limitata a quest'opera, ma ritorna in versione modificata in altri successivi quartetti dell'ultimo periodo. Costituisce un connotato comune – in tutti emerge immediatamente all'inizio del movimento di apertura – all'Op. 130 (ESEMPIO 5):

ESEMPIO 5

all'Op. 133 (ESEMPIO 6):

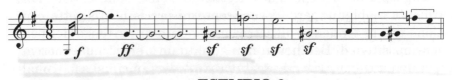

ESEMPIO 6

e all'Op. 131 (ESEMPIO 7):

ESEMPIO 7

A differenza delle opere del secondo periodo, dove il processo del-l'elaborazione motivico-tematica si manifesta come un corso di even-ti indirizzati verso una meta (lo Sviluppo di un movimento in forma-sonata, ad esempio, è finalizzato al ritorno del primo tema), la logica musicale delle opere dell'ultimo periodo si fonda invece sull'impiego di una cellula motivica astratta che si delinea, sia pure in modo latente, quale vera e propria idea di fondo di un intero movimento (ma può arrivare a dominare tutte le parti della composizione). L'idea di fondo costituisce l'elemento che fa raccordare tra di loro motivi anche divergenti e diviene il punto di partenza di una serie estesa e ininterrotta di elaborazioni e di sviluppi tematici. Un tratto che caratterizza il tardo stile beethoveniano è appunto il vasto ricor-so ai procedimenti della variazione: appaiono un po' dappertutto, anche nei movimenti in forma-sonata, dove assai tenue diviene la distinzione tra Esposizione e Sviluppo. In taluni lavori le sezioni di Sviluppo sono di una brevità sorprendente anche perché la tecnica dell'elaborazione tematica è ampliamente sfruttata già nell'Es-posizione (vedi i primi movimenti della *Sonata* per pianoforte in DO min., Op. 111, e del *Quartetto* per archi in LA min., Op. 132). Numerosi studi analitici apparsi recentemente hanno messo in evi-denza la preoccupazione, talora ossessiva, dell'ultimo Beethoven di progettare un lavoro nel suo insieme invece che come una serie di movimenti indipendenti. È stato dimostrato, ad esempio, come tutti i quattro tempi della *Sonata* per pianoforte in SI♭ magg., Op. 106 (*Hammerklavier*, letteralmente "pianoforte a martelli") siano costruiti attorno ad un'"idea fondamentale" – un impiego di serie di terze discendenti tra di loro concatenate.

I tratti salienti che altresì caratterizzano lo stile delle ultime opere di Beethoven, e che nella sua produzione precedente potevano presentarsi come fenomeni isolati, si possono così riassumere:

– L'incalzante dinamicità dei temi delle opere del secondo periodo cede il posto ad un'enfasi lirica. Il carattere cantabile con-
  templativo dei motivi si estende dai tempi lenti ai tempi veloci, investendo la composizione nel suo complesso. Nei movimenti in forma-sonata, l'enclave lirica passa dal secondo al
  primo gruppo tematico. Inequivocabilmente cantabile e singolarmente esteso (Wagner vi riconobbe il carattere di ciò che egli
  intendeva per "melodia infinita"; cfr. il Cap. 27) è, ad esempio,
  il tema che inizia il primo movimento ("Allegretto ma non troppo") della *Sonata* per pianoforte in LA magg., Op. 101.

– Tendenza a spostare l'apice della sequenza dei tempi sul finale
  anziché sul primo movimento. Specialmente nelle ultime sonate per pianoforte e nella *Nona sinfonia* i tempi conclusivi sono
  i più importanti: per ampiezza e complessità di stile e di struttura (vi si trovano estese fughe, fugati, cicli di variazioni).

– Organico impiego del trillo e di altre figurazioni ornamentali
  per fini puramente espressivi, non esclusivamente decorativi
  della melodia. Per un uso efficace del trillo (produce un'insolita
  sonorità), vedi la VI Variazione nel finale della *Sonata* per pianoforte in MI magg., Op. 109).

– Uso della sincope e dell'anticipazione con intenti espressivi.

– Predilezione per i mutamenti drammatici di stati d'animo
  all'interno di un singolo movimento: si fanno seguire, talvolta
  bruscamente, ad episodi di movimento irresistibile e di febbrile tensione passaggi talora lunghi, di semplicità assoluta e di
  distesa serenità. Tali passaggi hanno spesso il carattere di
  improvvisazione (vedi il primo movimento della *Sonata* per
  pianoforte Op. 109 e il sesto movimento del *Quartetto* per archi
  Op. 131).

– I tempi lenti acquistano nuovo spessore espressivo: vi prevale
  un'atmosfera densa di emozione, di estasi contemplativa, di
  mistico abbandono, di lirismo patetico e delicato (vedi la
  "Cavatina" del *Quartetto* per archi Op. 130).

– Uso cospicuo del recitativo strumentale, elevato ad un grado di
  intensità espressiva data dalla frammentarietà delle linee
  melodiche (vedi ancora la "Cavatina" del *Quartetto* per archi
  Op. 130).

– Impiego di indicazioni insolitamente particolareggiate del
  tempo, come *Etwas lebhaft und mit der innigsten Empfindung*
  ("Un poco animato e con il più profondo sentimento") e

Langsam und sehnsuchtsvoll ("Adagio e con molta nostalgia") della *Sonata* per pianoforte Op. 101. I segni di dinamica ed espressivi sono apposti generosamente ed accuratamente nelle ultime partiture e rivelano la preoccupazione di Beethoven per un'esecuzione adeguata di questi lavori.

— Uso frequente dei registri estremi del pianoforte, senza suoni intermedi, con salti dall'uno all'altro per creare tensione (vedi il primo tempo della *Sonata* per pianoforte Op. 111: alle batt. 48-49 copre con un salto l'intera estensione della tastiera qual'era ai suoi tempi; vedi anche la IV Variazione del Finale).

— Frequente ricorso a modulazioni verso tonalità distanti, ottenute mediante progressioni cromatiche. Ampio uso di armonie caratterizzate dalla settima diminuita (vedi l'introduzione lenta della *Sonata* per pianoforte Op. 111). Specialmente nelle sonate per pianoforte, le modulazioni sono rese talvolta molto audaci da "slittamenti" cromatici provocati da un semplice spostamento della mano (se ne trovano numerosi esempi nei primi movimenti delle *Sonate* per pianoforte Op. 109 e 110).

— Tendenza a far eseguire senza nessuna interruzione l'uno dall'altro due o più movimenti al fine di conferire un senso di maggiore continuità alla composizione nel suo insieme (vedi i sette tempi del *Quartetto* per archi Op. 131 destinati ad essere eseguiti senza alcuna pausa).

La *Nona sinfonia*

Con la *Nona sinfonia* in RE min., Op. 125, eseguita per la prima volta con esito trionfale il 7 maggio del 1824 al Kärntnerthortheater di Vienna, Beethoven ritorna senza riserve allo stile eroico monumentale che aveva abbandonato nelle sonate per pianoforte scritte dopo l'Op. 106 e in altre composizioni cameristiche. Per ampiezza, grandiosità e novità di concezione, è un'opera che non ebbe precedenti e che fu senza immediato seguito. Fondamentale novità della sinfonia è l'introduzione, nel Finale, della voce umana (solisti e coro), travalicando così radicalmente i limiti estetici connaturati alla creazione sinfonica com'era comunemente intesa. Per i compositori del tardo romanticismo la *Nona* divenne il prototipo di un ramo del sinfonismo, da F. Liszt ad A. Bruckner a G. Mahler – per quest'ultimo, costituì il modello della grandiosa coralità per la *Seconda* e per l'*Ottava sinfonia*. Sicuramente a saldare la sconfinata ammirazione dei tardo romantici per questa sinfonia contribuì l'esaltazione che ne fece Wagner nel suo scritto *Das Kunstwerk der Zukunft* ("L'opera d'arte dell'avvenire", Lipsia 1849, Cap. II, 4): la considerò "il vangelo *umano* dell'arte dell'avvenire" poiché "dopo di essa non è più possibile alcun *progresso*". Secondo Wagner, dopo la *Nona* il genere sinfonico poteva trovare prosecuzione soltanto nell'"opera d'arte totale" (con questo intendeva legittimare sé stesso come vero erede di Beethoven; cfr. il Cap 27).

La sinfonia ebbe una gestazione più lunga e travagliata del previsto. I primi abbozzi furono avviati nel 1815 (il tema dello "Scherzo"), ma l'impianto dell'opera cominciò a prendere una certa fisionomia nell'autunno del 1822 e il lavoro vero e proprio venne condotto lungo tutto il 1823.

Già prima di lasciare Bonn Beethoven aveva progettato di musicare l'Ode *An die Freude* ("Alla Gioia") – pubblicata nel 1786 e subito ampiamente diffusa – di Friedrich Schiller (1759-1805), poeta-drammaturgo molto vicino al movimento dello *Sturm und Drang* (cfr. il vol. II, Cap. 22) e al romanticismo. La melodia sulla quale Beethoven costruì poi il poderoso Finale risulta già prefigurata in abbozzi vari o in opere compiute fin dal 1795. Insistenti sono nel testo schilleriano i richiami alla fratellanza, alla natura, alla perfezione del creato e all'amore per un "Caro Padre" celeste. Per l'*Ode alla Gioia* della sinfonia, Beethoven utilizzò soltanto nove delle ventiquattro quartine della versione originale di Schiller. Ne fece un suo libero arrangiamento, scegliendo quelle stanze che enfatizzano la fratellanza universale degli uomini e che si riferiscono al Dio benevolo.

I primi tre movimenti della *Nona sinfonia* sembrano essere concepiti come preparazione al momento culminante rappresentato dal trionfante Finale corale. Nel primo tempo, costruito in forma-sonata, Beethoven predispone l'ingresso del primo tema (un embrionale motivo arpeggiato discendente) in maniera tale da creare un'atmosfera singolarmente indeterminata (l'accordo di dominante senza terza è protratto per sedici battute), eppure carica di attesa. Tutto il movimento si nutre di slanci maestosi, con un martellamento ossessivo dei temi e dei loro sviluppi. Lo "Scherzo" che segue è travolgente nel suo inesauribile e impetuoso corso ritmico. Il terzo tempo è da considerare la celebrazione della *Sehnsucht* (malinconia e nostalgia) beethoveniana: un "Adagio-Andante" alternati e concepiti secondo il principio della variazione. Il tema dell'"Adagio" (A) e quello dell'"Andante" (B) si presentano variati secondo lo schema seguente:

A - B - Variazione I di A - Variazione di B - Variazione II di A. Inconsueta è la struttura del Finale. Prima di intonare la melodia dell'Ode schilleriana i violoncelli e i contrabbassi passano in rassegna, e subito abbandonano, i temi dei tempi precedenti, interrotti da passi in stile recitativo (negli abbozzi sono vergate numerose didascalie relative a quei recitativi). Dopo un inciso strumentale stridente, tumultuoso e dissonante (l'accordo iniziale è fondato sulla combinazione simultanea di due accordi: di RE min. e di settima diminuita su DO diesis) si leva il recitativo di baritono sulle parole scritte dallo stesso Beethoven: *O Freunde, nicht diese Töne! sondern lasst uns angenehmere anstimmen, und freudenvollere* ("Amici, non questi suoni! lasciateci piuttosto intonarne altri più attraenti e gioiosi"). Ad esso segue la melodia principale dell'*Ode alla Gioia* introdotta dai violoncelli e contrabbassi alle battute 92-107 e poco dopo cantata dal baritono solista (ESEMPIO 8):

Freu - de, schö - ner Göt - ter - fun - ken, Toch - ter aus E - ly - si - um,

wir be - tre - ten feu - er - trun - ken, Himm - li - sche, dein Hei - lig - tum!

Dei - ne Zau - ber bin - den wie - der, was die Mo - de streng ge - teilt; al -

- le Menschen wer - den Brü - der, wo dein sanf - ter Flü - gel weilt.

Gioia, bella scintilla divina,	I tuoi incanti riuniscono
Figlia dell'Elisio,	Ciò che la moda ha crudelmente diviso;
Ebbri di fuoco noi entriamo,	Tutti gli uomini divengono fratelli
O celeste, nel tuo santuario.	Là dove indugia la tua morbida ala.

ESEMPIO 8

Dal 1986 la melodia di Beethoven – nell'adattamento di H. von Karajan (1908-1989) – è l'Inno ufficiale dell'Unione Europea.

La melodia viene susseguentemente affidata ad altri cantanti solisti, al coro, all'orchestra; viene variata, combinata con un nuovo tema corale, accompagnata ora con uno strumentale ridotto di piglio popolaresco (la musica militare – alla turca – del "Alla Marcia", con triangolo, piatti, grancassa, ottavino, legni e ottoni) ora con maestose impalcature ritmiche e sonore. Beethoven intendeva così esporre e rendere intensamente esplicito il messaggio umanitario della fratellanza universale auspicato dall'*Ode alla Gioia* di Schiller.

Bibliografia

Molto vasta, soprattutto in inglese e in tedesco, è la letteratura che riguarda gli aspetti più disparati della biografia e dell'opera beethoveniane.

Per un quadro generale della vita musicale di fine Settecento, della musica della Rivoluzione francese e dell'opera di Beethoven vedi G. Pestelli, *L'età di Mozart e di Beethoven*, nuova ed., Torino, EDT 1991, Cap. IV. Una buona sintesi dei principali tratti stilistici della musica di Beethoven si trova in L. Plantinga, *La musica romantica. Storia dello stile musicale nell'Europa dell'Ottocento*, Milano, Feltrinelli 1989, Capp. II-III. Più in particolare sulle opere del tardo periodo vedi M. Cooper, *Beethoven. L'ultimo decennio, 1817-1827*, Torino, ERI 1979.

Del carteggio beethoveniano (circa 2300 documenti) l'Accademia Nazionale di Santa Cecilia ha avviato la completa edizione italiana, redatta con i più rigorosi criteri scientifici: ogni documento è commentato ed esaminato criticamente: *Ludwig van Beethoven. Epistolario*, a cura di S. Brandenburg, Ginevra-Milano, Skira 1999-2002; i primi quattro volumi finora pubblicati della serie di otto volumi comprendono 1522 lettere: vol. I (1783-1807), vol. II (1808-1813), vol. III (1814-1816), vol. IV (1817-1822). Il primo volume della serie è corredato di un'ampia introduzione critica del curatore sulla calligrafia del compositore. Per consultare la ricca raccolta di documenti relativi al musicista tedesco custoditi nella Beethoven-Haus di Bonn, consultare il sito Web >http://www.beethoven-haus-bonn.de>.

Il contributo fondamentale allo studio della personalità di Beethoven è l'opera di M. Solomon, *Beethoven. La vita, l'opera, il romanzo familiare*, 2ª ed. riv., a cura di G. Pestelli, Venezia, Marsilio 2002. Una ricca e insieme agile monografia biografico-critica – anche per il dettagliato catalogo delle opere e l'ampia bibliografia – è data da J. Kerman-A. Tyson, *Beethoven. The New Grove*, Firenze, Ricordi/Giunti 1986. Vedi anche G. Carli Ballola, *Beethoven. La vita e la musica*, Milano, Rusconi 1985. Nel *Beethoven e il suo tempo*, Torino, EDT 1990, C. Dahlhaus offre un quadro affascinante (sebbene condotto con argomentazioni dense e alquanto difficoltose dal punto di vista concettuale) del pensiero compositivo del grande musicista posto in relazione con le idee estetiche coeve. Importanti per l'aggiornamento e le nuove tendenze della ricerca beethoveniana sono i tredici saggi compresi nel *Beethoven*, a cura di G. Pestelli, Bologna, Il Mulino 1988. Un saggio critico dei quaderni è fornito da L. Magnani, *Beethoven e i suoi quaderni di conversazione*, nuova ed., Torino, Einaudi 1975.

Su alcuni argomenti e aspetti particolari della produzione del maestro di Bonn si segnalano i seguenti saggi compresi ne *L'età di Beethoven, 1790-1830*, a cura di G. Abraham, Milano, Feltrinelli 1984 ("Storia della musica", 8): di P. Mies sui lavori orchestrali, di G. Abraham sulla musica da camera, di P. Radcliffe sulla musica per pianoforte. Per un'analisi molto dettagliata della prima raccolta di quartetti per archi, vedi A. Cristani, *I quartetti Op. 18 di Ludwig van Beethoven. Analisi formale, strutturale, armonica ed estetica*, Milano, Rugginenti Editore 1985-1991, 3 voll. Sulla concezione unitaria dell'*Eroica* e di altri lavori beethoveniani vedi D. Epstein, *Al di là di Orfeo. Studi sulla struttura musicale*, a cura di M. de Natale, Milano, Ricordi 1998, Cap. III. Il vol. di F. Della Seta, *Beethoven: Sinfonia Eroica. Una guida*, Roma, Carocci editore 2004, documenta e discute le connessioni storiche e biografiche di questo lavoro, oltre che analizzare in dettaglio la sua struttura musicale. All'analisi storica e formale, molto istruttiva, di una delle sinfonie è dedicato il volumetto di C. Dahlhaus, *La Quarta sinfonia di Ludwig van Beethoven*, Milano, Ricordi 1992. Sui *Lieder* per canto e pianoforte vedi G. Giachin, *I Lieder di Beethoven*, Alessandria, Edizioni dell'Orso 1996.

24. *Il periodo romantico: la musica strumentale, il* Lied, *il nazionalismo in musica.*

Il concetto di romanticismo musicale

La parola "romanticismo" è impiegata per designare generica-mente il movimento letterario, filosofico, artistico e culturale svolto-si in Europa nel periodo compreso grossomodo tra la fine del XVIII e l'intero XIX secolo. È da notare che il romanticismo aveva raggiunto un'espressione distinta nella letteratura alcuni decenni prima del raggiungimento dello stesso livello nella musica.

È difficile, pressoché impossibile, dare una precisa definizione al concetto di romanticismo nelle arti anche perché vago e generico è stato l'uso che se n'è fatto: per designare nello stesso tempo uno stile, un principio formale, una concezione artistica generale. Originariamente l'aggettivo "romantico" fu impiegato nella lettera-tura con significati diversi. Apparve per la prima volta in Inghilterra intorno la metà del XVII secolo per designare spregiativamente l'e-lemento irreale, fantastico dei romanzi cavallereschi e pastorali allo-ra in voga. Nel secolo XVIII venne adoperato in Francia, in partico-lare da J.-J. Rousseau, quasi come sinonimo di "pittoresco", per indi-care gli aspetti malinconici e selvaggi della natura e per esprimere lo stato d'animo che un certo paesaggio suscita. Furono i letterati e i filosofi tedeschi a impiegare per primi, sul finire del Settecento, il sostantivo *Romantik* ("romanticismo") per denominare la nuova cor-rente dell'arte della "sensibilità" moderna svincolata dai modelli classici. Anche se le sue lontane origini sono prevalentemente non tedesche, il movimento romantico trovò una organica formulazione teorica ed estetica in Germania prima che in altri Paesi. Preceduto e avviato dal movimento culturale dello *Sturm und Drang* ("tempesta e impeto"), che fiorì nella seconda metà del XVIII secolo (cfr. il vol. II, Cap. 22), il romanticismo tedesco fu teorizzato tra il 1798 e il 1804 dal cosiddetto "gruppo di Jena" che si raccoglieva intorno alla rivista *Athenäum* ("Ateneo") fondata nel 1798 nella cittadina della Germania del nord. Annoverava tra i suoi esponenti i poeti Novalis

49

(pseudonimo di Friedrich Leopold von Hardenberg, 1772-1801) e Ludwig Tieck (1773-1853), i fratelli filosofi August Wilhelm (1767-1845) e Friedrich von Schlegel (1772-1829), e Friedrich Wilhelm Schelling (1775-1854). Questi scrittori tracciarono le linee fondamentali del romanticismo, che dalla Germania si diffuse poi nel resto d'Europa: culto accentuato della libera espressione fantastica in luogo dell'arte contenutistica e raziocinante, esaltazione del "sentimento" e dello "slancio delle passioni", recupero delle tradizioni popolari, rivalutazione del Medioevo come età in cui era sorta la civiltà moderna e cristiana.

Si può dire che, nel primo romanticismo, l'elemento soggettivo domina tutti i generi letterari, dalla poesia al romanzo, ai lavori teatrali. Si scrivono romanzi che analizzano minutamente i sentimenti, gli struggimenti e i conflitti interiori dei personaggi. L'uomo romantico è un'anima inquieta ed irrequieta, in balìa d'impressioni sempre diverse e contrastanti, perennemente alla ricerca di una felicità tanto lontana da non poter essere mai raggiunta. Non è pertanto da sorprendere che la parola *Sehnsucht* (= letteralmente "male del desiderio", ovvero "struggimento", "desiderio del desiderio") fosse tanto cara ai romantici tedeschi e da essi quasi assunta a simbolo del movimento romantico. L'opera letteraria composta per esemplificare le teorie del romanticismo di Jena fu il romanzo a sfondo autobiografico *Lucinde* (1799) di F. Schlegel. Il romanzo, che suscitò all'epoca molta sensazione, sviluppa la storia di una fanciulla che trasgredisce la morale dominante e le convenzioni artificiali della società; questa ragazza naturale e innocente sostiene cose diverse come il libero amore, il male del lavoro, l'incoerenza delle emozioni perché queste vengono tutte dall'interno e sono un'esaltazione della natura. Altro importante ed emblematico documento del primo romanticismo tedesco sono le *Hymnen an die Nacht* ("Inni alla notte", 1797) di Novalis che esaltano il mondo mistico e misterioso della notte, del sogno e della morte (il poeta sogna di ricongiungersi con l'amata nella morte).

A partire dal 1820 circa i romantici cercarono di realizzare il proprio ideale rivolgendo l'attenzione sempre più alla storia, proprio come prima lo avevano cercato sul proprio essere interiore. Questo nuovo senso della storia (i romantici si sentivano più affini a tempi lontani che al recente passato) ebbe alcune importanti conseguenze letterarie e musicali oltre che politiche e sociali. Incontestabile successo ebbe il nuovo genere del romanzo storico creato dallo scozzese Walter Scott (1771-1832), l'autore più letto del primo Ottocento. Scrisse lavori che sono in gran parte ambientati nell'Inghilterra o nella Francia del Medioevo e nei quali convergono l'ispirazione fantastica e la ricerca storica erudita. L'influenza del romanzo storico si manifestò specialmente nel campo del melodramma italiano e francese (cfr. i Capp. 25-26).

Argomento del giorno in Francia era invece il destino del teatro cólto, il genere letterario in cui continuava a tenere il campo da sovrana la tragedia classica dei grandi autori francesi del Seicento (cfr. il vol. II, Cap. 18). Agli occhi dei romantici, le rigide convenzioni e le forme altamente stilizzate che governavano il teatro di Corneille e Racine facevano apparire artificiali e lontani dalla realtà i personaggi che vi agivano. Si manifestò pertanto ammirazione sconfinata per i drammi di William Shakespeare (1564-1616), autore che fu considerato dipintore del "reale", refrattario alle "regole" drammatiche. I romantici – non solo francesi – videro in Shakespeare un'anticipazione del moderno nelle arti: perché aveva portato a compimento la fusione di tragedia e commedia e perché aveva concentrato l'attenzione sulla condizione interna degli individui piuttosto che sulle forze esterne che gli autori classici ritenevano guidassero il destino umano. Queste idee, che in parte derivavano dai teorici settecenteschi francesi e dai primi romantici tedeschi, furono avanzate nello scritto di Stendhal (pseudonimo di Henri Beyle, 1783-1842) *Racine et Shakespeare* (1823-1825) e nella prefazione straordinariamente eloquente al dramma *Cromwell* (1827) di Victor Hugo (1802-1885).

Fin dalle prime definizioni ideologiche del romanticismo formulate da scrittori e pensatori tedeschi nell'ultima decade del Settecento, la musica viene considerata come quella che tra le arti singole è la più vicina al segreto ultimo delle cose, più apparentata alla religione, più dotata di suggestione irresistibile quanto inesplicabile. Era ferma convinzione dei romantici che il linguaggio musicale, in particolare quello della musica strumentale, arrivasse a suscitare nell'animo di chi l'ascolta concetti e sensazioni che trascendono le possibilità espressive della parola e dell'immagine.

L'opera di rivalutazione della musica intesa come autonomo linguaggio dei sentimenti era già stata avviata dagli illuministi francesi o filofrancesi del Settecento, da J.-J. Rousseau in particolare. La corrente estetica che faceva capo a Rousseau giudicava però la musica strumentale solo pallida imitazione della musica vocale; quest'ultima era considerata superiore perché più vicina alla natura. Priva di parole, astratta, la musica strumentale mancava di significato e si riduceva a semplice rumore: poteva acquistare un senso di dignità d'arte soltanto tramite l'abbinamento o l'imitazione della musica vocale – dove le parole regolano la forma, la sostanza e l'espressione della musica determinandone il significato – oppure tramite immagini o programmi descrittivi. (È da notare che alcuni teorici settecenteschi raccomandavano ai compositori di basare su programmi le loro sinfonie.) Secondo invece l'altra corrente estetica settecentesca, quella razionalista, il discorso musicale si costituisce per analogia col discorso parlato, e la minore "precisione" del linguaggio musicale è segno della sua inferiorità. Tracce di questa diffidenza nei confronti della musica affiorano ancora nel pensiero filosofico di Immanuel Kant (1724-1804). Nel trattato di estetica *Kritik der Urteilskraft* ("Critica del giudizio", Berlino 1790, Parte I, Libro II, 51-54), sua ultima opera fondamentale, Kant considera la musica al più basso gradino tra le arti ("giudicata dalla ragione, ha minor valore di qualunque altra delle arti belle") perché fondata sul mero piacere dei sensi ("essa è piuttosto godimento che cultura", "l'arte del bel giuoco delle sensazioni"). Questa concezione della musica come forma inferiore di divertimento è radicalmente rovesciata negli scritti di Wilhelm Heinrich Wackenroder (1773-1798) e del suo amico e collaboratore L. Tieck, i primi apostoli del romanticismo tedesco. In quella ch'è giudicata dalla critica moderna la prima opera letteraria compiutamente romantica, le *Herzensergiessungen eines kunstliebenden Klosterbruders* ("Effusioni del cuore di un monaco amante dell'arte", Berlino 1796) di Wackenroder, la musica è considerata l'arte suprema, l'arte "pura" per eccellenza; è l'arte più ideale poiché non ha nessun contatto con la realtà delle cose concrete, né con i concetti della ragione; è pertanto in grado di condurre l'anima verso l'"infinito". L'ultima parte delle "Effusioni" comprende lo scritto di Wackenroder sulla musica dal titolo *Das merkwürdige musikalische Leben des Tonkünstlers Joseph Berglinger* ("La memorabile vita musicale del compositore Joseph Berglinger"). È la storia, in forma di novella, di un musicista immaginario che va incontro ad ogni forma di frustrazioni, incomprensioni e delusioni artistiche, ma pieno di etereo entusiasmo per la musica, che egli associa alla religione. Torturato dal dissidio tra la sua visione dell'arte (= fonte pura di creatività) e la realtà della meschina vita quotidiana, Berglinger preferisce isolarsi nel proprio interiore. Muore giovanissimo, consunto dalla delusione per il mancato avverarsi dei propri sogni artistici. L'importanza fondamentale della novella di Wackenroder sta nell'aver creato il prototipo del musicista romantico che soffre di sé, della sua vita e della sua arte. Per molti versi, è l'immagine del musicista che, da allora, non è più venuta meno. Si possono considerare come discendenti diretti di Berglinger molte figure successive di musicisti protagonisti di racconti e romanzi scritti dai più significativi esponenti della letteratura tedesca: da E.T.A. Hoffmann a H. Heine, fino al *Doktor Faustus* (1947) di Thomas Mann (1875-1955) – la storia del compositore Leverkühn che stringe un patto con il diavolo per attingere alle fonti perdute della creatività (vedi il vol. IV, Cap. 28). Si può dire che non vi sia letterato o poeta – non soltanto tedesco – dell'epoca romantica che non abbia descritto la suggestione esercitata su di lui dalla musica.

Wackenroder morì giovanissimo (non ancora venticinquenne). L'anno dopo la sua morte Tieck pubblicò (Berlino 1799) i saggi rimasti inediti dell'amico, frammescolati con saggi suoi, sotto il titolo di *Phantasien über die Kunst, für Freunde der Kunst* ("Fantasie sull'arte, per gli amici dell'arte"). Fra gli scritti compresi nella raccolta, di rilevante interesse musicale è il saggio di Tieck intitolato *Symphonien* ("Sinfonie") nel quale è ancora una volta rivendicata la superiorità della musica strumentale su quella vocale. Scrive Tieck: "Essa [la musica strumentale] gioca con la fantasia senza uno scopo, eppure ne realizza il più alto, segue in tutto i propri oscuri moti e con i suoi scherzi giocosi dà voce alle cose più profonde e meravigliose". Tieck vede il suo ideale musicale realizzato più nella musica sinfonica che in quella cameristica: "Le sinfonie possono rappresentare un dramma confuso, multiforme, intricato e ben sviluppato quale mai e poi mai potrebbe darci il poeta".

La radicale, rivalutazione dell'immagine della musica avanzata da Wackenroder e Tieck non giunse all'improvviso ma era nell'aria già da tempo. Alcune delle loro idee si ritrovano sparse negli scritti del già ricordato J.-J. Rousseau, di Johann Gottfried Herder (1744-1803), di Carl Philipp Moritz (1756-1793) – con il quale studiarono all'Università di Berlino Wackenroder e Tieck – e di Jean Paul, pseudonimo di Johann Paul Richter (1767-1825).

Costante è il riferimento alla musica nei romanzi, racconti e scritti di estetica di Jean Paul. Nel romanzo *Hesperus* ("Espero", 1795), l'opera sua che conobbe grandissimo successo, la musica è considerata come "lingua del cuore" e precisamente una forma di espressione superiore, non inferiore alla lingua parlata (vedi in particolare il Cap. 19 del romanzo: viene descritto l'effetto davvero travolgente di un concerto di Stamitz sulla psiche degli ascoltatori). Imbevuto di musica è anche il romanzo "pedagogico" *Flegeljahre* ("Anni della scapigliatura giovanile", 1804-1805), pieno di episodi toccanti. Tema del romanzo è il conflitto insanabile fra due fratelli gemelli che hanno quasi lo stesso nome, si amano profondamente e pure sono irrimediabilmente diversi: il realista Vult dal carattere esuberante e impetuoso, e l'idealista Walt, dall'animo mite, malinconico e introverso.

Sono personaggi emblematici del dissidio tra l'oggettivo e il soggettivo, tra l'arte e il mondo meschino che circonda l'artista, tra realtà e fantasia, un dissidio dualismo che costituisce una delle tendenze più vistose e maggiormente significative che attraversano il romanticismo.

Le nuove idee sulla musica avanzate da Wackenroder e Tieck trovarono una sistemazione concettuale più compiuta negli scritti di Georg Wilhelm Friedrich Hegel (1770-1831) e di Arthur Schopenhauer (1788-1860), i due filosofi che influirono maggiormente sul pensiero estetico del XIX secolo. Nelle *Vorlesungen über die Aesthetik* ("Lezioni di estetica", Berlino 1836-1838, Parte III, Cap. 2) Hegel sostiene che la musica (quella vocale) è la più espressiva tra le arti: può esprimere sia sentimenti individuali e particolari (soggettivi), sia il sentimento in sé, che è oggettivo. La musica sarebbe quindi l'unica arte in cui non avviene nessuna separazione tra la forma (i suoni ordinati nella loro temporalità) e il contenuto (lo spirito come sentimento). In *Die Welt als Wille und Vorstellung* ("Il mondo come volontà e rappresentazione", Lipsia 1818), un'opera destinata a una lunga e costante fortuna nella Germania del XIX secolo e oltre, Schopenhauer attribuisce alla musica la più alta dignità "metafisica" (la associa alla filosofia; cfr. il Libro III, par. 52). Poiché si esprime attraverso un linguaggio universale, la musica è concepita come oggettivazione e manifestazione immediata dell'essenza vera del mondo. Essa non solo esercita sul nostro intimo un potere ben maggiore delle altre arti, ma è irrevocabilmente identificata con la "Volontà", intesa da Schopenhauer come il fondo primordiale dell'essere, come il principio istintuale del tutto cieco e irrazionale della vita stessa. Mai in precedenza era stato assegnato alla musica un potere così elevato.

A dare un contributo fondamentale alla formulazione del concetto di romanticismo musicale fu Ernst Theodor Amadeus Hoffmann (1776-1822), il quale era critico musicale, scrittore, compositore e pittore, tutte attività che non gli impedivano di esercitare la sua professione di giudice del tribunale di Berlino. È suo il merito di aver imposto l'uso dei termini "romantico" e "romanticismo" in campo musicale. Sulle orme di Wackenroder e Tieck, egli ritiene che la musica strumentale pura, autonoma, nel suo affrancamento da idee extramusicali è la sola arte veramente romantica perché arriva all'intuizione dell'infinito, dell'assoluto. Nelle opere strumentali di Haydn, Mozart e Beethoven specialmente, Hoffmann vede l'espressione più compiuta del romanticismo musicale. Queste idee, che contengono *in nuce* l'intera concezione musicale romantica, stanno alla base della recensione – che è forse lo scritto suo più famoso – della *Quinta sinfonia* di Beethoven apparsa nel 1810 sull'*Allgemeine musikalische Zeitung* ("Giornale universale della musica") di Lipsia, il periodico musicale più in vista dell'epoca; la recensione fu poi rielaborata per i *Kreisleriana* col titolo *Beethovens Instrumentalmusik* ("La musica strumentale di Beethoven "). Scrive Hoffmann nell'articolo:

> La musica di Beethoven muove le leve del terrore, dell'orrore, dello spavento, del dolore e ridesta appunto quella nostalgia infinita [*Sehnsucht*], che è l'essenza del romanticismo.

Va osservato che il termine romanticismo non è qui usato per denotare uno stile o un periodo storico, ma per indicare una disposizione spirituale, uno stato d'animo. Parte del saggio sulla *Quinta* di Beethoven è dedicata all'analisi dell'"intima struttura" della musica. Secondo il vedere di Hoffmann la musica esiste per essere "capita", e capire la musica significa prender coscienza della struttura – della logica armonica e tematica – di un'opera. L'ascolto irriflesso, pertanto, non basta per afferrare il senso estetico di un'opera musicale. A differenza di Wackenroder e Tieck che considerano la musica esclusivamente attraverso la dimensione "contemplativa" dell'ascolto, Hoffmann, nelle sue numerose recensioni, perviene ad una fusione tra contenuto poetico e struttura musicale; riflessione estetica e analisi musicale si compenetrano così a vicenda nella comprensione di un'opera musicale. Le recensioni di Hoffmann sono state un modello per la vita musicale posteriore, a partire da R. Schumann, il quale esercitò l'attività di critico per un decennio (1834-1844) sulle pagine della rivista bisettimanale da lui fondata nel 1834 (la *Neue Zeitschrift für Musik* = "Nuova rivista di musica"; per la traduzione in italiano dell'intera produzione critica di Schumann vedi la *Bibliografia* a fine Cap.). Va tenuto presente che nell'Ottocento la critica musicale divenne uno strumento essenziale di comunicazione in campo musicale, esercitando una profonda influenza sulla cultura musicale. Erano i grandi giornali musicali pubblicati nelle capitali della musica (Parigi, Berlino, Londra, Vienna, Lipsia, ecc.) che ·modellavano il gusto del pubblico, creavano o distruggevano la reputazione di compositori o esecutori, esponevano al pubblico questioni di storia, di estetica, di teoria musicale.

Le idee di Hoffmann sulla musica e sulla composizione sono espresse anche in alcune sue novelle e fiabe fantastiche nonché nelle due serie di *Kreisleriana* (1810-1820), che è una raccolta di scritti autobiografici e critici, bizzarrie e fantasie di un immaginario maestro di cappella di nome Johannes Kreisler, genio musicale che conosce la virtù redentrice della musica ma rischia lui stesso di venir travolto dalla sua forza demoniaca. A Kreisler si richiamerà Schumann intitolando *Kreisleriana*, Op. 16 (1836), una delle sue composizioni pianistiche più fantasiose e formalmente più ardite: a brani di trasognata contemplazione e di intimo lirismo si alternano brani caratterizzati da slanci frenetici ed esaltanti. Hoffmann è il solo scrittore romantico tedesco che divenne subito famoso all'estero. In modo particolare per gli scrittori francesi (Charles Baudelaire, Honoré de Balzac ed altri) egli fu considerato il romantico tedesco per eccellenza. Tutte le sue opere furono tradotte in francese tra il 1829 e il 1836.

Caratteri e tendenze del romanticismo musicale

Il romanticismo è un'epoca storica caratterizzata da profondi cambiamenti dell'assetto economico nonché politico-sociale d'Europa. È l'epoca in cui si afferma l'economia capitalistica e che vede nascere la moderna società industriale. Senza dubbio furono i progressi tecnico-scientifici a spingere l'avvio della produzione industriale di massa, con macchine che moltiplicano il rendimento del lavoro umano e con merci prodotte in serie. L'industrializzazione, l'abbandono consistente delle campagne e il rapido incremento demografico favorirono la formazione di giganteschi agglomerati urbani: nel corso del XIX secolo Londra ebbe un incremento demografico del 340 %, Parigi del 345 %, Vienna del 490 %, Berlino del 872 %. L'espansione generale dell'economia e del commercio mondiali accompagna l'ascesa economica della piccola e media borghesia (comprende uomini d'affari, liberi professionisti, dirigenti superiori dell'amministrazione) che conquista influenza politica sempre crescente. Si può dire che l'epoca tra la Rivoluzione francese e la prima Guerra mondiale sia un'epoca dominata dalla borghesia. Culturalmente, è lo stile di vita borghese a prevalere su quello aristocratico, perché, in genere, la vecchia aristocrazia tende a ritirarsi dal mondo della cultura e della musica. È vero che ci sono ancora maestri di cappella di corte (da C.M. von Weber fino a Wagner, a Mahler e a R. Strauss), ma la musica di corte non ha più alcuna influenza sullo stile della musica vocale e strumentale, ed è difficile immaginare un re che, dopo il 1850 ca., sia un grande patrono delle arti. Questo significa che il salotto privato prende il posto della corte come centro di attività culturale. Spesso presieduti da un'affascinante donna di talento o da un ricco mecenate delle arti, gli incontri informali che si tengono nei salotti delle grandi capitali svolgono un ruolo di primo piano nella diffusione delle mode culturali. Agli incontri prendono parte membri della borghesia e della nobiltà, artisti ed intellettuali.

Poche società hanno amato più di quella borghese ottocentesca le opere del genio creativo. In termini quantitativi, nessuna società precedente ha mai acquistato nulla di simile alla massa di oggetti d'arte (quadri, statue, ecc.), libri vecchi e nuovi, biglietti di esecuzioni musicali e teatrali. Il mezzo tipico col quale la musica faceva il suo ingresso nella casa borghese era il pianoforte, strumento straordinariamente elaborato e costoso; nessun interno borghese era completo senza di esso e poche erano le figlie di borghesi che non ne avessero coltivato lo studio. Come non era mai avvenuto prima, la musica divenne oggetto di consumo di un pubblico di massa formato dalla borghesia e da altri ceti, anche minori, aspiranti alla rispettabilità e alla cultura.

È comunque da tenere presente che una società che progrediva spietatamente e che mirava alla radicale trasformazione tecnico-scientifica ed economica, trascinava altresì l'uomo alla progressiva alienazione e alla ricerca di evasione dal contatto con la opacità del vivere quotidiano. La musica in particolare serviva ad appagare tali necessità: di qui deriva l'importanza ad essa assegnata dai filosofi e ideologi del primo romanticismo (vedi sopra). Come in passato mai era avvenuto, il movimento romantico accorda importanza ai sentimenti umani, all'immaginazione, all'esplorazione del nostro mondo interiore. Molti poeti, autori di teatro, musicisti romantici volgono le spalle alla egemonia della ragione e puntano invece l'attenzione verso l'interpretazione dei tumulti oscuri dell'anima, di ciò che si chiama l'"inconscio" (quella sfera dell'attività psichica che non raggiunge la soglia della coscienza). È particolarmente nel sogno – che può avvenire ad occhi aperti non meno che durante il sonno – che l'inconscio ha la libertà di disporre di immagini, desideri e sentimenti negati durante il giorno, la veglia, il lavoro, ecc. Di qui il culto dei romantici del misterioso e del notturno, del bizzarro e del grottesco, del pauroso e dello spettrale, del diabolico e del macabro, dell'erotico, ovvero di tutti quei pensieri e desideri latenti che si manifestano specialmente quando la mente si trova in uno stato sognante. La tendenza della cultura romantica a tirare continuamente in ballo i fatti interiori della psiche umana, privilegiando, senza rendersene sempre conto, la parte inconscia rispetto a quella consapevole, ha indubbiamente costituito la base ideologica delle teorie originali della psicoanalisi formulate da Sigmund Freud (1856-1939) nello scritto *Traumdeutung* ("L'interpretazione dei sogni", Lipsia-Vienna 1899).

Una delle novità fondamentali della cultura musicale del romanticismo è l'interesse per la musica del passato collegato, soprattutto in Germania, con il sorgere del nazionalismo. Questo interesse aveva avuto importanti antecedenti nel Settecento (cfr. il vol. II, Cap. 22), ma è nel corso del XIX secolo che si manifesta un po' alla volta la presenza preponderante di un buon numero di opere musicali del passato nel repertorio dei teatri, dei concerti e specialmente nel consumo privato (tale presenza diventa una regola nel Novecento). Anche l'insegnamento della musica, la teoria e l'estetica vivono di un passato più o meno remoto che andava studiato e interpretato. I compositori stessi prendono a fondamento del proprio stile quell'organizzazione delle forme e degli elementi musicali che avevano contraddistinto la musica del periodo classico. Nessun compositore, da Corelli a Debussy, ha tentato, ad esempio, di mettere in dubbio o di seriamente infrangere il sistema tonale maggiore-minore, anche se furono introdotte audacissime innovazioni nella formazione degli accordi e nelle relazioni tonali (vedi più avanti). Non si dovrebbe perciò considerare il romanticismo come un periodo *opposto* al classicismo dal momento che molti e sostanziali sono i tratti stilistico musicali che li collegano. Tale tesi si trova invece espressa nella letteratura musicologica di diversi autori, anche recenti.

Alla rivalutazione di un passato musicale che si riteneva affondasse le radici nel canto monodico liturgico del lontano Medioevo – epoca cui i romantici conferirono alto valore religioso – e nell'aurea polifonia vocale sacra del Cinquecento, contribuì decisamente l'esigenza di rinnovare la musica da chiesa nella sua forma più nobile e "pura", sottratta dallo stile profano e teatrale. Si cercò nell'antico la migliore incarnazione del sacro, completamente staccato dalla profanità del moderno. L'ideale di tale rinnovamento, cui presero parte sia cattolici che protestanti, divenne la polifonia vocale di Palestrina (cfr. il vol. I, Cap. 11) per i cattolici e la musica di J.S. Bach (cfr. il vol. II, Cap. 21) per i luterani. Il ripristino delle opere degli antichi maestri conosciuti e sconosciuti non sarebbe stato possibile senza lo sviluppo della musicologia. Il tedesco Johann Nikolaus Forkel (1749-1818) può essere considerato tra i fondatori di questa disciplina storica. Con gli inglesi John Hawkins (1719-1789) e Charles Burney (1726-1814) Forkel fu uno dei primi autori di una storia universale della musica in due volumi (Lipsia 1788, 1801). La sua biografia di J.S.

Bach (Lipsia 1802) – la prima ad affrontare con acribia scientifica la vita e l'opera di un compositore del passato – contribuì ad avviare l'interesse dei romantici nei confronti del grande compositore luterano, che culminò con l'esecuzione della *Matthäus-Passion* ("Passione secondo Matteo") a Berlino nel 1829 sotto la direzione di F. Mendelssohn. Il movimento a favore di Bach condusse a varare (1851) la prima edizione completa delle opere di un singolo compositore (la serie si completerà nel 1899 con la pubblicazione del 46° vol.). Condotta con il metodo critico-filologico che proveniva dalla filologia e storiografia classiche, l'edizione fu promossa dalla *Bach-Gesellschaft* ("Società Bach"), che annoverò tra i fautori e fondatori (1850) Schumann e la Casa editrice Breitkopf & Härtel di Lipsia. Da allora il numero delle edizioni monumentali dedicate alle opere di un singolo compositore o a determinate epoche, Paesi, regioni, è andato aumentando fino ai nostri giorni. Nel secondo Ottocento la storiografia musicale subì l'influsso della corrente di pensiero positivistica, fondata sulla osservazione "fedele" e "imparziale" piuttosto che "speculativa" dei diversi fenomeni (le scienze, le arti) che circondano la vita dell'uomo. In Germania si fissano i lineamenti e si imposta la metodologia della disciplina che viene denominata *Musikwissenschaft* ("scienza della musica" = musicologia). Tra i capiscuola della nuova disciplina figurano Otto Jahn (1813-1869), Friedrich Chrysander (1820-1901), J.A. Philipp Spitta (1841-1894) e Guido Adler (1855-1941), i quali provenivano da una formazione classico umanistica e filologica. Ad essi vennero affidati i primi insegnamenti universitari sui metodi di ricerca e di interpretazione storico musicale.

Un ruolo importante nella promozione e nella diffusione della musica del passato fu svolto dalle attività delle associazioni musicali e dai complessi corali di amatori che sorsero numerosi nei principali centri urbani d'Europa, specialmente nei Paesi di lingua tedesca. Sul versante cattolico, gli esponenti del "movimento ceciliano" (così detto perché elesse a sua ideale patrona Santa Cecilia) in particolare si dedicarono con molto entusiasmo a ristabilire il repertorio del canto liturgico medievale e della polifonia cinquecentesca. Tra i primi esponenti del movimento ceciliano vanno considerati i musicisti romani Fortunato Santini (1778-1861), il quale raccolse numerosi documenti della polifonia cinquecentesca, e Giuseppe Baini (1775-1844), direttore della Cappella Sistina ed autore di un'ampia biografia (Roma, 1828) di Palestrina che contribuì a diffondere il culto ottocentesco di quel compositore (fu tradotta in tedesco nel 1834). In Francia, alla restaurazione del canto gregoriano antico mediante lo studio dei manoscritti coevi, si adoperarono i monaci benedettini dell'abbazia di Solesmes (cfr. il vol. I, Cap. 8). In terra germanica l'epicentro del ripristino della musica sacra cattolica della tradizione cinquecentesca si collocò tra Monaco di Baviera e Ratisbona. L'esponente più attivo fu il musicologo Franz Xaver Haberl (1840-1910), il quale curò la prima edizione completa (1862-1894) delle opere di Palestrina e diede inizio (1874) alla Scuola di Musica Sacra di Ratisbona, destinata ad esercitare un durevole influsso sugli studi e l'esecuzione della polifonia antica.

L'esplorazione e il recupero della musica del passato ebbero un effetto notevole sulla pratica esecutiva. A partire dalla metà circa dell'Ottocento il concetto di "fedeltà al testo" musicale, che vedeva lo spirito dell'opera conservato nella lettura dell'originale, s'impose sempre più nel lavoro dell'interprete. Fino al Settecento-inizio dell'Ottocento l'interprete virtuoso, strumentista o cantante, si era servito dei testi musicali come di mere "proposte" per l'esecuzione: il testo, in effetti, era scritto in funzione dell'esecutore, il quale non doveva necessariamente interpretarlo così come era stato concepito dal suo autore. Il tipo di virtuosismo fino ad allora praticato, che si nutriva del retaggio dell'improvvisazione, non scomparve del tutto, ma cessò di essere un fenomeno centrale dell'interpretazione musicale. Molti critici e compositori, Schumann in particolare, ritenevano che all'esecutore non bastasse raggiungere un'eccezionale maestria tecnica dello strumento, ma che gli fosse indispensabile avere anche una padronanza "intellettuale" degli eventi musicali che caratterizzano una determinata composizione. Solo dopo che avrà compreso quello che sta suonando e dopo aver superato le difficoltà tecniche, l'interprete potrà afferrare il significato di un'opera musicale nella sua totalità, e comunicarlo al pubblico. A quanto pare, questa nuova concezione dell'interpretazione musicale è connessa con un cambiamento nell'atteggiamento dell'estetica romantica nei confronti dell'opera musicale: la si cominciò a sottrarre dalla sfera della vita effimera, le si conferì una nuova dignità estetica, la si considerò espressione e testimonianza della genialità dell'artista che l'aveva creata. Al centro dell'interesse della critica musicale di rango – che come detto svolse un ruolo di capitale importanza nella formazione del gusto del pubblico dell'epoca – divenne l'opera musicale in sé piuttosto che l'interpretazione che si dava di essa. Già nella novella *Johannes Kreislers, des Kappellmeisters, musikalische Leiden* ("I dolori del maestro di cappella Johannes Kreisler", 1810) Hoffmann espose senza equivoci la sua opinione in merito al rispetto che l'interprete doveva tributare alla volontà del compositore. Afferma Hoffmann:

> Il vero artista vive solamente nell'opera che comprende e interpreta secondo lo spirito del maestro. A lui ripugna far valere in un modo qualsiasi la propria personalità, e la sua fantasia, la sua tecnica tendono unicamente a richiamare alla vita animata e splendente di mille colori tutte le meravigliose e vaghe immagini e apparizioni, che con magica potenza il maestro compositore ha rinchiuso nella propria opera.

In uno scritto ("Su alcuni passi presumibilmente corrotti nelle opere di Bach, Mozart e Beethoven") apparso sulle pagine della *Neue Zeitschrift für Musik* del 1841, Schumann esorta gli interpreti a confrontare con il manoscritto originale la edizione a stampa di un'opera musicale onde evitare di eseguire una quantità di note che risultano erronee. "Trascurare una cosa del genere – afferma Schumann – è come tollerare un taglio in un quadro, un foglio mancante nel proprio libro preferito". La pratica esecutiva che tendeva a introdurre cambiamenti, a variare o arrangiare un testo musicale continuò ad esistere, ma fu considerata sempre più la meno adatta a far percepire il pensiero estetico e la sostanza formale d'un'opera musicale così com'era stata scritta dal suo autore. In una serie di articoli apparsi sulla *Revue et Gazette musicale de France* (1835-1841) F. Liszt, al tempo massimo virtuoso della tastiera, si confessa colpevole di aver interpretato molto liberamente e con troppa disinvoltura le opere dei grandi maestri.

Il nuovo senso di rispetto che l'interprete attribuiva al testo musicale esigeva che nei programmi dei concerti pubblici e privati i lavori musicali venissero presentati in forma il più possibile integra e intatta. Si abbandonò pertanto l'abitudine, molto in voga fino alla metà circa dell'Ottocento, di accozzare nei programmi tanti pezzi eterogenei, di smembrare una sinfonia eseguendo un movimento all'inizio e un altro alla fine del concerto, mentre nella parte centrale si stipavano pezzi virtuosistici e brani di melodrammi. Mutarono anche le norme di comportamento del pubblico che assisteva ai concerti. Si affermò a poco a poco anche l'abitudine ad ascoltare in silenzio la musica: onde evitare ogni distrazione e poter "comprendere" il senso formale ed espressivo di una composizione. Vale ricordare ancora una volta che l'estetica romantica aveva posto fortemente l'accento sulla funzione "culturale" (nel senso che contribuisce alla formazione spirituale dell'individuo) della musica, in opposizione alla concezione, che in genere prevaleva anteriormente, della musica come forma inferiore di svago e di intrattenimento, una concezione che tuttavia era venuta sempre meno già a partire dalla seconda metà del Settecento (cfr. il vol. II, Cap. 22).

Non esiste compositore del XIX secolo che non sia stato in qualche modo influenzato dalle tendenze storicistiche e dal confronto con la musica del passato. Ciò che della storia sopravvive nel presente non è considerato, come in epoche precedenti, un modello fuori dal tempo da imitare soltanto nello studio astratto della teoria musicale, ma proprio un antecedente storico e fattore importante d'arricchimento e di sviluppo del linguaggio musicale. Schumann ed altri compositori avversavano e disprezzavano tutto ciò che era pedantesco, tecnico-"meccanico", ma non certo quanto era antico. La massiccia presenza della musica del passato ebbe l'effetto di rinvigorire la vena creativa e di ampliare l'orizzonte culturale di molti compositori del tempo. Per l'apertura dell'annata 1835 della *Neue Zeitschrift für Musik* Schumann annunciò chiaramente la sua filosofia della storia:

> Nel breve tempo della nostra attività abbiamo fatto parecchie esperienze. I nostri princìpi sono stati stabiliti sin dall'inizio. Essi sono semplici e cioè: ricordare con insistenza l'epoca antica e le sue opere, attirare l'attenzione sul fatto che solo da una sorgente così pura nuove bellezze artistiche possono trarre forza – in seguito combattere il tempo recentemente trascorso come un tempo antiartistico, perché non aveva altro intento all'infuori di quello di aumentare la virtuosità esteriore – preparare e affrettare l'avvento, infine, di una nuova era poetica.

Molta critica musicale, quale era quella annunciata da Schumann, era basata ambiziosamente sui princìpi della filosofia della storia. Si ricorreva alla storia per giustificare determinate posizioni teoriche ed estetiche; si evitava così il rischio che un giudizio venisse liquidato come mero giudizio di gusto. Anche Wagner, quando nel 1851 in *Oper und Drama* polemizza contro le "corrotte" consuetudini dell'opera italiana, non parla tanto in nome proprio quanto in quello della storia, contro il cui giudizio non c'è appello.

Prevaleva nel pensiero dei romantici l'idea che espressività e polifonia non dovessero necessariamente escludersi a vicenda, ma potevano integrarsi bene. La musica di J.S. Bach costituì pertanto un importante polo di attrazione per i musicisti tedeschi del XIX secolo. La sua musica strumentale fu elevata a paradigma della musica strumentale pura (la dimestichezza con il *Clavicembalo ben temperato* era considerata segno di competenza musicale) e venerata come l'espressione d'una musicalità autenticamente germanica. L'influsso bachiano si fece sentire specialmente su Schumann e Mendelssohn (entrambi hanno scritto e pubblicato fughe), e persino in compositori come Chopin e Wagner.

La presenza sempre crescente della musica del passato rese problematico il rapporto del compositore con il pubblico. Il compositore romantico tende sempre più a concepire l'opera d'arte come un messaggio rivolto all'intera umanità, magari quella di un lontano futuro (a questo proposito vedi Beethoven). Ciò favorisce il sorgere degli stili individuali e diviene il substrato di molte iniziative innovatrici anticipanti il loro tempo storico in nome dell'avvenire. In molti casi, il musicista crea la sua personale forma e la impone al grande pubblico che, dal canto suo, è sempre meno disponibile ad accogliere novità che non corrispondano ad un gusto costituito. Cosicché avviene che un buon numero di compositori procede in una direzione, gli ascoltatori in un'altra. Diminuisce di conseguenza sempre più la comprensione per la musica contemporanea al di fuori delle persone fornite di cultura musicale e della cerchia dei musicisti veri e propri, mentre la musica del passato viene pubblicata in quantità sempre maggiore ed eseguita con sempre maggiore frequenza. Questo orientamento del gusto musicale determinerà nel Novecento l'insorgere del fenomeno dell'"avanguardia musicale" (cfr. il vol. IV, Cap. 28). Il dissidio tra artista e società è ancora, del resto, uno dei tratti caratteristici dell'epoca romantica; si può riassumere nella formula del "genio incompreso", apostolo del progresso, in perpetuo conflitto con il gretto conservatorismo che il romanticismo compendiò con la parola "filisteismo". Numerose sono, in epoca romantica, le controversie teoriche sulla direzione da seguirsi nell'evoluzione musicale. Si difende, da una parte, la musica strumentale assoluta priva di elementi extramusicali in quanto la sola capace di far intuire l'immagine dell'"infinito", contrapposta al mondo visibile; dall'altra, si proclama la necessità di procedere al superamento dei generi fino ad allora tramandati per passare, nella musica a programma, alla "fusione" delle arti (vedi più avanti). Ogni compositore di qualunque orientamento "moderno" (ovvero non disposto a soddisfare il gusto dell'ascoltatore medio) sente il bisogno di difendersi dalle incomprensioni che sorgono intorno alla sua arte. La letteratura musicale di genere polemico e di impeto aggressivo diviene pertanto copiosa nel corso dell'Ottocento: nelle riviste musicali più importanti che, come detto, sorgono numerose nelle principali capitali della musica, taluni compositori tendono a "giustificare" e a "pubblicizzare" sul piano estetico e sociale l'opera del musicista nei confronti dei suoi possibili destinatari. In molti casi il musicista acquisisce la consapevolezza d'essere protagonista attivo della cultura musicale del suo tempo, cioè d'un processo di continua trasformazione e di grande arricchimento del linguaggio musicale. Esce pertanto dal chiuso della sua arte per vestire i panni del criticoletterato-memorialista-filosofo, ovvero diventare quello che si direbbe un "intellettuale". Tra i principali esponenti di questa categoria, molto numerosa nell'Ottocento, di musicisti-scrittori figurano E.T.A. Hoffmann, C.M. von Weber, L. Spohr, F. Mendelssohn, H. Berlioz, R. Schumann, F. Liszt, R. Wagner, H. Wolf.

Il contatto del compositore con il pubblico avviene sempre meno direttamente (in epoche precedenti, invece, il compositore era quasi sempre egli stesso interprete e divulgatore delle proprie composizioni), ma sempre più attraverso la mediazione soprattutto dell'editoria musicale. In realtà, questa trasformazione del rapporto compositore-pubblico s'era avviata già nella seconda metà del Settecento (cfr. il vol. II, Cap. 22) e fu praticamente compiuta con Beethoven (cfr. il Cap. 23). Nel corso del XIX secolo la stampa musicale diviene infatti il sistema comune di diffusione delle opere musicali, sia strumentali che vocali e operistiche, quest'ultime prevalentemente nella forma di riduzioni per canto e pianoforte (nel corso del Settecento la stampa di un'opera teatrale, all'infuori della Francia, era stata del tutto eccezionale). A seguito della grande fioritura dell'editoria musicale, si moltiplicano rispetto al passato le possibilità per un compositore, anche di media fama, di giungere alla stampa delle proprie opere. Per assicurare al musicista – e all'editore – la facoltà esclusiva di trarre da un'opera vantaggi economici oltre che impedire plagi e le edizioni cosiddette "pirata", particolarmente diffuse nel XVIII secolo (cfr. il vol. II, Capp. 20, 22), si istituiscono nei vari Paesi le leggi sul diritto d'autore. La prima esauriente legislazione sulla proprietà letteraria e artistica si ebbe durante gli anni della Rivoluzione francese. In Italia, la prima legge sul diritto d'autore fu emanata dal Parlamento nazionale subito dopo l'Unità (legge n. 2337 del 25 giugno 1865). Per tutelare il diritto d'autore fu poi fondata nel 1882 la Società Italiana degli Autori e Editori (S.I.A.E.). L'intrico di interessi recato all'editoria musicale dal diritto d'autore e dalla posta in commercio dei materiali d'uso orchestrali (cioè l'insieme delle parti scritte necessarie all'esecuzione d'un lavoro sinfonico-corale o teatrale) soltanto a noleggio, determinò un mutamento sostanziale nei rapporti fra editore e compositore, che si fecero più serrati. Quest'ultimo è cointeressato percentualmente sulla vendita delle partiture – o adattamenti di esse – e sul noleggio delle proprie opere. L'editore, da parte sua, si trasforma spesso in impresario e in promotore diretto dell'esecuzione dell'opera di sua proprietà. Basti pensare al ruolo attivissimo svolto dall'editore Ricordi nel promuovere l'esecuzione nei teatri nazionali ed extranazionali dei lavori di una schiera di operisti italiani, da Rossini a Puccini e oltre.

Sul piano tecnico e commerciale l'editoria musicale in Europa è dominata, nel XIX secolo, soprattutto dalla Germania e dall'Austria. Il maggior centro della stampa musicale è comunque Parigi, con una legione di editori. Ad allargare il commercio delle opere musicali contribuirono in modo decisivo le nuove tecniche tipografiche, prima fra tutte quella della litografia. Questo nuovo metodo permetteva di riprodurre la musica mediante l'uso di un'unica matrice formata da una speciale pietra calcarea trattata chimicamente. Il procedimento litografico si rivelò vantaggioso sul piano dei costi: consentì di stampare a tirature più ampie e di ottenere così prezzi di vendita inferiori rispetto a quelli di epoche precedenti, favorendo di conseguenza la diffusione della musica stampata. Inventato nel 1796 dal tedesco Alois Senefelder (1771-1834) il sistema litografico venne presto adottato in misura sempre crescente in tutta Europa. In Germania lo usarono, fra le altre, le case editrici Breitkopf & Härtel di Lipsia e Schott di Magonza. In Francia la litografia fu introdotta nel 1802; in Italia nel 1805 a Roma, e a Milano trovò applicazione ad opera di Giovanni Ricordi (1785-1853), il quale, appreso il mestiere in Germania, fondò nel 1808 la Casa omonima.

L'impulso dato alle attività musicali nel periodo romantico favorì l'incremento e la nuova organizzazione dell'istruzione musicale. Mentre fino a tutto il Settecento la conduzione dell'insegnamento musicale fu affidata principalmente a istituzioni religiose, ad accademie perlopiù aristocratiche o ai privati, nel XIX secolo si affermò il principio che fosse dovere delle istituzioni pubbliche organizzare e gestire direttamente la formazione professionale dei musicisti. Il *Conservatoire national de musique* di Parigi, una pubblica istituzione fondata nel 1795 (cfr. il Cap. 23), servì da modello e da punto di riferimento a quante altre scuole di musica furono fondate un po' ovunque in Europa nei primi decenni dell'Ottocento per iniziativa delle autorità statali o comunali. Eccone un elenco parziale insieme all'anno di fondazione: Praga (1811), Bruxelles (1813), Graz (1815), Vienna (1817), Varsavia (1821), Copenaghen (1821), L'Aia (1826), Madrid (1830). In Italia furono i governi napoleonici a fondare le prime scuole di musica pubbliche: Bologna (1804), Napoli (1806) e Milano (1808). Sull'esempio di queste, altre scuole furono istituite a Parma (1821), Torino (1827) e in altri luoghi; in origine furono variamente denominate come *liceo, collegio, conservatorio,* e alla fine furono tutte dette conservatori. In Germania l'istituzione di regolari scuole di musica pubbliche procedette più lentamente: nel 1843 a Lipsia (vi insegnarono F. Mendelssohn e R. Schumann), nel 1846 a Monaco di Baviera, nel 1850 a Colonia e Berlino.

La riorganizzazione dell'istruzione musicale impose la creazione di una messe copiosa di sussidi didattici: metodi, raccolte di studi e di esercizi per i vari strumenti, per la voce, trattati di teoria e composizione. Furono perlopiù pubblicati e adottati per la prima volta tra la fine del XVIII secolo e la prima metà dell'Ottocento. Lo studio di molti di essi costituisce ancora ai nostri giorni un passaggio obbligato per gli studenti di musica.

L'amalgama sonoro ricco e complesso dell'orchestra romantica in campo sia operistico che sinfonico (vedi più avanti) presuppose e rese indispensabile il controllo ferreo e autorevole dell'insieme da parte del maestro/direttore d'orchestra, cioè di colui che istruisce nel corso delle prove e dirige l'esecuzione finale del brano, assumendosi la responsabilità dell'interpretazione (in precedenza la funzione di coordinamento dell'esecuzione era svolta dal "maestro al cembalo" o dal primo violino). L'affermazione definitiva della nuova figura del direttore d'orchestra votato alla diffusione delle opere di un determinato compositore o di un determinato repertorio avvenne prima in Germania (con C.M. von Weber e G. Spontini) e in Francia (con H. Berlioz) nei primi decenni dell'Ottocento. In Italia, molto probabilmente il primo a svolgere la professione del direttore d'orchestra in senso moderno fu il ravennate Angelo Mariani (1821-1873). Attivo negli anni '60, Mariani fu persona di grande e travolgente fascino, brillante musicista, abile organizzatore musicale e archetipo di quel divismo direttoriale che troverà poi in Arturo Toscanini (1867-1957, ebbe il suo debutto nel 1886) il suo più naturale apostolo.

Aspetti caratteristici del linguaggio musicale

Risulta oltremodo difficile caratterizzare sul piano stilistico il romanticismo musicale. È infatti un'epoca nella storia della musica che non si configura come uno stile ben determinato, bensì come un insieme di stili legati a personalità, orientamenti estetici e generi musicali molteplici e diversi. Specie per quanto riguarda la musica strumentale, si può fare qualche osservazione di carattere generale, scomponendo il linguaggio musicale nei suoi elementi fondamentali: sonorità, armonia, melodia, ritmo, forma.

SONORITÀ. Uno degli aspetti salienti della musica romantica è l'accentuata e nuova sensibilità per il suono in sé, ossia per il suono considerato come valore affatto determinante, autonomo e assoluto dell'invenzione musicale. Per i principali compositori romantici l'opportuna realizzazione fonica (timbrica e dinamica) del pensiero musicale si pone molto spesso al di sopra di altri princìpi d'ordine formale e armonico tonale. L'orchestra costituisce una fonte inesauribile di colore e di effetti timbrici, e ora molti compositori la ritengono il mezzo più idoneo per produrre sonorità evocative di situazioni e immagini tipicamente romantiche. Si valorizzano e si differenziano al massimo i caratteri proprii e le possibilità tecniche dei singoli strumenti, ai quali (fiati specialmente) è richiesto un virtuosismo sempre più pronunciato. Si inventano nuove combinazioni e raddoppi inusitati di strumenti e si sfruttano ampiamente i registri estremi (ai contrabbassi e alle viole si assegnano con frequenza i registri acuti, ad esempio) al fine di produrre nuovi effetti timbrici. Tipica è anche la tendenza a "dividere" al loro interno i singoli gruppi di strumenti, gli archi specialmente. Alcune categorie di strumenti (fiati e percussioni) vengono ad assumere una posizione di accresciuta importanza. Si inventano nuovi strumenti (il sassofono, ad esempio) e a quelli tradizionali (tra gli altri, al flauto, clarinetto, tromba, trombone) vengono apportati miglioramenti tecnici per rendere più agevole l'esecuzione di passi cromatici e virtuosistici. Alcuni strumenti di nuovo o d'insolito uso sono accolti con sempre maggior frequenza nell'organico orchestrale: l'ottavino, il corno inglese, il clarinetto piccolo, il clarinetto basso, la tromba e cornetta a pistoni, i *saxhorns*, l'arpa, l'oficleide. Tra i compositori che maggiormente contribuirono ad arricchire il linguaggio orchestrale del XIX secolo mediante raffinatezze timbriche e dinamiche sono da ricordare Carl Maria von Weber (1786-1826), Giacomo Meyerbeer (1791-1864) e specialmente Hector Berlioz (1803-1869). All'arte strumentale di quest'ultimo fecero capo generazioni di musicisti, da Liszt a Wagner, da Mahler a R. Strauss. Berlioz viene inoltre considerato il primo ed autorevole teorico dell'orchestrazione moderna: il suo *Grand traité d'instrumentation et d'orchestration modernes* ("Grande trattato di strumentazione e d'orchestrazione moderne", Parigi 1843) conobbe enorme fortuna ovunque in Europa; fu tradotto in italiano nel 1845 ca. da Alberto Mazzucato (1813-1877), e in inglese nel 1855.

Lo sfruttamento delle risorse timbriche del pianoforte è anche una delle aspirazioni generali dell'epoca romantica. Nel suo trattato di strumentazione, Cap. X, Berlioz parla ampiamente dei valori orchestrali del pianoforte e della sua capacità di produrre sonorità differenziate; scrive che si può considerare lo strumento "una piccola orchestra completa". Alcuni compositori (F. Liszt e J. Brahms, ad esempio) mirano soprattutto all'accrescimento della sonorità dello strumento, che già Beethoven aveva cominciato a sperimentare: temi esposti a piene mani, passi d'ottava, rapidi trasferimenti di registro, ecc. Altri compositori (F. Chopin specialmente), invece della sonorità piena ricercano molto spesso, in uno strumento meccanico qual'è il pianoforte, lo stile largo del cantabile, il legato intenso che richiedono un tocco leggero ed una tecnica perfetta, un uso oculato dei pedali, nonché un movimento ritmico flessibile della frase melodica, il cosiddetto "rubato" (una leggera accelerazione entro la frase suonata dalla mano destra contro l'accompagnamento della mano sinistra in tempo rigoroso; vedi anche p. 109).

ARMONIA. Come al timbro, la maggior parte dei compositori romantici attribuisce all'armonia una funzione prevalentemente espressiva più che architettonico-formale. La tendenza generale è verso il progressivo allentamento dei rapporti funzionali della tradizionale sintassi armonica. (Vale ricordare che la tradizionale armonia funzionale segue un ordinamento gerarchico dei suoni e assegna a ciascun grado della scala una specifica funzione armonica.) Tra gli elementi che contribuiscono a velare, rendere ambigue o addirittura vanificare le funzioni armonico-tonali figurano:

– Frequente ricorso ad intervalli tonalmente neutri (tritoni, settime diminuite) nella definizione dei profili tematici.

– Largo impiego di armonie cromatiche che fanno scivolare le dissonanze su altre dissonanze, eludendone la risoluzione. La tendenza generale è di allargare l'area tonale mediante l'uso sistematico di accordi dissonanti che rendono il percorso armonico del tutto aperto, imprevedibile. Non per nulla l'accordo emblema dell'armonia romantica è la settima diminuita, un accordo di massima tensione dissonante che, attraverso anche trasformazioni enarmoniche, consente una rapida modulazione verso tutte le ventiquattro tonalità. Abbastanza frequente è infatti il succedersi di catene di accordi di settima diminuita. Da ciò derivano vaste zone di indeterminatezza o ambiguità tonale. Questa "sospensione" della tonalità – a volte per lunghi tratti – si riscontra con una certa frequenza specialmente nelle composizioni di Chopin, Liszt e poi di quasi tutti gli autori del secondo Ottocento. L'Esempio 1 mostra uno tra i numerosi passi tonalmente incerti e carichi di tensione armonica che si trovano nell'opera di Chopin (*Mazurka* in DO diesis min., Op. 30, n. 4):

ESEMPIO 1

Si osservi, oltre al gioco di risoluzione sempre ritardata dalle dissonanze, l'uso spregiudicato (va contro i più inveterati canoni grammaticali dell'armonia) di una serie di quinte e settime parallele discendenti.

– Tendenza a evitare l'accordo di tonica all'inizio della composizione. Alcuni romantici applicano questo procedimento con una certa frequenza: se ne trovano numerosi esempi nei lavori di Berlioz (vedi l'inizio della sinfonia *Harold en Italie*), Chopin (vedi l'inizio dello *Scherzo* in DO diesis min., Op. 39, e della *Mazurka* in LA min., Op. 17, n. 4, dove l'accordo di tonica compare soltanto sul primo tempo della ventesima battuta) e Liszt (*Eine Faust-Symphonie*, primo movimento: rimane difficile determinare la tonalità principale almeno fino all'"Affettuoso poco Andante" della batt. 179). Talvolta la conclusione del pezzo può avvenire in una tonalità diversa da quella principale (vedi la *Mazurka* in LA min., Op. 17, n. 4, di Chopin: invece di far cadenza sulla tonica, finisce su un accordo della sopradominante presentato in un instabile primo rivolto; la *Mazurka* Op. 30, n. 2, di Chopin, iniziata nella tonalità di SI min., è conclusa in FA diesis min.). Nel caso del *Preludio* in LA min., Op. 28,

n. 2, di Chopin, la tonalità del pezzo rimane indecisa e fluttuante per lo spazio di ventun battute e mezzo (il *Preludio* intero ne conta ventitre!). A partire da Chopin, l'intento dei compositori romantici è di sospingere sempre più la tonica in secondo piano. Il classico principio della unità tonale si trova spezzato così che da ultimo si avrà bisogno, nei primi anni del Novecento, di considerare il singolo accordo in sé, senza dover porlo coerentemente in relazione ad una determinata tonalità.

– Predilezione per le oscillazioni fra due livelli tonali diversi, specialmente fra una tonalità minore e la relativa maggiore, e viceversa: vedi lo *Scherzo* in SI♭ min., Op. 31, e la *Seconda ballata* in FA magg., Op. 38, di Chopin; "Aveu" da *Carnaval*, Op. 9, di Schumann; in queste e in molte altre composizioni, la tonalità minore e la relativa maggiore sono considerate più o meno la stessa tonalità.

– Ricorrere frequente di progressioni di un modello armonico modulante e dissonante cosicché la risoluzione è rimandata indefinitamente. È un procedimento adoperato con buona frequenza da Liszt e Wagner specialmente (esempio classico: il preludio del *Tristan*; vedi il Cap. 27, ESEMPIO 3).

– Ampio uso di note estranee all'armonia, quali note di passaggio, ritardi, note cambiate e anticipazioni.

– Allargamento dell'area della dissonanza mediante l'uso di nuovi agglomerati quali l'accordo di nona, di undicesima, le triadi eccedenti.

– Tendenza a evitare le formule armoniche cadenzali tradizionali (I-IV-V-I).

MELODIA. Diventa per il compositore romantico un fattore di prim'ordine, che determina l'aspetto individuale della sua creazione. Maggiore scioltezza e flessibilità rispetto al classicismo sono i tratti che caratterizzano la struttura delle frasi della melodia romantica. Al posto della struttura periodica regolare, fatta di segmenti melodici d'ugual lunghezza, simmetricamente disposti, che tendono a completarsi a vicenda (4+4+8+8 battute, ad esempio), si predilige l'estensione variabile e irregolare delle frasi. Ciò, in molti casi, è una conseguenza del movimento armonico del tutto aperto e fluttuante (si svolge in un gioco continuo di giri cadenzali incompleti e provvisorii). Osserva invece una regolarità rigorosa di fraseggio melodico quella parte della musica ottocentesca che mantiene i suoi legami diretti o indiretti con la danza, e quella che si dimostra più sensibile al linguaggio delle tradizioni popolari, derivandone alcuni tratti caratteristici.

RITMO. Da un lato, si può osservare un'aspirazione dei romantici a superare il principio della regolarità metrica, con ritmi molto arricchiti di combinazioni diverse e tra loro discordanti; dall'altro, invece, una tendenza a utilizzare sostanzialmente una iterazione ostinata e meccanica di formule ritmiche per lunghe sezioni o interi movimenti, come per esempio gli *Studi* di Chopin (ciascuno di essi è caratterizzato da un percorso ritmico unitario) o il finale dei *Symphonische Etüden* per pianoforte, Op. 13, di Schumann.

FORMA. Tante volte il romanticismo musicale è presentato erroneamente come il movimento che dà libero corso, senza condizionamento alcuno, all'espressione costante della personalità dell'autore. Il musicista romantico sarebbe colui che "si ribella" alla disciplina degli schemi formali classici (della forma-sonata, per esempio), facendo prevalere l'intuizione immediata e spontanea sul lavoro paziente e calcolato della costruzione formale. La definizione della musica romantica come l'"arte del sentimento" che nega o pone in una posizione di secondo piano i valori della forma è un luogo comune vero soltanto a metà, e inesatto per quanto riguarda i metodi che i compositori adottavano nella realizzazione delle proprie idee musicali (la stesura materiale della partitura). La maggior parte di essi – tra i quali figurano Berlioz, Schubert, Schumann, Verdi, Wagner, Puccini – si dedicarono a elaborare in maniera sistematica tutti quei lavori preparatorii (schizzi e abbozzi) che precedevano la redazione finale dell'opera. Questo metodo compositivo richiedeva tempi molto più lunghi rispetto ai modi di procedere adottati dai compositori del Settecento (questi di norma scrivevano l'opera tutta d'un getto, senza ripensamenti di sorta), per la meticolosità e la continua riflessione cui venivano sottoposte le idee musicali nella fase preliminare del processo creativo. Lo sforzo dei compositori romantici verso l'arricchimento dei mezzi d'espressione lascia pertanto continue e significative tracce nel trattamento della forma musicale. Da una parte, si nota la propensione a concentrare la forma in un piccolo spazio o, per dirla più precisamente, si avverte la predilezione, specialmente nella prima metà del secolo, per la miniatura vocale (il *Lied*) o strumentale (il pezzo caratteristico per pianoforte). Dall'altra, si configura invece la tendenza all'elaborazione di strutture formali ampie e monumentali, sia nelle dimensioni che nelle sonorità; queste strutture trovano nel poema sinfonico, nella sinfonia e nel *grand opéra* la più compiuta realizzazione. Nei pezzi brevi prevale la forma ternaria

(ABA) o quella di rondò (ABACA) o anche le forme "aperte" (*durchkomponiert*), mentre nelle imponenti creazioni, specie sinfoniche, è ancora vigente il disegno formale della forma-sonata, opportunamente modificato che quasi non se ne scorge più il modello classico tradizionale. Nella maggior parte dei casi i compositori romantici rifiutano taluni procedimenti tanto vitali per la forma-sonata del periodo classico (cfr. il vol. II, Cap. 22). Rimane non raramente la struttura tematica di carattere contrastante, ma c'è un decisivo mutamento del tradizionale piano armonico-tonale: scompare quasi totalmente, nell'Esposizione, il rapporto privilegiato tonica-dominante e quindi la funzione antagonistica di quest'ultima rispetto alla prima; al suo posto subentra invece – specialmente in Schubert – il rapporto di terza, maggiore o minore, superiore o inferiore, rispetto alla tonica. Dato il gusto per il cromatismo, nell'Esposizione spesso non viene nemmeno definita con precisione una tonalità centrale. Nel movimento finale (un rondò-sonata privo dello Sviluppo) della sua *Sonata* per pianoforte in FA diesis min., Op. 11 (1835), Schumann rende, ad esempio, molto sfocato l'orientamento tonale dell'Esposizione: al tema principale iniziale di 16 battute che oscilla tra FA diesis min. e LA magg. segue un gruppo di temi in MI♭ magg., ossia una tonalità che si pone alla distanza (lontana) di un tritono rispetto a LA magg. Nella concezione ottocentesca la forma-sonata è pertanto una struttura molto "aperta", non più articolata, come la forma-sonata classica, in un gioco dialettico di tensione e distensione, di aree tematiche e tonali nettamente differenziate; il discorso musicale s'incanala ora nel flusso d'una continua, inarrestabile mobilità ottenuta mediante il processo compositivo della capillare e totalizzante elaborazione tematica. Si tratta di un metodo compositivo già estesamente applicato da Beethoven alla forma-sonata nelle opere dell'ultimo periodo (cfr. il Cap. 23): l'elaborazione motivico-tematica viene a diffondersi sull'intero movimento invece di essere limitata principalmente alla parte dello Sviluppo.

Esito più radicale dell'allargamento degli Sviluppi è la "forma ciclica", in cui uno stesso motivo fondamentale – o un nucleo di motivi – si ripropone nelle forme più svariate, dal primo movimento in quelli successivi. È un procedimento compositivo basato sulla tecnica chiamata della "trasformazione tematica": una stessa sostanza melodica o intervallare compare in forme ritmiche diverse, prima in un tempo e poi in uno completamente diverso, tanto che il suo carattere appare stravolto. Alcune lievissime avvisaglie della forma ciclica si possono trovare in Beethoven, dalla *Quinta sinfonia* in poi, ma fu nelle opere di Schubert, Berlioz, Schumann e Liszt specialmente che avvennero gli sviluppi più significativi. Ispirata senza dubbio dalla *Wandererfantasie* per pianoforte in DO magg., D. 760 (1822) di Schubert e dalla *Symphonie fantastique* (1830) di Berlioz – opere basate sul principio della ricorrenza del tema principale (trasformato) del primo movimento in tutti gli altri movimenti – la *Sonata* per pianoforte in SI min. (1853) di Liszt è forse l'esempio più famoso. In questa unica sua sonata per pianoforte Liszt presenta l'articolazione strutturale tipica dei suoi poemi sinfonici (vedi più avanti): quattro singoli movimenti tipici di una sinfonia o sonata (Allegro-Adagio-Scherzo-Finale) diventano caratteri di tempo e caratteri espressivi amalgamati in un unico vasto movimento che osserva lo schema, quanto si voglia modificato, della forma-sonata. Il mezzo usato per tenere unite le parti è la tecnica della trasformazione tematica: quattro sono i temi (compaiono per la prima volta alle batt. 1, 8, 14, 105 rispettivamente) che vengono sviluppati e combinati nelle forme più svariate. L'ESEMPIO 2 a-b mostra una delle trasformazioni cui viene sottoposto il terzo dei quattro temi:

ESEMPIO 2

La *Sonata* in SI min. di Liszt ebbe una durevole influenza che si estese fino al Novecento, fino alla *Kammersymphonie* n. 1 (1906) di A. Schönberg e al *Terzo quartetto* per archi (1927) di B. Bartók. Sulla tecnica di trasformare i motivi e di intrecciare tra di essi una rete di relazioni si fonda anche il vasto ordito sinfonico del dramma wagneriano, intessuto di *Leitmotive* continuamente trasformati (cfr. il Cap. 27).

Sinfonia, musica a programma, poema sinfonico

La consuetudine, già del XVIII secolo (cfr. il vol. II, Cap. 20), di eseguire musiche sinfoniche per un vasto pubblico pagante e con programmi prestabiliti, si diffuse considerevolmente nel corso dell'Ottocento. Varie società di concerti pubblici sorsero nelle principali città europee e nordamericane che contribuirono alla diffusione della produzione sinfonica contemporanea; alcune di esse disponevano di orchestre proprie e di propri complessi corali. In Italia, in ritardo sul resto d'Europa, Carlo Pedrotti (1817-1893) fondò nel 1872 a Torino i "Concerti popolari" che furono il modello di molte istituzioni analoghe, come la "Società Orchestrale della Scala", istituita a Milano nel 1879 da Franco Faccio (1840-1891). A Napoli nel 1881 fu costituita una "Società Orchestrale" con orchestra propria stabile guidata (1881-1886) da Giuseppe Martucci (1856-1909) e giudicata il miglior complesso sinfonico italiano di quel tempo. A queste istituzioni si deve la progressiva scoperta del repertorio strumentale classico in Italia e il rinnovato interesse del nostro pubblico per la musica sinfonica.

Per la loro diversità e potenza espressiva, le sinfonie di Beethoven furono punto di partenza e premessa di tendenze divergenti nella storia del genere sinfonico dell'Ottocento. Alcuni compositori trassero ispirazione dalla *Quarta, Settima* e *Ottava sinfonia* muovendosi nella direzione della musica "pura" nelle forme consacrate dalla tradizione classica (ciò si nota in Schubert, Mendelssohn, Schumann e più tardi in Brahms, Dvořák e anche Bruckner e Mahler). Altri compositori presero le mosse principalmente dallo stile monumentale dell'*Eroica, Quinta* e *Nona sinfonia,* nonché dalla *Sesta* ("Pastorale") per quanto riguarda l'uso di titoli descrittivi pure per ogni movimento. Ad opera specialmente di Berlioz e Liszt, questa tendenza condusse alla sinfonia a programma e al nuovo genere del poema sinfonico; quest'ultimo è basato di frequente su un programma poetico letterario ed è di regola in un unico, esteso movimento. Non vi fu però una linea netta di demarcazione tra le due tendenze; furono sempre mescolate tra di loro in modo talvolta complesso (il modello scelto variava a seconda dello stile personale di ciascun compositore). Nel sinfonismo tradizionalmente annoverato, ad esempio, si occultano a volte modelli programmatici. Ciò vale per le sinfonie della maturità di Felix Mendelssohn (1809-1847); in particolare la *Quarta sinfonia* in LA magg., Op. 90 ("Italiana", 1833), e la *Terza sinfonia* in LA min., Op. 56 ("Scozzese", 1842), sono basate sugli stimoli extramusicali offerti da un programma generico, le impressioni di un viaggio in Italia e in Scozia rispettivamente. Anche i titoli della *Prima sinfonia* in SI♭ magg., Op. 38 ("Primavera", 1841), e della *Terza sinfonia* in MI♭ magg., Op. 97 ("Renana", 1850), di Schumann più che avere specifici intendimenti descrittivi, alludono ad un'atmosfera generica. Schumann però mantenne, anche nelle sue composizioni brevi per pianoforte, una posizione più che altro di rifiuto nei confronti della musica a programma. Nella sua *Quarta sinfonia* in RE min., Op. 120 (1841-1851), si avverte l'influsso della *Quinta* di Beethoven (vedi in particolare il passaggio tra il III e il IV movimento) nella ricerca di continuità tra i tempi (i quattro movimenti devono essere eseguiti senza interruzione) e di una più salda unità ciclica: ogni movimento contiene particolari tematici connessi ai motivi annunciati nella lenta introduzione del primo movimento. La tendenza alla musica a programma dei primi decenni dell'Ottocento coinvolse in certe occasioni anche il concerto solistico. Il *Konzertstück* in FA min., Op. 79 (J282, del 1821) per pianoforte e orchestra di C. M. von Weber si basa, probabilmente, su un programma dettagliato e assume la forma di una scena drammatica in più sezioni; si supera così lo schema in tre movimenti tipico del concerto.

Un importante contributo al sinfonismo romantico riferito a tematiche letterarie ed extramusicali fu dato dal francese Hector Berlioz (1803-1869), il quale compose pressoché esclusivamente lavori orchestrali, tra cui molti legati al sussidio delle voci e delle enormi masse corali, ma nella maggior parte non destinati alle scene. Nato vicino a Grenoble, dove rimase fino a diciott'anni, Berlioz non ebbe inizialmente una solida formazione musicale: suonò il flautino diritto e la chitarra, ma non imparò mai il pianoforte, neanche nel modo più elementare; studiò da autodidatta. La lettura dei classici letterari francesi e latini (soprattutto l'*Eneide* di Virgilio) furono le sue prime esperienze intellettuali. Nel 1821 si trasferì a Parigi per studiare medicina, come aveva voluto il padre medico, ma abbandonò gli studi universitari per dedicarsi alla musica. Nel 1826 fu ammesso al *Conservatoire*, dove studiò con Jean-François Le Sueur (1760-1837) e Antonín Reicha (1770-1836). A Parigi conobbe i capolavori del teatro musicale francese e si appassionò alle opere letterarie di Shakespeare, Goethe e Byron, autori che gli forniranno materia per le sue principali composizioni. Dal 1823 svolse intensa attività di critico musicale, che dovrà proseguire per oltre quarant'anni, e nel 1839 fu nominato conservatore della biblioteca del *Conservatoire*. Berlioz aveva un carattere eccentrico e un temperamento visionario: pensava, per esempio, a una musica eseguita in spazi immensi, ascoltata da folle gigantesche, realizzata da orchestre e cori di centinaia di elementi. Il suo atteggiamento anticonformista gli attirò l'antipatia di numerosi musicisti e i suoi lavori furono apprezzati e diffusi soprattutto all'estero – Inghilterra, Germania, e Russia specialmente – dove, a partire dal 1842, intraprese alcune *tournées* portando le sue opere come direttore d'orchestra.

Il pensiero compositivo di Berlioz ha indubbiamente le sue radici nella tradizione francese della *tragédie lyrique* e della musica cerimoniale del periodo rivoluzionario (vedi il Cap. 23). Egli accorda grande attenzione all'arricchimento della sonorità orchestrale: sperimenta nuovi impasti timbrici e accoglie nell'organico orchestrale strumenti già utilizzati nella pratica operistica (corno inglese, arpa, diversi tipi di clarinetti e di percussioni).

Opera centrale della musica sinfonica a programma – cioè musica ispirata in genere a un testo letterario non cantato né recitato né rappresentato – fu considerata nell'Ottocento la sua *Symphonie fantastique* ("Sinfonia fantastica"), Op. 14 (1830). Per la prima volta nella storia della musica orchestrale, il compositore si affidò ad un programma letterario scritto, di cui si previde la distribuzione tra gli ascoltatori in occasione dell'esecuzione. In precedenza, i brani strumentali che impiegavano elementi programmatici erano basati su una generica descrizione di eventi extramusicali perlopiù di ispirazione naturalistica. Esempi del genere si trovano in molte *ouvertures* d'opera francesi, da Rameau (cfr. il vol. II, Cap. 18) a Etienne-Nicolas Méhul (1763-1817), la cui *ouverture* di *Mélidore et Phrosine* del 1790 evoca, ad esempio, il mare prima tempestoso e poi calmo. I programmi, però, erano taciuti e le didascalie apposte ai singoli movimenti i compositori le inventavano di norma *dopo* aver composto la musica. Nella *Sinfonia fantastica* Berlioz fu fortemente influenzato da una concezione teatrale e descrittiva della musica che aveva ereditato dal suo maestro Le Sueur. Questi faceva distribuire fin dal 1786 un programma prima delle prime esecuzioni delle sue Messe per spiegare le intenzioni drammatiche della sua musica. Quando cominciò a comporre la *Fantastica* nei primi mesi del 1830 (la prima esecuzione avvenne il 5 dicembre di quell'anno) Berlioz aveva già scoperto alcune sinfonie di Beethoven, introdotte a Parigi dalla nuova *Société des Concerts du Conservatoire* ("Società dei Concerti del Conservatorio"), un'orchestra fondata dal violinista-direttore François-Antoine Habeneck (1781-1849) e da altri musicisti, per promuovere la musica sinfonica moderna e, soprattutto, le sinfonie di Beethoven. Il concerto inaugurale (9 marzo 1828) propose la prima esecuzione in Francia dell'*Eroica*. Da Beethoven Berlioz imparò il coraggio di sperimentare strutture compositive caratterizzate dalla ciclicità e da ripetizioni tematiche, di sfruttare nuovi e inediti colori e combinazioni orchestrali. Il suo modello iniziale fu molto probabilmente la *Pastorale*, con i suoi cinque movimenti capaci di esprimere in modo vivido i sentimenti che la natura può suscitare. Il programma letterario della *Fantastica* si apre con le seguenti parole

> Il compositore ha avuto come scopo di sviluppare, in quel ch'esse hanno di musicale, differenti situazioni della vita d'un artista. Il piano del dramma strumentale, privato del soccorso della parola, necessita d'essere esposto in anticipo. Il seguente programma deve dunque essere considerato come il testo parlato di un'opera, e serve a introdurre i brani di musica, dei quali esso motiva il carattere e l'espressione.

Vi si tratta di un giovane musicista "colpito da quella malattia che un celebre autore [François-René de Chateaubriand, 1768-1848, nel romanzo *René*] chiama il vago delle passioni". L'artista è ossessionato dall'immagine della donna da lui follemente amata: gli turba i sogni (I: "Sogni e passioni", *Largo-Allegro agitato*, passione delirante, inconsulte fantasticherie); gli appare nella cornice di un ballo (II: "Un ballo", *Valse Allegro non troppo*, musica brillante e seducente) e mentre cerca pace nella contemplazione della natura (III: "Scena campestre", *Adagio*, pensieri d'amore e di speranza turbati da oscuri presentimenti); in un eccesso di disperazione ingerisce una dose di oppio e nel corso d'un sogno angoscioso immagina di aver ucciso la donna amata, di essere condotto al patibolo (IV: "Marcia al supplizio", *Allegretto non troppo*, musica selvaggia, pomposa) e di incontrarla ad un sabba infernale circondato da un'orgia di streghe (V: "Sogno di una notte di sabba", *Larghetto-Allegro*, musica grottesca e spettrale). Le allusioni alla droga e allo stato onirico in cui viene a trovarsi il protagonista della *Fantastica* si riallacciano ad un romanzo autobiografico dello scrittore inglese Thomas De Quincey (1785-1859), *Confessions of an English opium eater* ("Confessioni di un oppiomane inglese", 1821), che aveva suscitato e susciterà l'interesse di poeti e scrittori francesi, tra cui Charles Baudelaire. Nel programma della sinfonia vi sono anche riferimenti autobiografici all'amore delirante di Berlioz per Harriet Smithson (1800-1854), la bella attrice irlandese che nel settembre del 1827 aveva recitato a Parigi l'*Amleto* di Shakespeare. Berlioz fu presente a quella rappresentazione e perdette immediatamente la testa per la Smithson, la quale, dopo un corteggiamento tempestoso e bizzarro, divenne sua moglie (1833). Novità principale della *Fantastica* è la ricorrenza, in veste sempre diversa, del tema di apertura (batt. 72-111) del primo "Allegro" in tutti gli altri movimenti. La melodia, denominata *idée fixe* ("idea fissa") nel programma, rappresenta l'immagine ossessionante che il musicista ha della donna amata. Nel Finale viene combinata con altri due temi, uno dei quali è la sequenza medievale del *Dies irae*. Ciò che colpisce maggiormente l'ascoltatore è comunque il vocabolario molto esteso e variegato della strumentazione. Il predominio del colore timbrico su tutti gli altri elementi della struttura musicale, è evidente praticamente in ogni battuta della sinfonia e risulta anche nella precisione con cui il compositore curò i più minuti particolari dell'orchestrazione nella stesura della partitura. Per un esempio molto significativo vedi la Coda dell'"Adagio": vi si trova un passaggio (batt. 175-196) per corno inglese solo e quattro timpani che evoca magistralmente l'effetto di "tuoni in lontananza".

Dopo la *Fantastica* Berlioz coltivò ulteriormente il genere della musica descrittiva con la sinfonia *Harold en Italie* ("Aroldo in Italia"), Op. 16, per viola concertante e orchestra – composta (1834) dopo il ritorno dal suo soggiorno (1831-1832) in Italia – e con la "sinfonia drammatica" *Roméo et Juliette*, Op. 17 (1839), per coro, soli e orchestra. *Harold en Italie* fu ispirata dalla lettura del poema *Childe Harold's Pilgrimage* ("Il pellegrinaggio del giovane Aroldo", 1809-1818), l'opera più famosa (si sofferma sulle associazioni che i vari luoghi suggeriscono all'irrequieto ed esuberante Aroldo) del grande poeta inglese George Byron (1788-1824). Come nella *Sinfonia fantastica*, ciascuno dei quattro movimenti porta un sottotitolo: I) "Aroldo in montagna. Scene di malinconia, di bontà e di gioia"; II) "Marcia di pellegrini che cantano la preghiera della sera"; III) "Serenata d'un montanaro d'Abruzzo alla sua amata"; IV) "Orgia di briganti. Reminiscenze delle scene precedenti". Come nella *Fantastica*, vi è un tema che ricorre in ciascuno dei movimenti, con lievi trasformazioni e fusioni con altri temi, affidato principalmente alla viola solista. Il tema corrisponde all'immagine di Aroldo. Nell'ultimo movimento sono presentati in maniera esplicita, come nella *Nona sinfonia* di Beethoven, i temi dei movimenti precedenti.

La *Sinfonia fantastica* rimase l'opera di maggior successo di Berlioz e non mancò di esercitare un influsso notevole su Liszt e sui compositori del secondo Ottocento, specialmente quelli attivi in Russia. Fra il novembre 1867 e il febbraio 1868, infatti, Berlioz andò a dirigere una serie di concerti a San Pietroburgo e a Mosca. La musica di Berlioz fu una rivelazione per un gruppo di giovani musicisti a tendenza fortemente nazionalista, in seguito chiamato "Gruppo dei Cinque" (vedi pp. 134-135), che si raccoglieva intorno a Milij Alekseevič Balakirev (1837-1910). Una buona parte dei compositori russi del secondo Ottocento si concentrò poi su lavori sinfonici basati in gran parte su programmi extramusicali, sullo sviluppo del colore orchestrale e sull'impiego di materiali folkloristici. Nei Paesi di lingua tedesca, dove Berlioz presentò i suoi lavori molte volte a partire dal 1843, la *Sinfonia fantastica* fu conosciuta tramite l'adattamento per pianoforte eseguito da Liszt nel 1831. Sulla base di questo adattamento Schumann pubblicò una penetrante e dettagliata analisi sulla *Neue Zeitschrift für Musik* del 1835.

A orientare, sull'esempio di Berlioz, il sinfonismo a programma in direzioni nuove fu soprattutto Franz Liszt (1811-1886). In un amplissimo saggio sull'*Harold en Italie* (*Hector Berlioz und seine "Harold-Symphonie"*) steso nel 1850 e pubblicato nel 1855 sulla *Neue Zeitschrift für Musik*, Liszt chiarisce le finalità e l'estetica della musica a programma: l'intento descrittivo che allude a un soggetto significativo e l'assunzione di una "idea poetica" centrale sono considerati i mezzi da utilizzare per andare oltre i vincoli formali che impongono una determinata struttura all'opera sinfonica tradizionale. Afferma Liszt: "Nella cosiddetta musica classica la ripresa e lo sviluppo dei temi sono determinati da regole formali, considerate irrefutabili [...]. Nella musica a programma invece, ripetizione, alternanza, variazione e modulazione dei motivi sono condizionate da un'idea poetica". Secondo la definizione di Liszt, la musica a programma non è pertanto "descrittiva" ma "poetica"; il programma ha la funzione di indicare all'ascoltatore "determinati pensieri e immagini" che il compositore intende esprimere, in modo da escludere interpretazioni poetiche errate o arbitrarie nei confronti della propria opera; perciò il titolo può venire apposto anche dopo la creazione dell'opera. Indispensabile è pertanto il collegamento tra musica e letteratura per il raggiungimento di una più alta, precisa espressione, inaccessibile alla parola e all'immagine. Questa nuova concezione della musica a programma s'inquadra, del resto, perfettamente bene nell'aspirazione romantica alla convergenza delle arti sotto l'egida della musica. Dal momento che sarebbe assurdo utilizzare un medesimo programma per due o più lavori, è ovvio che una composizione a programma non possa assomigliare a nessun'altra nel suo svolgimento musicale; la "singolarità"/"originalità" del programma dovrebbe senza dubbio garantire anche quella dell'opera. Anche ciò coincide con una delle aspirazioni più sentite dell'epoca romantica. Per elevare la musica a programma da un inferiore centone di episodi musicali descrittivi e farle assumere un nobile significato poetico-filosofico, Liszt creò un nuovo genere musicale che denominò, a partire dalla sua *ouverture* (1849) per il *Tasso* di Goethe, *symphonische Dichtung* ("poema sinfonico") e che s'impose, accanto alla sinfonia, nel repertorio concertistico dell'Ottocento e oltre.

Mentre la sinfonia a programma è articolata in più movimenti separati e distinti, il poema sinfonico è di regola sviluppato in un unico vasto movimento con varie sezioni differenziate per carattere e tempo, con pochi temi contrastanti (come nella tradizione della forma-sonata) che vengono costantemente variati, trasformati nei caratteri espressivi (ritmici e dinamici), o ripetuti talvolta in un tempo completamente diverso, secondo il contenuto poetico (che Liszt chiama "idea poetica"). Più che determinare l'andamento della musica, il programma deve scorrere parallelo ad essa. L'elemento che ispira l'espressione e lo sviluppo puramente musicale può essere suggerito da qualche opera letteraria (un dramma, una poesia), un pensiero o una impressione, il ritratto psicologico di una personalità mitica o letteraria, o anche un'opera d'arte figurativa (una scultura, un quadro). Lo spunto extramusicale è comunque identificato dal titolo, talvolta da alcune didascalie o versi poetici disseminati nella partitura, e di solito anche da una prefazione scritta dal compositore. All'origine della maggior parte dei dodici poemi sinfonici composti da Liszt a Weimar tra il 1848 e il 1858 sta un'opera letteraria. *Ce qu'on entend sur la montagne* ("Ciò che si ode in montagna", poi intitolato *Bergsymphonie*, 1848-1849) trae ispirazione da un'ode di V. Hugo (sviluppa il concetto di antitesi tra Natura e Umanità); *Tasso. Lamento e trionfo* (1849) dal dramma di Goethe e dalla poesia di Byron (è basata sulla tematica dell'artista di genio incompreso, "maltrattato in vita e splendente dopo la morte": così scrive Liszt nell'introduzione alla partitura); *Les préludes* ("I preludi", 1854) dall'omonima ode di 375 versi compresa nel ciclo *Nouvelles méditations* (1823) di Alphonse de Lamartine (una serie di riflessioni liriche sull'amore, il destino, la guerra, la vita campestre); *Prometheus* (1850) da *Der entfesselte Prometheus* ("Prometeo liberato") di J. G. Herder; *Mazeppa* (1851) ancora da una poesia di Hugo; *Die Ideale* (1857) da

F. Schiller; *Hamlet* (1858) da Shakespeare. *Hunnenschlacht* ("La battaglia degli Unni", 1857) si ispira ad un affresco (1837) del pittore Wilhelm von Kaulbach (1805-1874) rappresentante un'epica battaglia (451) fra unni e romani; *Orpheus* (1853-1854) è una specie di quintessenza del mito orfico, suggerito da un antico vaso etrusco e dall'*Orfeo* di Gluck. Mancano invece di un preciso programma letterario e figurativo: *Héroïde funèbre* (1849-1850), *Festklänge* ("Suoni di festa", 1853) e *Hungaria* (1854). L'opera sinfonica più vasta e impegnata di Liszt è la sinfonia a programma intitolata *Eine Faust-Symphonie in drei Charakterbilden* ("Sinfonia su Faust in tre ritratti psicologici", 1854-1857). Consiste, in effetti, di tre poemi sinfonici centrati sui tre protagonisti del *Faust* di Goethe (Faust, Margherita e Mefistofele). I tre movimenti sono correlati tra loro per mezzo di otto temi di carattere contrastante che si alternano e si trasformano secondo il programma. *Eine Symphonie zu Dantes Divina Commedia* ("Sinfonia sulla Divina Commedia di Dante", 1855-1856) è in due movimenti, "Inferno" e "Purgatorio", con un coro di chiusura per voci femminili sul testo del *Magnificat*. Tra gli ultimi lavori del compositore ungherese figura un poema sinfonico – il suo tredicesimo – ispirato ad un quadro di un suo alunno pianista, il conte Géza Zichy (1849-1924): *Von der Wiege bis zum Grabe* ("Dalla culla alla tomba", 1881-1882).

Ne *Les préludes*, uno dei poemi sinfonici più celebri e più frequentemente eseguiti di Liszt, lo svolgimento musicale (Tabella II) appare conforme ai contenuti del poema di Lamartine (Tabella I): le quattro sezioni musicali delineano ciascuna i pensieri e i sentimenti evocati dalla poesia, presentati perlopiù nello stesso ordine.

Les préludes

Tabella I Lamartine			**Tabella II** Liszt	
	Versi		Batt.	
1.	1-20	*Introduzione*. Il poeta invoca la musa che gli si presenta in guisa di un genio.	1	[Introduzione]

2.	21-85	*Pensiero amoroso*, in uno stile elegiaco e malinconico insieme.	47	[Amore]

3.	86-101	*Transizione*. Il poeta invoca un pensiero più profondo e serioso.	89	[Transizione]

4.	102-153	*Pensiero doloroso*. Lamento filosofico sul destino dell'uomo.	131	[Destino]

5.   154-158 *Transizione*. Sente il bisogno di   178   [Transizione]
         abbandonarsi a pensieri virili
         e guerrieri.

6.   159-274 *Pensiero bellicoso*. Descrive una   200   [Idillio campestre]
         battaglia; in stile epico.

7.   275-299 *Transizione*. Desidera passare ad   334   [Transizione]
         un'aura tenera a piacevole.

8.   300-371 *Pensiero idillico-pastorale*.   370   [Guerra]
         Rientro nel focolare domestico e
         abbandono ai piaceri della natura.

9.   372-375 *Conclusione*. La musa si separa   405   [Conclusione]
         dal poeta.

Per la produzione vasta e multiforme, l'anticonformismo delle sue scelte artistiche, i numerosi scritti estetici e critico-musicali e il fascino della sua personalità, Liszt esercitò una influenza enorme su una schiera di compositori del secondo Ottocento. Nato a Raiding, vicino a Sopron (Ungheria), Liszt svolse una carriera di virtuoso pianista, compositore e direttore d'orchestra che fu tra le più brillanti del periodo romantico. Dopo aver studiato pianoforte con C. Czerny e composizione con Salieri a Vienna, all'età di undici anni incominciò una lunga attività di concertista-virtuoso che si protrasse fino al 1847 e che lo portò nelle varie capitali della musica, con successi paragonabili a quelli suscitati qualche anno prima dal violinista genovese Niccolò Paganini (1782-1840). Dal 1824 stabilì la sua residenza a Parigi, città che all'epoca era centro nel quale convenivano numerosi musicisti per prendervi stabile dimora o per farne comunque il principale centro della loro attività di virtuosi concertisti, costruttori di strumenti, editori, compositori operisti. I più eminenti di essi provenivano dall'Italia e dall'area tedesca e austro-ungarica. Per realizzare piani e progetti di composizione, Liszt abbandonò la carriera di virtuoso e, nel 1848, si ritirò a Weimar, città tedesca di provincia (Turingia) resa illustre in quanto luogo di residenza di Goethe. Lì rimase fino al 1861, e come direttore della cappella di corte si adoperò alacremente per promuovere l'esecuzione di molti nuovi lavori importanti (di Berlioz, Schumann e di Wagner specialmente). Negli ultimi venticinque anni della sua vita Liszt fissò la sua residenza abituale a Roma, dove assunse gli ordini minori (1865). In questi anni si dedicò perlopiù alla composizione di opere corali e sinfonico-corali d'ispirazione religiosa, tra le quali figurano due grandi oratori, *Die Legende der heiligen Elisabeth* ("La leggenda della Santa Elisabetta") e *Christus*, completati rispettivamente nel 1862 e nel 1867.

L'evoluzione del poema sinfonico nel secondo Ottocento fu determinata dalle idee estetiche e formali da cui Liszt aveva preso le mosse. Colui che lo portò alla maturazione più completa fu Richard Strauss (1864-1949). I suoi otto poemi sinfonici composti tra il 1886 e il 1903 sono grandi e affascinanti creazioni musicali che rivelano il magniloquente e mirabile possesso che il compositore bavarese aveva della scrittura orchestrale (nel 1905 pubblicò una revisione del *Traité d'instrumentation* di Berlioz). Sono lavori che anche si distinguono per l'arte raffinata di elaborazione e combinazione dei motivi. La maggior complessità contrappuntistica e timbrica è raggiunta con *Don Quixote. Phantastische Variationen über ein Thema ritterlichen Charakters* ("Don Chisciotte. Variazioni fantastiche su un tema di carattere cavalleresco", 1897), una drammatizzazione sinfonica del celebre romanzo di Cervantes. I due personaggi principali, Don Chisciotte e Sancio Pancia, sono rappresentati da due temi esposti in un prologo principalmente da un violoncello solista e da un clarinetto basso, spesso unito al basso tuba. Segue una serie di dieci variazioni (alludono ad avventure diverse del cavaliere e del suo scudiero) e un epilogo. Si distinguono per l'impianto coloristico orchestrale sempre mutevole che ci trasporta in un mondo "fantastico" di sogno (vedi specialmente la seconda variazione). In questo e negli altri poemi sinfonici Strauss rivela il suo talento particolare di dar vita a temi, motivi, immagini musicali che rimangono impressi nella memoria e che vengono associati indissolubilmente al colore sonoro del particolare strumento o combinazione orchestrale. Per un esempio di perfetta sintesi di melodia e timbro vedi il corno solo, su tremoli acuti di violini, dopo le prime battute del *Till Eulenspiegels lustige Streiche* ("I tiri burloni di Till Eulenspiegel", 1895), opera che non si basa su un esplicito programma: il poema sinfonico è ispirato alla figura dell'eroe nazionale fiammingo del Quattrocento che scandalizza con le sue bravate la gente per bene, e viene per questo giustiziato. *Also sprach Zarathustra* ("Così parlò Zaratustra", 1896) intende essere una libera interpretazione musicale della celebre opera filosofica omonima (1885) di Friedrich Nietzsche (1844-1900), la cui dottrina del "Superuomo" (contrappone alla moltitudine dei mediocri un individuo perfetto dotato di volontà, di potenza, creatore di una morale al di là del bene e del male) stava destando all'epoca un ampio interesse in tutta l'Europa. Strauss scrisse, nella prefazione alla partitura dell'opera, di aver voluto esprimere un quadro musicale dello sviluppo della razza umana attraverso le sue fasi e i suoi conflitti interiori. Il brano è formato da un preludio (inizia con l'esposizione del famoso tema-motto DO-SOL-DO eseguito dalle trombe, che è il simbolo del Superuomo) e da otto "episodi" che si susseguono senza interruzione. Ad ogni episodio Strauss dà un titolo tolto dall'opera di Nietzsche. Così il quinto episodio (*Von der Wissenschaft* = "Della scienza") è costruito in forma di una fuga – cioè la forma più alta e rigorosa del magistero compositivo della tradizione occidentale – per simboleggiare il dominio della scienza e della virtù. Il soggetto della fuga è derivato dal tema-motto del Superuomo, e nell'arco delle quattordici note di cui è formato tocca tutti i suoni della scala cromatica.

Le quattro sinfonie di Johannes Brahms (1833-1897), composte tra il 1876 e il 1885, assumono la posizione di eredi insigni di quelle beethoveniane e non sono ispirate ad alcun programma extramusicale. Il grande modello si avverte nell'uso cospicuo delle tecniche del contrappunto di stampo tradizionale, nell'estensione dello sviluppo tematico che giunge a coinvolgere, come nelle ultime opere di Beethoven, ogni parte della composizione. Articolate tutte nella consueta struttura in quattro distinti movimenti, le sinfonie di Brahms si attengono nelle linee fondamentali alla stringente logica formale e ad un magistrale controllo della tecnica compositiva, che sono elementi tipici del classicismo musicale. Contemporaneamente, le sinfonie di Brahms sono imbevute di una sonorità orchestrale densa e multicolore – che è un tratto distintivo del sinfonismo romantico – nonché di un evoluto trattamento delle dissonanze e delle modulazioni a tonalità tra loro distanti. Tra le singolarità più notevoli dell'orchestrazione brahmsiana è da ricordare il continuo risalto dato al suono cupo e velato delle viole e dei violoncelli, talvolta divisi in due-tre parti reali, ai quali vengono spesso affidati motivi intensamente lirici. Brahms inoltre valorizza con distinta cura i legni; caratteristica è la predilezione speciale per le sonorità dei clarinetti e dei corni. Come in Beethoven, elementi del passato e del futuro si fronteggiano costantemente in questi lavori e in tutta la vasta produzione strumentale cameristica di Brahms. Una parte della abilità delle tecniche del contrappunto e della variazione gli derivò sicuramente dallo studio degli autori del passato. Tra i grandi compositori di qualsiasi secolo, forse nessuno possedeva una cultura musicale così vasta come la sua, che si estendeva fino al Quattrocento. Ne fanno fede le innumerevoli edizioni di musiche antiche e moderne che curò nel corso della sua vita. L'interesse di Brahms per la variazione, una della forme più antiche di struttura musicale, tocca il vertice massimo nel finale della *Quarta sinfonia* in MI min., Op. 98 (1885), un movimento scritto in una forma inconsueta per una sinfonia postbeethoveniana: è costituito da una serie di trenta variazioni e una Coda ("Più Allegro") sopra il seguente tema di passacaglia (ESEMPIO 3):

ESEMPIO 3

Per l'imitazione dei modelli classici e la sua estraneità al tipo particolare di radicalismo musicale capitanato da Liszt e da Wagner specialmente, Brahms ebbe la sorte di vedersi compreso e applaudito dal pubblico cólto del tardo Ottocento, il cui gusto musicale si foggiava su Bach, Handel e il classicismo viennese. Nato ad Amburgo, Brahms si trasferì non ancora trentenne a Vienna, dove risiedette per tutto il resto della vita.

Le sinfonie di Anton Bruckner (1824-1896)

Un contributo essenziale all'arricchimento del linguaggio sinfonico del secondo Ottocento fu dato dalle nove sinfonie (1865-1896) del compositore austriaco Anton Bruckner. Ripartite tutte nei quattro movimenti convenzionali, le sinfonie di Bruckner conservano in linea di massima le forme classiche (molti movimenti sono costruiti in una forma-sonata di ampie dimensioni, con una Coda molto estesa) e nessuna è esplicitamente programmatica; soltanto nel caso della *Quarta sinfonia*, "Romantica" (1874), il compositore fornì una breve descrizione. Bruckner revisionava continuamente le proprie sinfonie, per cui di quasi tutte esistono due o più versioni diverse di sua mano, e anche versioni realizzate da direttori d'orchestra e da editori.

Derivò principalmente dalla *Nona sinfonia* di Beethoven (cfr. il Cap. 23) la sua concezione grandiosa della forma sinfonica, massicciamente estesa fino a raggiungere proporzioni colossali, specie nei movimenti estremi (quasi ogni sinfonia dura in media 60-80 minuti). Dalla *Nona* di Beethoven Bruckner ricavò anche taluni procedimenti formali quali la presentazione di motivi variati nei tempi lenti (vedi l'"Adagio" della *Settima sinfonia*) e la citazione di temi dei movimenti precedenti nei movimenti finali (vedi gli ultimi movimenti della *Quarta* e della *Settima* e l'introduzione al Finale della *Quinta sinfonia*). Il linguaggio sinfonico di Bruckner fu inoltre profondamente influenzato dalla musica di Wagner, compositore che egli conobbe, ammirò grandemente e al quale dedicò la sua *Terza sinfonia* (1873). L'influsso wagneriano si fa sentire nell'imponente organico orchestrale che, nelle ultime sinfonie, si avvicina a quello della *Tetralogia* e comprende, tra l'altro, otto corni. Vengono anche utilizzati certi tipici procedimenti wagneriani in campo armonico (ripetizione in progressione di passi modulanti) e tematico (elaborazione dei motivi principali che si espandono a poco a poco in ampie e complesse ramificazioni). Bruckner non dimostrò invece alcuna predilezione per gli impasti e gli amalgami timbrici tipici dell'orchestrazione wagneriana.

Uno dei tratti distintivi dello stile sinfonico bruckneriano è il taglio solenne del suo discorso musicale dato dal carattere quasi organistico del suo impianto strumentale, con la tendenza alla disposizione dei vari strumenti per "cori" (blocchi compatti di suono) tra loro opposti, come i registri contrastanti o i manuali diversi di un organo. Tale tendenza meglio si spiega riferendola all'esperienza appunto organistica, artistica e professionale, del maestro austriaco: dal 1855 al 1868 fu organista del Duomo di Linz; dal 1868 ebbe l'incarico di professore di organo e contrappunto al Conservatorio di Vienna; dal 1878 al 1892 occupò il posto di organista della corte asburgica. Molto rilievo hanno nelle sinfonie di Bruckner gli episodi a carattere innodico in cui prevalgono temi di una semplicità elementare, simili a un corale, che sono in genere affidati alla massa degli ottoni. Un tratto saliente del linguaggio sinfonico bruckneriano sono inoltre le lunghe distese di tremoli di archi a sfondo di figure melodiche delineate da altri strumenti. In questo modo (come la *Nona* di Beethoven) iniziano quasi tutte le sinfonie del compositore austriaco. Così comincia (Esempio 4), ad esempio, la *Quarta sinfonia*:

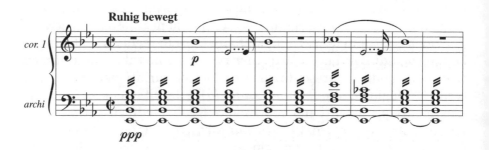

ESEMPIO 4

Tutti questi elementi conferiscono alle sinfonie di Bruckner un carattere particolarmente estatico, devoto e solenne.

Per l'ammirazione quasi idolatrica che nutrì per Wagner, il creatore del dramma musicale, e per la vistosa diversità delle sue sinfonie da quelle di Brahms – molto più contenute sia nella durata che nell'organico dell'orchestra – Bruckner fu coinvolto, suo malgrado, nell'astiosa polemica che opponeva (nella Vienna di fine Ottocento più che altrove) il fronte dei wagneriani "progressisti" contro i brahmsiani "conservatori". Contro il "sinfonismo wagneriano" di Bruckner e a difesa del classicismo di Brahms si pronunciò nei giornali musicali viennesi Eduard Hanslick (1825-1904), il critico di tendenze conservatrici che ebbe influenza notevole sulla critica e l'estetica musicali successive. Già nel saggio *Vom Musikalisch-Schönen* ("Del bello musicale", Lipsia 1854) Hanslick aveva delineato la teoria estetica secondo la quale la musica assoluta costituisce la quintessenza della "vera e propria musica". Diversamente da Wagner, secondo il quale la musica a programma e il dramma musicale erano il progresso musicale e dovevano portare all'"opera d'arte dell'avvenire", Hanslick sosteneva che "un'idea musicale perfettamente espressa è scopo a sé stessa, e non un mezzo o un materiale per la rappresentazione di sentimenti e pensieri". Hanslick considerava la musica come "forma sonora in movimento", e secondo questa concezione la forma è l'effettivo contenuto di una composizione. Nel saggio, pubblicato in forma di lettera aperta, dal titolo *Über Franz Liszts symphonische Dichtungen* ("Sui poemi sinfonici di Franz Liszt", 1857) Wagner ha espresso invece l'opinione che la musica non è in grado di realizzarsi senza un "motivo formale" extramusicale, il quale è utile e perfino necessario come impulso interiore alla composizione, anche se rimane secondario nel risultato sonoro e nell'oggetto della contemplazione estetica.

Le sinfonie di Gustav Mahler (1860-1911)

Irresistibilmente convinto che la sinfonia dovesse scaturire da un programma ideale extramusicale fu Gustav Mahler, il principale sinfonista dell'Europa centrale nei decenni a cavallo tra Otto e Novecento e ultima grande voce di quella dinastia di compositori che ha il suo capostipite in Beethoven. Mahler scrisse (1888-1909) nove sinfonie e ne abbozzò una decima nell'ultimo anno della sua vita, a cui si aggiungono numerosi *Lieder* per voce solista e pianoforte, alcuni dei quali furono trasfusi ed elaborati nelle sinfonie, altri ancora adattati in versioni sinfoniche. Tra i cicli liederistici per voce e orchestra figurano i quattro *Lieder eines fahrenden Gesellen* ("Canti di un viandante", composti nel 1883-1885); i nove *Lieder* del ciclo *Des Knaben Wunderhorn* ("Il corno magico del fanciullo", 1892-1898), i cui testi sono tratti dall'antologia di poesie popolari tedesche raccolte e pubblicate nel 1806-1809 da Ludwig von Arnim (1781-1831) e Clemens Brentano (1778-1842); i cinque *Kindertotenlieder* ("Canti in memoria di fanciulli morti", 1901-1904) su testi di Friedrich Rückert (1788-1866). Nel 1908-1909 Mahler compose *Das Lied von der Erde* ("Il canto della terra"), il suo principale ciclo di sei *Lieder*, che egli definì "sinfonia", per contralto, tenore solisti e orchestra su antiche poesie cinesi imperniate sul contrasto fra l'amore per la vita, la natura e il senso di solitudine e di morte.

Nato a Kalište, sul confine fra Boemia e Moravia, in una famiglia ebraica di lingua tedesca, Mahler si trasferì quindicenne a Vienna, dove portò a termine gli studi di pianoforte e composizione nel locale conservatorio, frequentando anche i corsi di filosofia, di storia e di storia della musica all'università. A partire dal 1880 impegnò la maggior parte della sua brillante carriera artistica all'attività di direttore d'orchestra, dedicandosi alla composizione prevalentemente nei mesi estivi, trascorsi in Alto Adige, in Moravia e nelle colline a sud di Vienna. Ebbe incarichi nei teatri di Lubiana, Kassel, Praga, Lipsia, Budapest, Amburgo. Nel 1897 venne nominato direttore artistico e d'orchestra della Hofoper di Vienna, che resse con mano ferrea fino al 1907. Sotto la sua direzione il teatro viennese giunse a dare rappresentazioni di altissimo livello di opere di Mozart, Weber e Wagner specialmente; a tal scopo aumentò le prove d'orchestra selezionando severamente i cantanti. La sua idea della interpretazione, che doveva poi servire da modello a molti altri direttori, tra i quali il suo assistente Bruno Walter (1874-1962), era tesa ad una sorta di "ricreazione" delle opere di autori classici. Ciò spiega le sue revisioni della strumentazione delle sinfonie di Beethoven.

Mahler fu forse il primo direttore che introdusse innovazioni nell'ambito della messinscena e della regìa operistiche. Nel 1903 cominciò una sua fruttuosa collaborazione con lo scenografo Alfred Roller (1864-1935) che aprì la strada allo svecchiamento della scenografia austriaca: si misero in pratica le teorie della nuova scenotecnica – cui aveva dato l'avvio lo scenografo e teorico svizzero Adolphe Appia (1862-1928) – basate sul nuovo concetto di colore e della luce quali mezzi espressivi per la creazione di uno spazio scenico dinamico; si eliminò dalla scena tutto il superfluo, dando risalto agli effetti di luce; e si giunse a effettuare con elementi mobili, rapidi cambiamenti di scena, senza intervalli.

Per avere imposto queste innovazioni, si sollevò contro Mahler l'opposizione locale (la campagna contro di lui fu capeggiata dalla stampa viennese antisemita). Esasperato per l'ostilità suscitata dal suo lavoro, nel 1907 si dimise dall'incarico e si recò negli Stati Uniti, dove svolse con enorme successo l'attività di direttore d'orchestra al teatro Metropolitan di New York e ai concerti della New York Philharmonic Society. Fece ritorno in Europa nel 1911, pochi mesi prima della morte.

La vasta esperienza direttoriale di Mahler si rivelò di grande importanza nella sua attività compositiva, specialmente per quanto concerne la definizione di una strumentazione tesa alla massima chiarezza e trasparenza. Lo comprova la preoccupazione quasi ossessiva del compositore di apporre minutamente nelle sue partiture numerose prescrizioni espressive rivolte principalmente, più che ai singoli strumentisti, al direttore d'orchestra che cura l'insieme dell'esecuzione. Vengono così perfezionati molti particolari della scrittura orchestrale, a partire dagli effetti timbrici più delicati e sottilmente concepiti fino alle sonorità più incredibilmente gigantesche.

L'opera sinfonica di Mahler, senza dubbio, sembra riecheggiare le tensioni della grande crisi sociale e spirituale che, nei decenni a cavallo tra Otto e Novecento, ebbe nell'area mitteleuropea le sue più inquiete manifestazioni. È un'epoca sigillata da una sorprendente ricchezza di impulsi e di fermenti culturali, contrassegnata da intime contraddizioni sul significato della vita e dell'arte. Di questa tendenza il filosofo tedesco Friedrich Nietzsche fu l'interprete più penetrante e influente. Negli anni compresi fra il 1880 e il 1910 circa, il periodo che spesso si chiama *fin de siècle* ("fine secolo") o del "decadentismo", si assiste ad un processo di reazione nei confronti del razionalismo materialista e del naturalismo positivista (che mostra la tendenza a riprodurre la natura in modo fedele) prevalenti come forme di pensiero nella seconda metà dell'Ottocento. Ritenendosi colpiti dal malessere provocato dalla degenerazione della vita intellettuale tedesca, molti eminenti poeti, drammaturghi, pittori, si schierarono contro gli schemi morali, sociali ed estetici ereditati dai loro padri. Di fronte ad un mondo che si ritenne giunto al dissolvimento e alla catastrofe, la maggioranza degli artisti reagì con la disillusione, la frustrazione e la disperazione. Ciò è indubbiamente il sintomo più eloquente di un tragico disorientamento, oltre che uno dei sintomi di quella crisi politico-sociale che porterà, nel 1914, alla prima

Guerra mondiale. Gli artisti si interrogano, pieni di angoscia, sul significato dell'esistenza, del proprio essere-nel-mondo. L'arte è considerata non più uno strumento ma un agente della trasformazione della società e dell'esperienza che l'uomo fa del mondo. Ne consegue un bisogno di guardare più a fondo nell'intimo dell'uomo, di tradurre i suoi segreti in termini artistici, spesso di carattere simbolico ed esoterico. Si giunge così a riprodurre con eccezionale profondità le manifestazioni oscure e contraddittorie della psiche (ciò che si chiama l'"inconscio") e il flusso delle sensazioni e dei sentimenti. Si vuole esprimere una visione sostanzialmente pessimistica dell'esistenza, con predilezione per i temi della solitudine, della malattia – mentale e fisica – della sessualità patologica, della morte. Sono queste le tematiche costanti che assumono rilievo, tra gli altri, negli scritti di Sigmund Freud (1859-1939), che aprirono la via all'esplorazione "scientifica" dell'inconscio, nella pittura (caratterizzata dai colori leggermente spenti, applicati per tocchi sfumati) di Gustav Klimt (1862-1918), nei drammi e nei romanzi di Arthur Schnitzler (1862-1931), nelle poesie di Stefan George (1868-1933). Specie nelle opere di Schnitzler, uno dei fondatori della corrente letteraria del decadentismo viennese denominata "*Jungwien*" ("Giovane Vienna"), emerge costantemente il conflitto tra illusione e vita. La sua novella *Sterben* ("Morire", 1891) è piena di presagi di morte e di oscure tensioni psicologiche: vi è descritto con precisione clinica il progressivo disfacimento delle facoltà psichiche e fisiche di un moribondo.

Il mondo interiore di Mahler appare dominato da un senso di angoscia esistenziale, di profonda malinconia e di tragica grandiosità. Per la potenza della penetrazione psicologica, è un mondo analogo a quello delle principali esperienze letterarie e figurative del decadentismo romanticheggiante *fin de siècle*. Si può dire che certi conflitti interiori di Mahler formano l'argomento dei suoi discorsi sinfonici, sollecitati da stimoli esistenziali e letterari. Ciò dà alla sua musica non solo dimensioni di epopea e un alito cosmico, ma determina anche una ricchezza espressiva, una complessità di significati, un contenuto intellettuale singolarmente acuto. Mahler affrontò la creazione musicale come una forma di apostolato e vide nella propria opera una missione di catarsi e di redenzione dell'umanità. Le sue sinfonie si presentano come autentiche professioni di fede, come "opere d'arte ideologiche": ciascuna di esse deve soggiogare e purificare l'ascoltatore. Sono lavori che scaturiscono quasi tutti da un programma letterario o filosofico. Lo comprova la presenza di commenti e titoli programmatici apposti a queste composizioni sin dai primi abbozzi. Mahler dava comunque ai programmi un valore di stimolo, di impulso alla creazione di un lavoro. Dovevano assolvere la funzione di "soggetto estetico" della musica, di "filo conduttore" alla ricezione. A somiglianza di un'impalcatura che si toglie non appena è terminata la costruzione cui è servita, i programmi furono poi soppressi nelle edizioni a stampa delle partiture. In quattro sinfonie (n. 2, 3, 4 e 8), invece, ritenne necessario avvalersi di un testo poetico cantato, come Beethoven aveva fatto per la *Nona*.

Il significato globale della musica di Mahler risulta molto spesso dalla convivenza paradossale e tormentosa di un gusto elegante e raffinatissimo e del gusto della banalità: fa ricorso con frequenza a ritmi di fanfara militare e da giostra, a insignificanti e triti motivi popolari della più banale fattura, che con apparente imperturbabilità vengono integrati – talora con ironia sferzante e con tenero lirismo – nella logica di strutture formali altamente complesse. Ogni materiale, anche il più usurato motivo d'accompagnamento, è suscettibile di illimitate e stupefacenti metamorfosi melodiche e, più ancora, timbriche. Nel terzo movimento della *Prima sinfonia*, detta "Il titano" (composta nel 1884-1888), per esempio, il tema iniziale non è altro che la versione in modo minore di un vecchio canone, la canzoncina popolare *Frère Jacques* (in italiano si canta con le parole *Fra' Martino campanaro, dormi tu?*). Il canone viene rivestito di significati nuovi e viene trasformato in una marcia funebre ispirata al compositore da un'incisione, riportata su un libro di fiabe, intitolata *Il funerale del cacciatore*, in cui gli animali della foresta accompagnano un cacciatore alla tomba. Il canone grottescamente spettrale cresce a poco a poco di sonorità per sfociare in un motivo strumentato in maniera geniale (intende parodiare un'orchestrina zigana o una banda da paese). I due motivi vengono poi combinati e variati in un terzo episodio. Per le prime esecuzioni della *Prima sinfonia* (Amburgo 1893, Weimar 1894) Mahler scrisse un programma letterario, che poi eliminò, ispirato al romanzo (1803) *Der Titan* ("Il titano") di Jean Paul e alla figura eroica del protagonista Roquairol.

Il primo movimento, in origine intitolato *Totenfeier* ("Rito funebre") della *Seconda sinfonia*, detta "Sinfonia della Resurrezione" (1888-1894), rappresenta una cerimonia funebre per l'eroe della *Prima*. Lo sappiamo da una lettera del 1897 che il compositore scrisse ad un suo amico, nella quale descrive il programma ideale che gli aveva ispirato questa sinfonia. Il testo di questo importante documento (il compositore rivela la propria posizione in merito alla musica a programma) è riportato nello studio di P. Petazzi, pp. 32-33, cit. nella *Bibliografia* a fine Cap. Per aiutare l'ascoltatore a meglio comprendere questa sinfonia Mahler scrisse poi il seguente testo in vista dell'esecuzione dell'ottobre 1900 a Monaco:

> *Primo Movimento.* Siamo accanto alla tomba di una persona amata. La sua vita, le sue lotte, il suo soffrire e volere passano ancora una volta, l'ultima, dinanzi agli occhi del nostro spirito. Ed ora, in questo grave istante che scuote l'anima nel profondo, nel momento in cui ci liberiamo di tutto ciò che quotidianamente ci confonde e avvilisce, una voce terribilmente severa tocca il nostro cuore, una voce che non siamo solitamente capaci di cogliere nell'assordante frastuono della giornata: "Ed ora? Che cos'è la vita? E questa morte? C'è per noi una sopravvivenza? È tutto questo un vuoto sogno oppure questa vita e questa morte hanno un senso?". E a questa domanda dobbiamo dare risposta, se vogliamo continuare a vivere.
>
> I tre tempi che seguono sono concepiti come intermezzi.
>
> *Secondo Movimento.* Andante. Un momento felice nella vita del nostro caro scomparso e un malinconico ricordo della sua giovinezza e della sua perduta innocenza.
>
> *Terzo Movimento.* Scherzo. Lo spirito dell'incredulità e delle negazioni si è impadronito di lui; egli scruta nella ressa delle apparizioni e perde la pura mentalità dell'infanzia e la profonda fermezza che solo l'amore può dare. Dubita di sé e di Dio; il mondo e la vita diventano per lui confusi fantasmi. La nausea per ogni cosa che esiste e che diviene lo coglie colpendolo con un pugno di ferro e lo spinge a urlare di disperazione.
>
> *Quarto Movimento.* A solo contralto. *Urlicht,* da *Des Knaben Wunderhorn.* La toccante voce della fede ingenua risuona al suo orecchio: "Vengo da Dio e a Dio voglio tornare".
>
> *Quinto movimento.* Siamo di nuovo di fronte a tutti i terribili interrogativi e allo stato d'animo della fine del primo tempo. Risuona la voce di Colui che chiama. È giunta la fine di ogni cosa vivente, il giudizio universale si annuncia e irrompe tutto il terrore del Giorno dei Giorni. La terra trema, le tombe si spalancano, i morti si levano e vanno in schiera infinita. I grandi e i piccoli della terra, i re e i mendicanti, i giusti e gli scellerati, tutti tendono ad un punto. L'invocazione alla misericordia e alla grazia risuona terribile all'orecchio. Si ode gridare in modo sempre più spaventoso: i sensi vengono meno, la coscienza ci manca all'avvicinarsi del giudizio eterno. Il "Grande Appello" risuona, chiamano le trombe dell'Apocalisse; in un silenzio carico d'orrore crediamo di sentire, lontano, lontano, quasi una voce di usignolo, come un'ultima tremula eco della vita terrestre. Lieve risuona un coro dei santi e degli abitanti del cielo:
>
> "Risorgerai, sì risorgerai!". Si manifesta la magnificenza di Dio. Una luce meravigliosa, dolce, ci compenetra fino al cuore: tutto è pace e beatitudine. Ed ecco: non c'è giudizio, non ci sono peccatori, né giusti, né grandi, né piccoli, non c'è pena e non c'è ricompensa! Un onnipotente sentimento d'amore ci pervade con una conoscenza ed un'esistenza beate.

È un lavoro di dimensioni colossali, specialmente nell'ultimo movimento, una estesa cantata sinfonica per due voci soliste, coro e orchestra su un testo (adattato da Mahler stesso) dell'inno *Auferstehung* ("Resurrezione") del poeta settecentesco Friedrich G. Klopstock.

In aperto contrasto con la natura metafisica della *Seconda*, la *Terza sinfonia* (1893-1896) si può considerare una meditazione di Mahler intorno al mondo fisico che ha origine con la natura inanimata per arrivare all'uomo e infine elevarsi all'amore di Dio. In una delle prime stesure la sinfonia fu intitolata *Pan*, in riferimento al nome della mitica divinità, con un sottotitolo per ogni movimento. Il primo, molto ampio, è in forma-sonata: "Pan si ridesta, ecco l'estate", seguito dagli altri: "Ciò che mi hanno detto gli animali della foresta" (un movimento basato su uno dei *Lieder* del *Wunderhorn*, *Ablösung im Sommer*), "Ciò che mi ha detto l'uomo" (viene cantato il testo del "Canto della mezzanotte" dallo *Zarathustra* di Nietzsche), "Ciò che mi hanno detto gli angeli" (*Es sungen drei Engel*, da *Wunderhorn*, per contralto e coro di voci bianche; è un'esaltazione dei valori religiosi), e "Ciò che mi ha detto l'amore" (un sereno adagio puramente strumentale). Anche questi titoli programmatici furono poi soppressi da Mahler. La *Terza* richiede una gigantesca orchestra, forse la più imponente rispetto a quanto era stato adoperato prima di allora per una sinfonia. Oltre all'usuale complesso degli archi, è costituita di: otto corni, cinque clarinetti, quattro ciascuno di oboi, flauti e fagotti, un ampio numero di strumenti a percussione.

Le tre sinfonie composte nel 1901-1905 (la *Quinta,* la *Sesta* e la *Settima*) sono opere unicamente strumentali, da cui è quasi assente l'elemento programmatico-concettuale. Alcuni movimenti di queste sinfonie (soprattutto il finale della *Sesta*, probabilmente il più lungo tempo di sinfonia esistente, e il primo della *Settima*) ricordano la granitica monumentalità di Bruckner. Vale notare che, come direttore d'orchestra, Mahler aveva in suo repertorio l'intero ciclo delle sinfonie di Bruckner. I movimenti lenti di queste sinfonie si distinguono per l'eleganza della scrittura orchestrale, un'eleganza quasi cameristica, ottenuta mediante la combinazione, molto spesso inedita, di timbri strumentali puri e trasparenti. Si veda l'effetto delicato, lugubre e notturno che il pallido suono del mandolino ottiene nella seconda *Nachtmusik* ("Musica notturna") della *Settima sinfonia*, profilandosi su altri timbri orchestrali contrastanti ma leggeri.

Nelle opere composte negli ultimi anni Mahler si pone con risolutezza tragica di fronte al pensiero della morte, della propria morte. Sono gli anni che lo videro impegnato in un'attività febbrile, segnati da violente scosse psicologiche: nel 1907 si dimise dalla carica di direttore artistico a Vienna, gli morì la figlia primogenita e gli fu diagnosticata una gravissima malattia di cuore. Nell'estate dello stesso anno aveva completato l'*Ottava sinfonia*, detta "Sinfonia dei mille" perché richiede una grandissima schiera di esecutori strumentisti e cantanti; impiega otto voci soliste, un doppio coro misto e un coro di voci bianche, e un'orchestra di proporzioni senza precedenti (comprende anche pianoforte, organo e armonio, campane tubolari, mandolino e *Glockenspiel*). Anche la lunghezza materiale di questa composizione è senza precedenti: dura all'incirca novanta minuti. La sinfonia è in due soli tempi (il secondo riunisce in sé le funzioni di Adagio, Scherzo e Finale), che sono due grandi affreschi sinfonico-corali. Il primo movimento comprende l'inno medievale gregoriano *Veni Creator Spiritus* (una appassionata invocazione al Dio supremo perché conceda l'amore a tutto il creato) composto secondo uno stile complessamente contrappuntistico (culmina con una grandiosa doppia fuga), ed attesta l'influsso di J.S. Bach che Mahler subì negli ultimi anni della sua vita e che fu stimolato dal possesso della edizione completa delle opere edite dalla *Bach-Gesellschaft*. Il secondo movimento si basa sull'intera scena finale ("Paradiso") della seconda parte del *Faust* di Goethe (l'anima di Faust è accolta in Paradiso da Margherita e da una schiera di angeli e di santi): è una potente celebrazione musicale del pensiero contenuto nell'opera di Goethe, secondo la quale l'amore (l'eros) è una grande forza creatrice (ha la possibilità di emanare vita spirituale e vita fisica).

La *Nona sinfonia* (1908-1909) è un'opera intrisa di un senso di solitudine e di un sentimento di morte, che sono anche gli stati d'animo prevalenti nel tardo romanticismo. La massima intensità espressiva è raggiunta nei due movimenti lenti. Il primo di questi, un "Andante comodo" lungo e complesso – è basato sui princìpi della doppia variazione e della forma-sonata – è uno dei momenti d'ispirazione più originali dell'intera produzione mahleriana: motivi popolareggianti si alternano ad episodi di natura epica, mentre alcuni incisi tematici vengono ripetuti con ossessiva insistenza.

Anche alla base di *Das Lied von der Erde* sembra stare un pensiero di disperata solitudine e di morte, ma anche di fiducia nell'eternità della natura. Questo stato d'animo è più fortemente espresso nel canto introduttivo *Das Trinklied vom Jammer der Erde* ("Il brindisi dei mali della terra"), realizzato con gli smaglianti colori di un'orchestra di sapore orientale; significativamente, le tre strofe del testo sono concluse da un identico ritornello cantato sulla frase *Dunkel ist das Leben, ist der Tod* ("Oscura è la vita, oscura la morte"), ripetuto ogni volta un semitono sopra. Un preciso sapore orientale è dato nel secondo *Lied, Der Einsame im Herbst* ("Il solitario nell' autunno"): l'ultima delle quattro strofe cantata dal contralto è basata su un motivo pentatonico (= scala formata da cinque suoni, priva di semitoni). I tre movimenti successivi – *Von der Jugend* ("Della giovinezza"), *Von der Schönheit* ("Della bellezza"), *Der Trunkene im Frühling* ("L'ebbro in primavera") – presentano immagini di irreale felicità (l'illusorietà della giovinezza, per esempio) e sono caratterizzati da una scrittura orchestrale estremamente raffinata, sempre variata in modo magistrale. Intriso di un senso di solitudine e di profonda malinconia è il canto conclusivo, *Der Abschied* ("L'addio"): le cupe e diafane sonorità orchestrali contribuiscono a delineare con grande efficacia l'atmosfera di rimpianto e di addio, per svanire in un *ewig* ("eternamente") ripetuto più volte dal contralto a fior di labbra. Molto adoperate sono in quest'opera le tessiture timbriche di tipo cameristico (vedi il delicato uso delle due arpe e il trattamento leggero e trasparente dei legni). Molti sono inoltre i procedimenti armonici usati che indeboliscono la tradizionale organizzazione tonale per mezzo di radicali alterazioni e giustapposizioni di accordi. Vale notare la peculiare abitudine di Mahler di terminare in tonalità diverse da quelle con cui inizia una composizione (la *Quarta sinfonia*, SOL magg.-MI magg.; la *Quinta*, DO diesis min.-RE magg.; la *Settima*, SI min.-MI magg.-DO magg.).

Specie negli ultimi lavori, la musica di Mahler appare orientata verso un'orchestrazione raffinata, una distorsione tonale e una scrittura polifonica sempre più complessa. In certi casi (per un esempio eloquente, vedi la parte finale dell'ultimo movimento di *Das Lied von der Erde*) egli anticipa la tecnica della *Klangfarbenmelodie* ("melodia di timbri"), termine coniato da A. Schönberg (vedi il vol. IV, Cap. 31) per indicare una melodia di suoni-colori, determinata dal timbro dei vari strumenti piuttosto che dagli intervalli e dal ritmo (gli strumenti che mantengono altezze costanti appaiono e scompaiono nel tessuto orchestrale). In questo senso la musica di Mahler costituì un'influenza principale e un punto di riferimento essenziale per i compositori viennesi successivi quali Schönberg, Berg e Webern.

La musica per pianoforte: il pezzo caratteristico

Intorno al pianoforte si muoveva, nell'Ottocento, un mondo assai vasto di interessi artistici, economici e culturali: editori, fabbricanti di strumenti, compositori, insegnanti, virtuosi concertisti e soprattutto musicisti dilettanti di media e alta levatura. Esso divenne lo strumento prìncipe dell'epoca romantica, e della sua copiosa letteratura musicale si nutrì sia il salotto domestico sia la sala da concerto.

L'accresciuto allargamento del mercato indusse i fabbricanti a costruire pianoforti più ricchi di suono, con una meccanica molto perfezionata e dotati di un'estensione più ampia rispetto agli strumenti dell'epoca di Mozart e financo di Beethoven (cfr. il vol. II, Cap. 22, e il Cap. 23), e dell'azione del "doppio scappamento" a partire dagli strumenti costruiti (1821) da Sébastian Erard (1752-1831). L'estensione passò dalle sei ottave nei pianoforti del primo Ottocento fino a raggiungere le sette ottave e mezzo a partire dal 1870 circa. Nel 1855 la ditta Steinway & Sons di New York costruì per la prima volta uno strumento con il telaio metallico fuso in un solo blocco e con le cordiere sovrapposte, creando il pianoforte a coda da concerto dal suono pastoso e brillante assieme. Per la sua particolarissima dimensione tecnica ed espressiva il pianoforte apparve connaturato con l'esercizio dell'immaginazione fantastica, dell'esplorazione interiore e del virtuosismo trascendentale.

Per il pianoforte si scrissero migliaia di composizioni con finalità para-didattiche, di intrattenimento e di svago: sonatine, variazioni e parafrasi su celebri arie d'opera e temi alla moda, *pot-pourris* (selezione di varie melodie celebri unite in passaggi modulanti), forme di danza allora in voga. Molte di queste composizioni adottavano uno stile di scrittura imponentemente virtuosistico, con piene sonorità, catene di arpeggi rapidi, scale veloci ed esuberanti passaggi intesi a mettere in risalto la padronanza tecnica dello strumento. Di questo tipo di pezzi amò nutrirsi nell'Ottocento non solo il salotto domestico ma anche (e soprattutto) la sala da concerto. Numerosi furono i compositori che convogliarono le proprie energie creative pressoché esclusivamente nel repertorio pianistico. Alcuni di essi erano in primo luogo grandi virtuosi e/o eminenti didatti dello strumento. Tra i più importanti di coloro che svilupparono la tecnica del pianoforte in senso virtuosistico e brillante figurano, oltre a F. Liszt, l'irlandese John Field (1782-1837), il francese Frédéric Kalkbrenner (1785-1849), il cecoslovacco Ignaz Moscheles (1794-1870), lo svizzero Sigismond Thalberg (1812-1871), il russo Anton G. Rubinštejn (1829-1894), il polacco Carl Tausig (1841-1871), il bolognese Stefano Golinelli (1818-1891), il milanese Adolfo Fumagalli (1828-1856), l'americano Louis Moreau Gottschalk (1829-1869). Per aiutare a risolvere i problemi riguardanti lo studio dell'esecuzione pianistica si pubblicò una miriade di metodi per lo strumento. Il *Méthode des méthodes* ("Metodo dei metodi", Parigi 1840) di François-Joseph Fétis (1784-1871) e Moscheles, rappresenta un vero e proprio manifesto per tecniche allora ampiamente usate (Chopin compose tre *Studi* da inserirvi).

A partire dal 1820 circa un significativo arricchimento della letteratura pianistica romantica venne dal breve pezzo lirico designato col termine generico di *Charakterstück* ("pezzo caratteristico" o "di carattere"), spesso improntato di una intensa sentimentalità che pure s'alimenta di elementi virtuosistici, senza però mettere in mostra, di norma, il lato puramente tecnico-"meccanico" della scrittura pianistica. Al pezzo caratteristico veniva attribuita un'ampia varietà di nomi di fantasia quali *impromptu*/improvviso, romanza, capriccio, bagatella, ballata, preludio, studio, notturno, ecc., oppure titoli che sottintendono intenti descrittivi o programmatici o comunque corrispondenti ad uno stato d'animo. Non raramente i titoli venivano escogitati dagli editori. Molto frequentemente il pezzo caratteristico segue una struttura ternaria (ABA'), con una sezione intermedia di carattere contrastante. Si tratta di composizioni adatte ad essere eseguite in un clima intimistico e domestico, ossia destinate perlopiù alle private esecuzioni e pertanto rispondenti in gran parte ad una precisa esigenza sociale. Appartenevano di diritto al salotto, dominato dall'elemento femminile e dall'affermazione di un gusto per la leggerezza, la grazia, il gesto esornativo, la cura del particolare, caratteristica impronta femminile. Va tenuto presente che l'ascesa della borghesia nell'Ottocento aumentò l'autonomia sociale della donna, per quanto limitatamente rispetto ai nostri tempi. Essa non rappresentò più soltanto un ideale di bellezza cantato dai poeti e dai musicisti, ma non raramente divenne insieme l'agente ispiratore e il committente di molti pezzi pianistici. Lo mostra il peso assunto dalle donne nelle dediche di una gran parte della produzione di Chopin, che è specifica musica da salotto (vedi più avanti). Le dediche dei suoi *Valzer* sono esclusivamente monopolizzate da personaggi femminili (Contessa Brenicka, Signora von Rothschild, Contessina Potocka, Signorine Harsford, di Thun-Hohenstein, ecc.) come anche quelle di molti suoi *Notturni* e *Mazurke*.

Tra i principali autori del repertorio dei pezzi caratteristici figurano, oltre a Chopin, Schubert, Mendelssohn e Schumann.

La breve carriera artistica (morì a soli trentun'anni) di Franz Schubert (1797-1828) si svolse quasi esclusivamente nell'ambito dei circoli privati della sua città natale, Vienna. Una buona parte della sua copiosa produzione (circa mille composizioni), costituita da oltre seicento *Lieder* (vedi più avanti), pezzi vari per pianoforte, musica sinfonica e da camera, corale sacra e profana, vide la nascita nelle intense serate musicali – conosciute come "Schubertiadi" perché dedicate interamente all'ascolto della sua musica – che si tenevano nei salotti della borghesia benestante della capitale asburgica.

Schubert non seppe adattarsi alla disciplina di un impiego regolare (dopo alcuni anni abbandonò l'attività di maestro di scuola al fianco del padre) e preferì condurre una vita libera da restrizioni di famiglia, dagli obblighi del matrimonio e della carriera, persino dalle regole della società. Visse perlopiù ospite di amici, molti dei quali erano dichiaratamente omosessuali. Del largo *entourage* di Schubert facevano parte studenti, poeti come Johann Mayrhofer (1787-1869) e Franz von Schober (1797-1882), intellettuali, pittori come Leopold Kupelwieser (1796-1862) e Moritz von Schwind (1804-1871), musicisti come Johann Michael Vogl (1768-1840), il baritono membro del teatro di corte che interpretò e fece conoscere alla società viennese i *Lieder* del suo grande amico. In contrasto con l'immagine eterea del carattere di lui che ci offrono le biografie ufficiali, Schubert era dominato da una sessualità sfrenata e ardente che lo spingeva verso i piaceri terreni (è questo un aspetto della sua vita privata che solo di recente è stato messo in luce); contrasse nel 1823 una malattia venerea (apparentemente sifilide), che lo portò ad una morte precoce. Lo sforzo di vivere senza restrizioni gli costò controversie con la famiglia, ripercuotendosi anche sulla sua affermazione come compositore. Fallirono molti tentativi di pubblicazione delle sue opere, e trascorse gli ultimi dieci anni della vita tra incessanti difficoltà finanziarie. Fu un compositore rivalutato e grandemente apprezzato soltanto dopo la morte, soprattutto per opera di Schumann.

Notevole è stato il portato di Schubert all'impostazione precoce delle forme brevi per pianoforte. I quattordici pezzi caratteristici da lui composti nel 1823-1828 – otto *Impromptus* (D. 899 pubblicati come Op. 90 e D. 935, Op. 142) e sei *Moments musicaux* ("Momenti musicali" D. 780, pubblicati come Op. 94) – sono composizioni contrassegnate da una fertilità inesauribile dell'invenzione melodica (un tratto tipico di tutta l'opera del maestro viennese), ognuna corrispondente ad un diverso stato d'animo. Sono prototipi dei pezzi brevi per pianoforte, semplici e intimi, il genere di gran lunga privilegiato, fino al 1850 circa, al posto della sonata solistica in più movimenti, in cui ogni sforzo è rivolto all'edificazione di ampie strutture formali (la forma-sonata, ad esempio) fondate perlopiù sui procedimenti dello sviluppo tematico. Per quanto il genere continuasse a conservare un prestigio enorme, dovuto in gran parte ai risultati ottenuti da Beethoven, il declino della sonata si fece via via sempre più rapido e inarrestabile.

Un originale contributo al genere del pezzo caratteristico per pianoforte è anche dato dalle otto raccolte dei fortunatissimi 48 *Lieder ohne Worte* ("Romanze senza parole") di Felix Mendelssohn (1809-1847), pubblicati in fascicoli successivi dal 1830 al 1845. Sono composizioni d'intensa condensazione lirica (vedi la melodia teneramente malinconica in SI min. dell'Op. 67, n. 5), caratterizzate da varietà di forma e di intonazione sentimentale (una sorta di trasposizione pianistica del *Lied* per voce e pianoforte), con una tendenza ad una semplicità quasi elementare degli accompagnamenti nella mano sinistra.

Nell'opera di Robert Schumann (1810-1856) un posto di grande rilievo occupano le composizioni pianistiche: sono per pianoforte tutti i suoi lavori pubblicati fino al 1840 (dall'Op. 1 all'Op. 23) e comprendono la maggior parte delle sue opere più importanti per quello strumento. Molte di queste composizioni appartengono al filone del pezzo caratteristico.

Nato a Zwickau (Sassonia) in una modesta famiglia borghese, Schumann ebbe una buona formazione letteraria e universitaria (studi in giurisprudenza a Lipsia e Heidelberg), mentre per il pianoforte fu allievo a Lipsia di Friedrich Wieck (1785-1873), del quale sposò (nel 1840) la figlia Clara (1819-1896), eccellente pianista. Una malattia alla mano destra (cercò di porvi rimedio mediante l'applicazione di un rudimentale congegno meccanico da lui inventato) impedì a Schumann di proseguire (dal 1832) la carriera di pianista concertista. Si dedicò esclusivamente all'attività di compositore e all'esercizio di critico militante, che svolse (1834-1844) sulle pagine della *Neue Zeitschrift für Musik* di Lipsia, che lui stesso fondò e diresse. La rivista recò contributi notevolissimi alla cultura musicale non soltanto tedesca, costituendo un insuperabile modello di critica musicale, soprattutto per le nuove generazioni musicali. Tramite la sua carica di direttore della rivista Schumann ebbe modo di mettere in luce sia Schubert che Chopin, Berlioz e Brahms, ad esempio. Nei suoi scritti appaiono in maggior o minor misura riferimenti a vari personaggi creati dalla sua fantasia: i *Davidsbündler*, i componenti della immaginaria "Lega di Davide" fondata per combattere i "filistei" – i rappresentanti del cattivo gusto che secondo lui dilagava nel mondo musicale. Della "Lega" facevano parte, tra gli altri, Eusebius e Florestan – la fantastica coppia modellata su quella dei fratelli protagonisti (Walt e Vult) del romanzo *Flegeljahre* di Jean Paul (vedi sopra) – che simboleggiavano le due facce contrastanti della personalità di Schumann, quella malinconica e introversa (Eusebius) e quella esuberante, ricca di slanci impetuosi (Florestan). La vita di Schumann fu tragicamente segnata dall'alterno andamento d'una malattia mentale che si manifestò per primo nel 1833, quando fu colto da una forte crisi depressiva. Nel 1854, dopo aver tentato il suicidio gettandosi nel Reno, fu internato in una casa di cura a Endenich presso Bonn, dove morì due anni dopo.

La spiccata inclinazione di Schumann per la letteratura servì a stabilire un legame del tutto privilegiato, che si dirama attraverso buona parte della sua opera, della musica con la poesia. All'interno delle sue musiche, soprattutto pianistiche, si trovano – nei titoli, ad esempio – numerosissimi riferimenti, allusioni, rinvii – a volte diretti e a volte indiretti – alla letteratura. Sin dai primi suoi lavori l'idea letteraria figura alla base del processo creativo. Del resto, egli aveva affermato – in una lettera del 15 marzo 1839 – di aver imparato l'arte dei suoni più dalla lettura di Jean Paul che dalle lezioni del suo maestro di musica. Nel rievocare (lettera del 19 aprile 1832), al poeta L. Rellstab la genesi dei *Papillons* ("Farfalle"), Op. 2 (composti nel 1829-1831), il compositore dichiara apertamente di essere stato ispirato dalla lettura dell'ultimo capitolo dei *Flegeljahre* intitolato *Larventanz* ("Ballo in maschera"): "quasi inconsciamente mi accostai al piano e così, uno dopo l'altro apparvero i *Papillons*". È il capitolo in cui i protagonisti del bizzarro romanzo si ritrovano, si perdono, si rincorrono nell'atmosfera irreale di un lungo ballo mascherato sul tema delle farfalle. Va rilevato tuttavia che Schumann, nella sua attività di critico e come compositore, manifesta una posizione contraddittoria e non lineare nei confronti della musica a programma, quella cioè che comporta l'assunzione di uno specifico contenuto letterario (vedi sopra per quanto riguarda la musica sinfonica). Egli da un lato afferma l'assoluta autonomia del linguaggio musicale – trova che la musica a programma corre il rischio di cadere nel prosaico perché si può perdere in una descrizione dei dettagli – e dall'altro dimostra, come detto, una propensione a investire le sue opere di allusioni letterarie colme di riferimenti autobiografici. In effetti, i titoli che Schumann mette a molte sue musiche pianistiche non vanno intesi come programmi perché non forniscono una trama intelligibile cui la musica possa attenersi, descrivendola: sembrano tacere più cose di quelle che esprimono apertamente. L'uso di motti e di intitolazioni ha la funzione di orientare utilmente l'ascoltatore e fargli intendere quale possa essere l'"idea poetica" di fondo, dalle evidenti implicazioni e allusioni letterarie, di un certo pezzo di musica. Nelle sue recensioni una posizione particolare occupa l'idea di musica come atto che sgorga in modo naturale e spontaneo da un profondo impulso "poetico", concetto questo difficilmente definibile ma inteso come fatto spirituale, come una particolare ed eletta disposizione dell'animo all'atto creativo. Secondo Schumann – e in questa sua posizione rifletteva il pensiero degli scrittori romantici suoi contemporanei – ogni compositore deve saper creare un "mondo poetico" che sia proiezione della propria fantasia creatrice, disdegnando tutto ciò che è meccanico, comune, convenzionale. L'atto creativo manifesta i caratteri di una produzione inconscia e non artigianale: comporre è lavoro di invenzione, di disvelamento di ciò che vive nella fantasia ed è pertanto questione di "genio", non soltanto una mera dimostrazione di "talento". Il genio ha inoltre la facoltà di concepire e rappresentare l'opera d'arte nella sua totalità, il talento invece vede e rappresenta di essa solamente le parti, ne elabora i dettagli; il genio pertanto "crea" mentre il talento semplicemente "lavora". Questa contrapposizione fra genio e talento – tematica centrale di molte teorie estetiche romantiche – viene più volte affermata all'interno degli scritti schumanniani.

Le brevi composizioni pianistiche di Schumann che appartengono al filone del pezzo caratteristico sono organizzate in ampi cicli e di solito tipicamente unite da un'"idea poetica" comune. Così il tema poetico di fondo dei dodici *Papillons* Op. 2 è un "ballo in maschera"; *Carnaval* Op. 9 (1834-1835) consta di una serie di venti immagini miniaturistiche raffiguranti una festa notturna o una sfilata di maschere (insieme a raffigurazioni tratte dalla commedia dell'arte, ci presenta alcuni simpatici ritratti di Clara Wieck, Chopin e Paganini, come pure di Eusebius e Florestan); i diciotto *Davidsbündlertänze* ("Danze della Lega dei Fratelli di Davide") Op. 6 (1837) è un'opera creata per Clara Wieck e nel suo nome (il motto tematico iniziale fu da lei dettato al compositore); le tredici *Kinderszenen* ("Scene d'infanzia") Op. 15 (1838) sono una rievocazione nostalgica dell'incantato mondo infantile; negli otto *Kreisleriana* Op. 16 (1838) si trovano allusioni letterarie al mondo magico e demoniaco di E.T.A. Hoffmann (vedi sopra, p. 56).

I brani di ciascun ciclo schumanniano, talvolta brevissimi e d'espressività al massimo concentrata, si dispongono in un continuo e capriccioso alternarsi di stati d'animo diversi e contrastanti. A garantire un'unità salda è assai spesso il princìpio della variazione applicata ad un nucleo melodico minimo ma denso di potenziale armonico e melodico; la variazione di un singolo frammento melodico può abbracciare un intero ciclo di composizioni. Il motivo pregnante che Schumann mise alla base di *Carnaval* ha valore simbolico e al tempo stesso un'efficacia strutturale, anche se rimane astratto e non sempre percepibile all'ascolto. È costituito dai nomi delle note (Esempio 5a-b) che potevano essere A-S-C-H (lettere che in tedesco indicano le note LA-MI♭-DO-SI; la nota MI♭ si pronuncia "es") e anche AS-C-H (=LA♭-DO-SI): rappresentano il villaggio di Asch da cui proveniva la diciassettenne Ernestine von Fricken – un amore giovanile del compositore – e sono anche le sole lettere musicali del nome di Schumann (S-C-H-A). La versione di quattro note domina nella prima, l'altra di tre note nella seconda parte del ciclo di venti pezzi. La citazione del motivo è quasi mai apertamente dichiarata, ma sempre ambiguamente sospesa. Le quattro note sono più nascoste in alcuni dei pezzi (per esempio in *Eusebius,* n. 5), mentre in altri sono più evidenti (cfr. ESEMPIO 5c-f):

ESEMPIO 5

Pur richiamandosi a procedimenti tradizionali – quali la parodia, la parafrasi – la tecnica della variazione viene radicalmente riconcepita da Schumann, in quest'opera e nei *Symphonische Etüden* ("Studi sinfonici") Op. 13 (1837) per pianoforte: non più tema prima enunciato e poi elaborato e variato, ma un tipo di costruzione musicale concepita come un fluttuante gioco combinatorio di sottili procedimenti associativi, di reminiscenze, di analogie. Il motivo fondamentale sprigiona soltanto spunti sonori minimi, nuclei melodici o cellule ritmiche. La variazione intesa come un libero fantasticare – ch'è la quasi negazione della logica lineare (protesa verso una meta) di cui si nutriva la musica strumentale del periodo classico e gran parte della produzione di Beethoven – risponde ad un preciso scopo espressivo: serve a creare un "mondo poetico" carico di un'affascinante ambiguità e romantica irrequietezza, sempre teso in un'inappagabile *Sehnsucht*, ch'è un'aspirazione appassionata verso qualcosa di indefinibile.

La scrittura pianistica di Schumann, caratterizzata da slanci impetuosi e tumultuosi da un lato, da un'atmosfera delicata e sognante dall'altro, pretende dall'esecutore il massimo dell'impegno, da un punto di vista sia tecnico che espressivo-interpretativo. Si esige insomma una vera e propria lettura poetica del complesso suo mondo, viziato com'è di un fondo di intellettualismo. Il fatto tecnico non è mai fine a sé stesso, il ritmo è preciso, ma richiede un massimo di elasticità da parte del pianista, mentre frequenti sono le linee melodiche frammentate e pur sostenute quasi sempre da un'enfasi lirica che investe l'intera composizione. Molta attenzione riserva Schumann alla individuazione e allo sfruttamento dei valori timbrici del pianoforte: si manifesta nel modo immaginoso di trattare l'armonia per realizzare un'inconfondibile suggestione sonora, e nell'uso molto controllato del pedale di risonanza – fu uno dei primi compositori a specificarne l'uso in maniera sistematica e non sporadica – per un preciso scopo espressivo. L'effetto sonoro splendidamente grandioso del brano finale di *Carnaval* è dato principalmente dall'uso sostenuto – specificamente richiesto – del pedale.

A differenza delle opere pianistiche di Schumann e degli altri romantici della sua stessa generazione, le composizioni di Fryderyk Chopin (1810-1849) non presentano alcuna traccia di connotazioni filosofico-letterarie ed extramusicali – le denominazioni come *Valzer dell'addio*, *Studio rivoluzionario*, *Caduta di Varsavia*, ecc. date ad alcuni suoi lavori sono tutte apocrife. È una musica che esiste come arte autonoma, ossia per sé stessa senza bisogno di riferimenti letterari, diretti o indiretti. Di Chopin, infatti, non si conoscono né scritti né testimonianze che illustrino intenzioni o motivazioni "poetiche" di qualsivoglia natura. Le ragioni del suo fare artistico sono da cercarsi in una conformità di fondo alla tradizionale immagine del virtuoso compositore-esecutore, quale s'era andata configurando dal XVII secolo in poi.

La produzione di Chopin, non molto vasta, comprende quasi esclusivamente composizioni per pianoforte e fu concepita in funzione della propria attività di strumentista. È una produzione perciò funzionale all'ambiente del salotto (i pezzi brevi) e all'esercizio didattico (gli *Studi* e *Preludi*). Molti dei generi tradizionali di volta in volta adottati vengono piegati ad effetti totalmente inediti, per investire tutti i parametri del linguaggio musicale, specie per quanto riguarda l'allargamento delle possibilità della scrittura pianistica. Le principali opere di Chopin sono: ventisette studi, ventisei preludi, ventuno notturni, quattro *impromptus*, sessantacinque mazurke, diciassette polacche, venti valzer, e alcune opere di ampio respiro architettonico (quattro scherzi, quattro ballate, tre sonate, due concerti per pianoforte e orchestra). Quasi tutte queste composizioni videro la luce della stampa vivente l'autore: molte furono pubblicate contemporaneamente da almeno tre editori (a Parigi, Londra e Lipsia), rendendo così necessaria la simultanea redazione di almeno tre manoscritti che spesso il compositore delegò a copisti di propria fiducia, in ispecie – almeno ottanta lavori – al pianista polacco Julian Fontana (1810-1865), suo amico e, all'occasione, suo segretario. Questo fatto ha comportato particolari difficòltà nella preparazione di edizioni moderne delle opere di Chopin, molte delle quali sono piene di interpolazioni arbitrarie che non rispondono ad alcun criterio di scientificità (che presuppone il confronto tra le varie fonti superstiti, cfr. il vol. I, Cap. 1). Spesso, ad esempio, tutta una serie di sue indicazioni precise e dettagliate inerenti l'uso del pedale di risonanza vengono ignorate o addirittura eliminate nelle edizioni pubblicate nel corso del XIX e XX secolo.

La fortuna delle opere di Chopin è rimasta intatta presso i pubblici di ogni Paese. Per farsi un'idea della straordinaria impressione che le sue musiche destavano al loro apparire, basta leggere le recensioni dedicate da Schumann nella *Neue Zeitschrift für Musik* ai *Preludi*, alle *Mazurke*, e soprattutto agli *Studi* Op. 25 e alla *Sonata* in SI min., Op. 58. In concomitanza dell'entusiasmo per la sua musica, si è andata formando una letteratura che di lui mistifica ancor oggi i tratti patriottici e romantico-sentimentali; il primo a perpetrarli fu F. Liszt nell'alato necrologio *Frédéric Chopin* pubblicato a Parigi nel 1852.

Nato a Żelazowa Wola presso Varsavia, Chopin fu avviato allo studio del pianoforte e della composizione in età molto precoce (a sei anni). Dal 1816 al 1822 studiò con il pianista-violinista-compositore boemo Wojciech Żywny (1756-1842). Appena settenne si esibì nei salotti dell'aristocrazia di Varsavia e nel novembre 1817 scrisse la sua prima *Polacca* in SOL min. Proseguì gli studi di teoria e composizione al Conservatorio di Varsavia (1826-1829) sotto la guida di Józef Elsner (1769-1854). Nel 1829-1831 svolse una breve stagione di attività concertistica pubblica, con grande successo, a Vienna. Nel settembre del 1831 arrivò a Parigi dove rimase fino alla fine della sua vita, a parte i brevi soggiorni in città tedesche, a Maiorca (novembre 1838-febbraio 1839) e in Inghilterra (1837, 1848). L'insediamento a Parigi segnò l'abbandono di una normale carriera concertistica. Dopo l'esordio con grandissimo successo il 26 febbraio 1832 alla Salle Pleyel – la sala da concerto della ditta omonima di pianoforti, aperta nel 1830 – le sue apparizioni pubbliche come pianista divennero avvenimenti molto rari: durante i diciotto anni circa vissuti a Parigi, apparve pubblicamente solo diciannove volte (si presentava una volta l'anno alla Salle Pleyel), soltanto in quattro delle quali come solista. Il luogo dove si sentiva compreso come pianista e compositore non erano le sale da concerto, bensì i salotti della migliore società parigina e londinese comprendente membri dell'aristocrazia e dell'alta finanza, *élites* intellettuali, artisti. Trasse il sostentamento di un agiato tenore di vita dalla vendita delle sue composizioni e soprattutto da un giro di lezioni di pianoforte, molto redditizio, che impartiva ad un nutrito drappello di allievi, perlopiù appartenenti all'alta società e non necessariamente molto dotati musicalmente. Riceveva quotidianamente una media di cinque allievi – non accettava principianti – e la durata della lezione andava da tre quarti d'ora ad un'ora. Dal 1838 al 1847 Chopin ebbe una relazione sentimentale, piena di dissapori, con la scrittrice George Sand (pseudonimo di Aurore Dudevant, 1804-1876), con la quale visse a Maiorca, a Parigi e nella casa di campagna a Nohant. Chopin era di salute cagionevole: dal 1836 soffriva di una malattia tubercolare, causa della sua morte.

La maggior parte delle composizioni di Chopin è un tipo di musica che, come detto, aveva il suo luogo ideale di risonanza nel salotto. È quindi musica in gran parte dominata dal gusto per la leggerezza, la grazia, il gesto esornativo. Ed è musica che tende a riversare la sua carica emotiva sulla cantabilità, naturalmente affine alla vocalità operistica, e anche nell'esibizione virtuosistica, che talvolta sembra suggerire le qualità dell'improvvisazione – ma è da notare che Chopin raramente si cimentò con quella bravura trascendentale che faceva la gloria di Liszt e di altri virtuosi del tempo. L'arte del canto ha rappresentato per Chopin il modello ideale e definitivo di interpretazione: secondo le memorie degli allievi e dei virtuosi da lui istruiti, continuo era il richiamo che faceva ai tratti vocalistici, da imitare, dei cantanti romantici (per un esempio di melodia ornata cfr. l'Esempio 7). Certi caratteri del linguaggio musicale dell'etnofonia polacca si manifestano soltanto in quei generi di composizioni che sono stilizzazioni di danze nazionali (*Polacche* e *Mazurke*). Vale notare che, contrariamente a numerosi altri artisti del tempo, Chopin mai coltivò un intenso sentimento patriottico: ebbe scarsa simpatia per la causa dei nazionalisti polacchi esiliati in Francia. Piuttosto che gli aristocratici nazionalisti polacchi, frequentò a Parigi i salotti della ricca borghesia e della nobiltà cosmopolita (i Rothschild, i Leo, gli Schlesinger, gli Apponyi).

Dal punto di vista dello stile, la gran parte delle opere del musicista polacco è governata dal principio della melodia accompagnata da arpeggi che abbracciano ampie zone della tastiera. L'accompagnamento stesso sovente riveste un ruolo melodico, in cui la figurazione di accompagnamento è una versione, più fluida, del tema. Un esempio è quello del *Preludio* in SOL magg., Op. 28, n. 3 (Esempio 6):

ESEMPIO 6

L'accompagnamento qui è una sorta di pre-eco, sovrapposto al quale è la melodia della mano destra – un tipo di invenzione che potrebbe essere definita "accompagnamento eterofonico" – e vi è pertanto una doppia versione della stessa linea melodica. L'effetto espressivo delle linee melodiche chopiniane viene sovente e variamente rafforzato per mezzo del cromatismo, con l'aiuto di appoggiature e ritardi. La linea del canto si enuclea e si manifesta comunque in un contesto schiettamente pianistico, che rende la musica di Chopin assolutamente intrasponibile ad altro strumento.

La tecnica pianistica di norma non presenta tanto insormontabili difficoltà d'esecuzione, quanto altre, che riguardano l'intensa concentrazione auditiva e la continua ricerca timbrica. L'effetto sonoro desiderato da Chopin richiede all'esecutore non soltanto un tocco e una tecnica perfetti, ma anche una marcata sensibilità nell'uso dei pedali e nel mettere in evidenza valori espressivi diversi, spesso opposti, inerenti la dinamica, l'agogica, la costruzione melodica, l'organizzazione ritmica. All'esecutore si richiede inoltre un'applicazione discreta, dove opportuno, del cosiddetto "rubato" (una leggera accelerazione nell'ambito di una frase della parte melodica, contro la scansione rigorosa del ritmo nell'accompagnamento). Sappiamo che Chopin attribuiva fondamentale importanza all'attuazione della materia sonora nell'esecuzione delle sue opere (voleva cogliere il puro colore "timbrico" delle armonie). Sulla sua maniera di suonare lo *Studio* in LA♭ magg., Op. 25, n.1, ci informa Schumann in una recensione apparsa sulle pagine della *Neue Zeitschrift für Musik* (1837):

> Per parlare di questi [12] *Studi* [Op. 25] devo dire che mi torna a vantaggio il fatto di averli ascoltati nella maggior parte eseguiti dallo stesso Chopin [...]. Si immagini un'arpa eolia che possegga tutte le scale e una mano d'artista che le mescoli in arabeschi assolutamente fantastici, in modo tale che si senta sempre un suono grave fondamentale e una voce superiore dolcemente cantabile; e si avrà un'immagine del suo modo di suonare. Nessuna meraviglia perciò, se i pezzi che ricordiamo con maggiore piacere sono quelli che abbiamo sentiti eseguiti da lui stesso, e fra tutti sia citato quello in LA♭ maggiore, più una poesia che uno studio. Sbaglierebbe chi pensasse che egli facesse sentire distintamente ognuna delle note piccole; era piuttosto un accordo in LA♭ maggiore fluttuante, messo qua e là in rilievo dal pedale; ma attraverso le armonie si distingueva una melodia di suoni ampi, meravigliosi, e solo verso la metà emergeva chiaramente dagli accordi, accanto a quel canto principale, anche una voce di tenore.

I ventuno *Notturni* composti tra il 1827 e il 1846 sono composizioni tipiche per il carattere malinconico e per la tendenza a evocare un'atmosfera intima e raccolta. Sono pagine che mostrano la sbalorditiva capacità di Chopin di esplorare la materia sonora e si distinguono per l'intenso lirismo delle linee melodiche affidate di norma alla mano destra, su accordi arpeggiati in estensione molto ampia della mano sinistra. L'irlandese John Field (1782-1837), il quale fu valente virtuoso pianista, viene considerato l'inventore del genere del notturno per pianoforte (nel Settecento il notturno era invece una composizione articolata in più tempi e per pochi strumenti, affine alla Serenata e al Divertimento). Dopo aver studiato a Londra con M. Clementi, Field seguì il maestro a Parigi (1802) e l'anno dopo a San Pietroburgo, dove risiedette fino al 1831 effettuando *tournées* concertistiche in varie città della Russia. Ha lasciato diciassette notturni, composti tra il 1812 e il 1836: sono composizioni dense di riflessi di bel canto, basate sul dualismo tra linea melodica nella mano destra contro figurazioni arpeggiate nella mano sinistra. Chopin, il quale eseguiva le opere di Field e ne raccomandava lo studio agli allievi, alimentò il notturno di una più intensa carica espressiva rispetto a Field, specialmente mediante l'adozione, generalmente, di una struttura tripartita (ABA'), con una parte centrale di carattere fortemente contrastante e assai più animato rispetto al disteso lirismo delle sezioni contigue (vedi, per esempio, la sezione *Con fuoco* del *Notturno* in FA magg., Op. 15, n. 1). Il *Notturno* in DO diesis min., Op. 27, n. 1, presenta nella prima sezione una melodia di ampio orizzonte che si adagia perlopiù su gradi congiunti, mentre l'episodio centrale si anima di marziali ritmi puntati di carattere eroico. Non raramente la sezione conclusiva presenta la sezione iniziale variata da fluttuanti "arabeschi" melodici (si riferisce ad un tipo di disegno melodico formato di sottili e delicate ornamentazioni decorative quali gruppetti, trilli, rapidi arpeggi, volatine ascendenti e discendenti, ecc.). Vi è un esempio nel *Notturno* in FA diesis magg., Op. 15, n. 2, (ESEMPIO 7; mostra la frase iniziale e la sua variante nella ripresa):

ESEMPIO 7

Alcuni notturni adottano strutture formali diverse da quella tripartita. La terza parte è omessa nei *Notturni* in SOL min., Op. 15, n. 3
(vedi il continuo mutamento di prospettiva del disegno melodico in
virtù di un tessuto armonico intensamente cromatico) e in SI magg.,
Op. 32, n. 1. Il *Notturno* in SOL magg., Op. 37, n. 2 è strutturato nel-
l'inconsueto schema di rondò. In qualche notturno Chopin si abbandona, a tratti, ad una scrittura che si avvicina ad un recitativo strumentale, caratterizzata da un profilo melodico e ritmico articolato in
un flusso discorsivo (ricorda il recitativo operistico); se ne trovano
esempi nelle battute conclusive del *Notturno* in SI magg., Op. 32, n. 1
e nella sezione centrale del *Notturno* in FA diesis min., Op. 48, n. 2.

Nelle *Mazurke* la scrittura pianistica è limitata, in genere, all'essenziale. È possibile che questo derivi dalla natura di questa danza
nazionale molto semplice, originaria della Mazovia (la regione di
Varsavia). Veniva suonata dalla *duda* (un tipo di cornamusa) che for-
niva la melodia (costituita da brevi frasi regolari) e l'accompagnamento consistente di un bordone di tonica e dominante; il ritmo ternario era caratterizzato dagli accenti spostati perlopiù sui tempi
deboli della battuta. Pur evitando quasi sempre le citazioni testuali
di melodie popolari, Chopin trasferì nelle sue *Mazurke*, composte tra
il 1820 e il 1849, molti tratti stilistici della danza polacca, però sti-
lizzandoli al massimo mediante un processo elaborativo estremamente raffinato, con una molteplicità di mezzi espressivi. Tra gli elementi stilistici della musica popolare polacca incorporati nelle
Mazurke di Chopin figurano:

- Ripetizione ostinata di formule melodico-ritmiche di poche battute, come per esempio nelle *Mazurke* in DO min., Op. 30, n. 1
  e in RE magg., Op. 33, n. 2.

- Impiego di inflessioni melodiche modali, spesso permeate dal
  cromatismo, come il modo dorico nella *Mazurka* in DO diesis
  min., Op. 41, n. 1.

- Uso del quarto grado aumentato della scala (vedi la *Mazurka*
  in LA min., Op. 68, n. 2).

- Frequente accentuazione dei tempi deboli della battuta.

- Presenza di accordi "vuoti" di ottave e quinte (senza la terza)
  per produrre l'effetto dell'accompagnamento di una *duda* (vedi
  la *Mazurka* in FA magg., Op. 68, n. 3).

Le *Mazurke* presentano inoltre un'ampia gamma di stati d'animo
diversi e contrastanti: si va dal sentimento di radiante gaiezza che

contrassegna la *Mazurka* in SI♭ magg., Op. 7, n. 1, all'aura di pungente malinconia che pervade la *Mazurka* in FA min., Op. 68, n. 4.

Nei quattro *Scherzi* si nota la propensione di Chopin verso un pianismo brillante, estremamente virtuosistico, addirittura acrobatico – specialmente nelle Code – con forti contrasti tematici e dinamici (nel secondo in SI♭ min., Op. 31, vanno dal "pp" al "ff" molto rapidamente). Sono composizioni di vasto respiro, ove il genere tradizionale – nella pratica classica, il movimento in ritmo ternario con Trio, che si sostituisce al Minuetto – viene piegato ad effetti totalmente inediti e viene trasformato in composizione autonoma. Sono articolati in una struttura tripartita – la parte più lenta equivale al Trio – e sono tutti in ritmo ternario, ma Chopin fa il possibile per eludere la pulsazione ternaria: il terzo *Scherzo* (in DO diesis min., Op. 39) si apre presentando una battuta con un disegno all'ottava, ripetuta per tre volte, di quattro – quattro, non tre – semiminime; il secondo *Scherzo*, da come si avvia, fa pensare a un ritmo binario, pur essendo le battute in tre.

Considerate come la quintessenza dell'arte di Chopin sono le due raccolte (comprendenti ciascuna dodici composizioni) di *Studi* Op. 10 (composti prima del suo arrivo a Parigi) e Op. 25 (dati alle stampe nel 1837), e i ventiquattro *Preludi* Op. 28 (pubblicati nel 1839).

Esplicita è la finalità pedagogica degli *Studi*: ognuno propone un problema specifico per lo sviluppo della tecnica, della sonorità, dell'espressione – ogni studio è basato su di un'unica figurazione ritmico-melodica. Così la prima raccolta propone degli accordi spezzati che coprono tutta la tastiera (n. 1), progressioni cromatiche per far lavorare il debole quarto dito (n. 2), il cantabile (n. 3), il gioco sui tasti neri (n. 5), il legato (n. 6), la sonorità piena (n. 11), l'agilità della mano sinistra (n. 12). La seconda raccolta prepara alla padronanza di una cantilena legata tra i rapidi arpeggi delle due mani (n. 13, su cui vedi sopra le parole di Schumann), lo studio dello staccato e del legato (n. 16), la scala cromatica in terze legate (n. 18), la velocità delle dita (n. 23), i rapidi arpeggi delle due mani (n. 24). Gli *Studi* di Chopin sono tra i primi del genere a far combinare lo sviluppo della tecnica (nessun problema della tecnica pianistica viene trascurato) con i più affascinanti contenuti e significati musicali. Ogni studio si basa infatti sulla creazione di effetti pianistici tali da aiutare l'esecutore a padroneggiare una intera gamma di mezzi espressivi diversissimi e originalissimi.

Tra gli studi che per diversità di stile e di impegno estetico prepararono la strada a Chopin figurano le ventiquattro *Studien* Op. 70 di Ignaz Moscheles (1794-1870), pubblicate a Lipsia nel 1825-1826. Nell'articolo "Gli studi per pianoforte ordinati secondo i loro scopi"

(*Neue Zeitschrift für Musik,* 1836) Schumann elenca gli *Studi* di Moscheles, insieme a quelli di Chopin, tra gli studi-capolavoro, perché in essi prevale "accanto all'interesse tecnico, anche la cura dell'elemento fantastico". E recensendo (1835) le ventiquattro *Études* Op. 15 (Bonn 1835) di Ferdinand Hiller (1811-1885), Schumann aveva affermato che dagli studi "non si deve solo imparare, ma bisognerebbe imparare a conoscere la bellezza con piacere [...]. Perché a tre cose io guardo in quanto pedagogo: per così dire ai fiori, alle radici e al frutto, ossia al contenuto poetico, armonico-melodico e tecnico, oppure ancora all'utilità per il cuore, per l'orecchio e per la mano".

Meno esplicita è l'esigenza pedagogica dei *Preludi* di Chopin. Disposti in tutte le ventiquattro tonalità maggiori e minori che si susseguono secondo il circolo delle quinte (DO magg.-LA min., SOL magg.-MI min., ecc.), essi vanno oltre la tradizione didattica proposta ne *Il clavicembalo ben temperato* di J.S. Bach (cfr. il vol. II, Cap. 21), che pure ne costituì il modello: l'accezione del termine "preludio" viene intesa da Chopin come qualcosa di poeticamente autonomo e non di introduttivo a qualcos'altro. Sono brani (alcuni si concentrano in un giro di battute limitatissimo; vedi il n. 2 e il n. 7) che rappresentano lo sforzo di Chopin di utilizzare le esperienze di diversi generi di composizione e di sfruttare contemporaneamente i mezzi più disparati d'espressione: spaziano dal vero e proprio studio (n. 8, 16, 19, 23, 24), alla mazurka ridotta al più elementare suo schema (n. 7), al notturno (n. 13, 15). Nell'anno stesso in cui furono pubblicati, Schumann li presentò sulle pagine della *Neue Zeitschrift für Musik* (1839) riassumendo molto acutamente l'effetto che su di lui fece questo ciclo di composizioni:

> Fra le nuove composizioni di Chopin dobbiamo ricordare [...] una strana raccolta di *Preludi* [...]. Confesso che li immaginavo assai diversi, condotti, come i suoi *Studi,* in uno stile grandioso. È invece quasi il contrario: sono schizzi, princìpi di studio, o, se si vuole, rovine, singole penne d'aquila, tutto disposto in modo selvaggio e alla rinfusa. Ma in ciascuno dei pezzi sta scritto, quasi in un raffinato ricamo di perle: *lo scrisse Chopin*; lo si riconosce nelle pause e nel respiro violento e appassionato. Egli è e rimane lo spirito più ardito e più fieramente altero del nostro tempo. Questo fascicolo comprende anche qualcosa di malato, di febbricitante e di repulsivo; cerchi dunque ciascuno ciò che gli potrà giovare, e solo il filisteo ne rimanga lontano.

I lavori di Brahms per pianoforte comprendono due concerti, tre sonate, diverse serie di variazioni e circa trentacinque pezzi brevi, composti per la maggior parte tra il 1877 e il 1892, intitolati di volta in volta Capriccio, Intermezzo, Rapsodia, Ballata o Romanza. Contrario all'ideale romantico della musica a programma, Brahms evita i titoli descrittivi adottati da Schumann e da Liszt specialmente.

Sul piano della costruzione musicale, restò fondamentalmente fedele a quei modelli e procedimenti compositivi tradizionali (le strutture ternarie, il regolare ordinamento del periodo musicale, la variazione di nuclei motivici elementari) consacrati dal classicismo viennese. La scrittura pianistica è meno orientata agli effetti virtuosistici perché i suoi modelli sono Beethoven e Schumann. La tendenza è all'ispessimento della sonorità, di respiro sinfonico orchestrale, derivante da un frequente raddoppio della linea melodica in ottave, terze o seste, e dalla preferenza data ai registri centrale e basso del pianoforte.

Il virtuosismo strumentale di Paganini e Liszt

Uno dei connotati più vistosi del romanticismo musicale fu certamente l'abbagliante esplosione del virtuosismo strumentale, ora portato a trascendere, soprattutto nella musica pianistica, la pura esibizione di abilità e destrezza manuale, fino a fargli raggiungere livelli di valore assoluto – una tendenza questa che aveva avuto importanti antecedenti nella musica del secondo Settecento e poi in Beethoven specialmente – e mettersi al servizio della "nuova poetica" (come la chiamava Schumann; vedi sopra). La fioritura del virtuosismo nel XIX secolo determinò quasi l'esaurimento della figura del compositore interprete delle proprie creazioni. È vero che Chopin, Liszt e Paganini sono ancora esecutori delle proprie opere, ma è pur vero che già in quel tempo ha inizio il processo di scissione pressoché definitiva tra le due funzioni: da una parte il compositore – vale ricordare che Schumann, Liszt e financo Beethoven abbandonarono la professione di virtuoso esecutore per dedicarsi esclusivamente all'attività di compositore – dall'altra l'esecutore che si nutre sempre meno del retaggio dell'improvvisazione, e che si muta in "interprete" di opere altrui. Si affermò a poco a poco un tipo di esibizione virtuosistica sostenuta da un solo interprete – talvolta con accompagnamento – che esegue perlopiù musiche di altri autori – anche appartenenti al recente passato – al posto di un intrattenimento musicale svolto da complessi eterogenei (vocali, da camera e sinfonici; vedi sopra). Questo tipo di esibizione pubblica si definisce col termine inglese *recital* e fu impiegato per la prima volta – sembra – a Londra, alle Hanover Square Rooms, nel 1840, in occasione di un concerto di Liszt.

A far evolvere la tecnica virtuosistica assegnandole una sostanza espressiva e una qualità musicale che le era mancata in passato fu, sopra tutti i grandi virtuosi strumentisti, il violinista Niccolò Paganini (1782-1840). Egli possedeva una tecnica prodigiosa, probabilmente mai eguagliata in precedenza. Aveva inoltre un impareggiabile carisma, una specie di dono ipnotico elettrizzante che mandava in visibilio il pubblico delle platee delle grandi città. In lui i romantici vedevano oggettivata la facoltà creativa del genio artistico – rappresentava l'incarnazione del musicista autentico. Nato a Genova e praticamente autodidatta nel violino, Paganini condusse un'esistenza in ogni senso disordinata – ma la sua biografia offre ancora lati oscuri e sfuggenti. Nel 1809 iniziò la sua carriera di concertista itinerante e tra il 1828 e il 1834 fece un memorabile giro artistico che lo portò in quasi tutte le principali nazioni europee, sempre acclamato specialmente per il suo eccezionale talento improvvisativo. Gli elementi fondamentali della sua tecnica Paganini li attinse dalla lunga e gloriosa tradizione del violinismo virtuosistico, affermatosi in Italia sin dal Seicento e portato a livelli di solida perizia tecnica in modo particolare da Antonio Locatelli (cfr. il vol. II, Cap. 17) e Giuseppe Tartini (cfr. il vol. II, Cap. 20). I ventiquattro *Capricci* Op. 1 per violino solo, composti intorno al 1805 e pubblicati dall'editore milanese Giovanni Ricordi nel 1820, è l'opera scritta da Paganini – con la semplice e significativa dedica *alli Artisti* (cioè i virtuosi di professione e di alto livello) – per mettere il violinista in grado di sfruttare le risorse dello strumento in modo capillare, attraverso un ampio spettro di tecniche esecutive del tutto fuori dal comune. Ognuno dei *Capricci* presenta con concisione un singolo problema non solo di carattere puramente virtuosistico ma anche tecnico-espressivo che riguarda la diteggiatura, la combinazione di arco e pizzicato con la mano sinistra (vedi il *Capriccio* n. 24, Variazione IX; cfr. l'Esempio 9a); colpi d'arco d'ogni specie (vedi l'effetto del "picchettato volante" – con l'arco che si solleva dopo ogni suono eseguito "in su" – nel *Capriccio* n. 24, Variazione I); lo sfruttamento delle risorse timbriche delle singole corde, ecc. Molto famoso nell'Ottocento fu il tema (Esempio 8) in LA min., che sta alla base delle dodici Variazioni del *Capriccio* n. 24:

TEMA

ESEMPIO 8

Tra i compositori che scrissero studi, variazioni o rapsodie su questa melodia figurano Schumann, Liszt, Brahms e S. Rachmaninov. Molto celebre fu anche il tema, denominato *La campanella*, del rondò finale del *Secondo concerto* per violino e orchestra in SI min., Op. 7, del 1826.

Quando sentì suonare Paganini a Parigi nel marzo del 1831, Liszt fu preso da un impellente desiderio di emularlo. Il virtuosismo violinistico trascendentale del musicista genovese gli fornì il modello di un'abbagliante tecnica pianistica di cui i suoi contemporanei, come Kalkbrenner, Moscheles o Thalberg, non avevano la più pallida idea. Tra il 1826 e il 1849 – nel 1848 si ritirò dall'itinerante attività concertistica – Liszt pubblicò quasi tre dozzine di studi, che esercitarono un'influenza preponderante sulla musica romantica in generale e su quella pianistica in particolare. Sono composizioni che mirano a sviluppare oltre ogni limite fino allora toccato le possibilità tecniche del pianoforte, soprattutto in merito all'accrescimento della sonorità: è l'ideale del pianoforte-orchestra già presente a Clementi e Beethoven specialmente, che si ritrova nelle rapide successioni di ottave e di accordi a piene mani, nell'impiego, con rapidi trasferimenti dall'uno all'altro, di tutti i registri, dall'estremo acuto all'estremo grave. L'impostazione orchestrale di base che caratterizza questi lavori appare chiaramente in *Mazeppa* (1840), uno dei brani più conosciuti – inserito poi nella raccolta *Études d'exécution transcendante* ("Studi trascendentali") del 1852 – per il quale, nella parte iniziale, sono necessari tre pentagrammi. Un effetto "orchestrale" simile si ritrova nei salti sovrumani a grandi intervalli, dominabili da pochissimi esecutori, presenti nella trascrizione fatta da Liszt del tema in LA min. di Paganini (ESEMPIO 8) compresa nella raccolta che

117

porta il titolo *Études d'exécution transcendante d'après Paganini*, una trascrizione di sei *Capricci*. L'ESEMPIO 9 mostra a) la Variazione IX dell'originale violinistico paganiniano (*Capriccio* n. 24) e b) la trascrizione di Liszt nella prima versione (1838) della raccolta (la revisione del 1851, più comunemente nota, è sensibilmente più facile e semplice):

ESEMPIO 9

Significativo è l'attributo "trascendentali" col quale Liszt definì le due principali sue raccolte di Studi: solo il virtuoso che fosse in grado di trascendere i limiti del meccanismo tecnico e piegare la materia sonora alle esigenze della più profonda e fantasiosa espressività avrebbe potuto rendere giustizia alla sua musica.

A parte le varie raccolte di Studi, la produzione di Liszt comprende un ampio numero di composizioni per pianoforte solo, la maggior parte delle quali impegnano l'esecutore nel virtuosismo più puro, richiedendo a volte una capacità di resistenza quasi sovrumana. Pagine di brillante virtuosismo fuori dal comune si trovano nei pezzi pianistici (una trentina, composti tra il 1837 e il 1877) compresi nelle tre raccolte delle *Années de pèlerinage* ("Anni di pellegrinaggio"). Sono versioni musicali di quelle sensazioni vissute dal compositore durante i suoi soggiorni in Svizzera e in Italia. Spesso la sua fonte di ispirazione è legata a un soggetto pittorico (lo *Sposalizio della Vergine* di Raffaello per il primo pezzo della seconda "annata"), letterario (tre sonetti del Petrarca, sempre nella seconda raccolta) oppure alle suggestioni del paesaggio svizzero (vedi *Les cloches de Genève* della prima raccolta) mantenendo però l'aspetto programmatico solamente da un punto di vista evocativo. Scegliendo come soggetti opere pittoriche e letterarie o paesaggi intrisi di reminiscenze letterarie, Liszt puntò ambiziosamente a convertire il virtuosismo strumentale da semplice veicolo di esibizionismo in materia di alto valore estetico. La musica si innalzò così ad un livello che giustificava l'epiteto "poetico", quello che serviva a Schumann (vedi sopra) per distinguere l'arte in senso assoluto dalla non-arte (ossia tutto ciò che è meccanico e comune). Il pensiero estetico che regge l'opera di Liszt si trova nella prefazione, da lui scritta, alla prima edizione parigina (1841) delle *Années de pèlerinage*:

> Avendo conosciuto in questi ultimi tempi molti paesi nuovi, molti siti diversi, molti luoghi resi sacri dalla storia e dalla poesia; avendo avvertito che i vari aspetti della natura e le scene che vi si connettono non passavano dinanzi ai miei occhi come immagini vane, ma rimovevano nella mia anima emozioni profonde; che si stabiliva tra quelle immagini e me una relazione vaga ma immediata, una corrispondenza indefinibile ma reale, una comunicazione inesplicabile ma certa, ho tentato di rendere in musica alcune tra le più forti di queste sensazioni, tra le più vive di queste percezioni [...]. Nella misura in cui la musica strumentale progredisce, si sviluppa, si affranca, essa tende a impregnarsi di quella idealità che ha segnato il momento più perfetto delle arti plastiche, a divenire, da semplice combinazione di suoni, linguaggio poetico più idoneo forse della poesia stessa ad esprimere tutto ciò che in noi varca i confini della consuetudine, tutto ciò che sfugge all'analisi, tutto ciò che può ricondursi a recessi non scandagliabili, a desideri inestinguibili,

a presentimenti infiniti. È in questa convinzione e in questo stato d'animo che ho intrapreso l'opera oggi pubblicata, rivolgendomi ad alcuni più che alla folla; ambendo non al successo bensì al consenso dei pochi che all'arte assegnano altro fine che quello di svagare le ore vacanti, e chiedono ad essa altra cosa che la futile distrazione d'un trastullo passeggero.

Il principio base delle *Années de pèlerinage* – un monumento tra i più cospicui, immaginosi e originali della letteratura romantica per lo strumento – è senza dubbio suggerito dall'epigrafe scelta da Liszt per una delle sue pagine, *Les cloches de Genève*:

I live not in myself, but I become
Portion of that around me
(G. Byron, *Childe Harold*)

(Io non vivo in me stesso, ma divengo / parte di ciò che mi circonda.)

Il *Lied* per voce sola e pianoforte

Il *Lied* ("canzone") per voce sola e pianoforte occupa un posto rilevante nel romanticismo tedesco perché soddisfaceva l'esigenza di un'espressione più personale, intima e soggettiva, realizzata mediante una profonda compenetrazione tra testo poetico e musica. Dal punto di vista del testo, la forma tipica del *Lied* è la suddivisione in più strofe di struttura perlopiù identica, nel numero e nella metrica dei versi. Molti *Lieder* d'arte di tipo popolaresco (*Volkslieder*) erano di moda già nel XVIII secolo, scritti da alcuni letterati con il dichiarato proposito di scoprire e valorizzare i caratteri originali e peculiari delle tradizioni nazionali.

Un genere di poesia polistrofica strettamente affine al *Lied* fu la "ballata", molto coltivata in Germania durante gli ultimi decenni del Settecento, soprattutto da Goethe e Schiller, su imitazione della *ballad* inglese di antica tradizione. È un genere poetico lirico-narrativo, di tono e contenuti spesso ispirati a leggende della mitologia nordica e a storie fantasiose. Uno dei primi poeti a fissare la forma della ballata tedesca fu Gottfried August Bürger (1747-1794), la cui *Lenore* (Göttingen 1774), una lirica d'amore e di morte percorsa da una cupa tragicità, fu molto spesso messa in musica.

Dal punto di vista musicale il *Lied* è tipicamente costituito da una linea melodica di marcata cantabilità, che di regola aderisce strettamente allo schema metrico (molto regolare) del testo poetico, di cui rispecchia il contenuto emotivo-espressivo. Quanto alla forma musicale, si distinguono due tipi di *Lied*: 1) il *Lied* strofico (costituisce la struttura fondamentale del *Lied* pre-romantico) con un'unica melodia per le varie strofe (la melodia può essere lievemente modificata secondo i valori espressivi delle singole strofe) o talvolta con due melodie cantate nello schema alternato *ababa* (cinque strofe) oppure *abba* (quattro strofe), ecc.; e 2) il *Lied* non strofico del tipo detto *durchkomponiert*, di forma aperta, nel quale cioè la musica segue via via il testo da cima a fondo, senza riprese, ritornelli, ripetizioni. Tale struttura segue il senso della poesia in maniera più diretta che non quella strofica, dal momento che si attiene, anche nei minimi particolari, al decorso logico e lirico del testo.

I principali compositori di *Lieder* e di ballate per voce sola e pianoforte del tardo Settecento predilessero decisamente la forma strofica. Fra gli altri ne composero molti Johann Friedrich Reichardt (1752-1814) e Carl Friedrich Zelter (1758-1832), gravitanti attorno alla corte di Federico II a Berlino e amici di Goethe (Zelter tenne con il grande poeta una corrispondenza per oltre trent'anni); Johann Rudolf Zumsteeg (1760-1802), attivo a Stoccarda e autore della ballata *Lenore* (1798) di Bürger che ebbe ampia circolazione in Germania. Uno dei tratti stilistici che caratterizzano il *Lied* di quest'epoca è la semplicità della linea melodica, articolata in frasi perfettamente bilanciate e fondata su una vocalità di tipo strettamente sillabico, con poche ripetizioni di parole e pochissimi melismi; la parte pianistica svolge la neutrale funzione di sostegno e di semplice accompagnamento della voce – soltanto verso l'inizio del XIX secolo il pianoforte contribuirà a illustrare il significato della poesia e a intessere un dialogo con la parte vocale.

A Vienna il *Lied* fu introdotto intorno al 1780 da Josef Antonín Štěpán (1726-1797) in concordanza con la politica culturale germanizzante di Giuseppe II (cfr. il vol. II, Cap. 22). Nell'opera di Haydn e di Mozart non occupa tuttavia un posto importante, anche se Mozart scrisse alcuni capolavori del genere, come *Das Veilchen* ("La violetta"), K. 476, del 1785, su testo di Goethe. Un certo rilievo ha invece la produzione liederistica di Beethoven, che aprì la via alla splendida fioritura del *Lied* tedesco del XIX secolo. Alcuni suoi *Lieder*, quasi tutti in semplice forma strofica, risalgono al periodo di Bonn. È particolarmente commovente *Klage* ("Lamento"), WoO 133, che presenta sezioni contrastanti in maggiore e minore nonché tocchi di cromatismo. Tra il 1793 e il 1816 Beethoven compose più di cinquanta *Lieder*, su molti dei quali pervade il tema dell'anelito verso l'irraggiungibile (cinque *Lieder*, su poesie di Goethe, WoO 134 e Op. 83, n. 2, del 1807-1810, sono significativamente intitolati *Sehnsucht*). Il desiderio amoroso e nostalgico è il soggetto del grandioso ciclo (sei Lieder) An die ferne Geliebte ("All'amata lontana"), Op. 98, composto nel 1816 su un testo di argomento pastorale del giovane medico poeta Alois Jeitteles (1794-1858). La particolare importanza musicale di An die ferne Geliebte risiede nell'essere stato il primo ciclo liederistico che mantiene strettamente intrecciate l'una all'altra le sei canzoni, mediante l'uso di interludi pianistici modulanti (le canzoni non possono quindi essere cantate separatamente), fungendo da punto di avvio per i cicli di Schumann (vedi più avanti) e di molti altri autori romantici.

Con oltre seicento pezzi composti tra il 1814 e il 1828, il Lied sta al centro della produzione musicale di Schubert. Per la qualità inconfondibile dello stile, l'originalità dell'invenzione melodica piegata sapientemente alle esigenze della poesia, sia dal punto di vista concettuale che prosodico, è lecito vedere in queste composizioni la nascita del Lied romantico. È un tipo di Lied "più artistico e profondo, un tipo di Lied di cui i compositori precedenti non potevano sapere nulla, in quanto era il nuovo spirito poetico che si rispecchiava nella musica". Così scrive Schumann dei Lieder di Schubert in una recensione di un gruppo di Lieder di vari autori apparsa nel 1843 sulla Neue Zeitschrift für Musik. Per cogliere il senso più profondo della poesia grande cura è riservata, nei Lieder romantici, all'accompagnamento pianistico. "Per eseguirli – puntualizza significativamente Schumann nella stessa recensione – è necessario che essi siano perfettamente compresi tanto dal cantante quanto dal pianista: quest'ultimo non deve infatti coprire l'altro con il complesso intreccio polifonico della propria parte, mentre il primo dev'essere in grado di dipanare con la massima naturalezza il filo dorato della melodia". Come mai era avvenuto prima di allora, gli accompagnamenti di pianoforte nei Lieder di Schubert spesso svolgono la funzione di suggerire qualche immagine pittorica del testo, in modo da intensificare lo stato d'animo della canzone. Vedi, per esempio, i quattro lunghi accordi cupi che ricorrono insistentemente sotto una parte vocale declamatoria in Der Doppelgänger ("Il sosia") – compreso nella raccolta pubblicata postuma nel 1829 dal titolo Schwanengesang ("Canto del cigno", D. 957) – che servono a rendere magistralmente il senso di malinconia e di solitudine che si prova camminando nell'oscurità della notte. In Die Taubenpost ("La posta della colomba viaggiatrice"), l'ultimo dei Lieder schubertiani compreso nello Schwanengesang, l'accompagnamento sincopato, vibrante, rappresenta i battiti del cuore di un innamorato. Al pianoforte spetta anche determinare il colore armonico del pezzo. L'armonia, talvolta arditissima, riflette ogni sfumatura del testo. Una delle caratteristiche dell'armonia di Schubert è l'uso di digressioni cromatiche all'interno di un contesto armonico prevalentemente diatonico, come per esempio in *Am Meer* ("In riva al mare") compreso nel *Schwanengesang*.

Per i suoi testi Schubert fece ricorso alle opere dei principali esponenti della lirica tedesca del suo tempo, in particolare Goethe (circa sessantacinque intonazioni) e Schiller (circa quaranta intonazioni). Schubert fu inoltre tra i primi compositori che subirono il fascino della poesia di Heinrich Heine (1797-1856), considerato il massimo poeta romantico tedesco dopo Goethe e autore di liriche di straordinaria lievità e levigatezza formale. Sono di Heine sei (i n. 8-13) dei quattordici *Lieder* compresi nella raccolta *Schwanengesang*.

Nel 1814 e 1815 il giovane Schubert compose due dei primi e tra i migliori suoi *Lieder* su poesie di Goethe, che divennero presto molto noti fra i suoi amici e poi grandemente ammirati dai posteri: *Gretchen am Spinnrad* ("Gretchen all'arcolaio", D. 118), la canzone in dieci strofe inserita nel *Faust*, Parte I – la fanciulla esprime, mentre fila all'arcolaio, la passione, l'ardore, la nostalgia, il desiderio amoroso per Faust, appena incontrato – e la ballata drammatica *Erlkönig* ("Il re degli Elfi", D. 328: narra di un padre che cavalca attraverso la notte e la tempesta con il figlio moribondo tra le braccia, mentre il re degli Elfi invita il fanciullo nel suo regno). In *Gretchen am Spinnrad* il canto si snoda, con perfetta aderenza al testo, su un movimento ostinato del pianoforte – suggerisce il dolce ronzio sempre eguale dell'arcolaio ma anche l'agitazione interna di Gretchen – interrotto in un solo momento al ricordo del bacio di Faust (*ach, sein Kuss!*). In *Erlkönig*, un *Lied* (come *Gretchen*) *durchkomponiert*, i tre personaggi del dramma sono contraddistinti da un registro diverso della parte vocale (basso per le parole del padre, medio per il re, acuto per il bambino); le frasi del fanciullo spaventato salgono di un tono ad ogni ripetizione (l'inizio di ciascuna sua frase è sottolineata da un accordo dissonante). Con un movimento ostinato di pesanti ottave in terzine del pianoforte Schubert rappresenta stupendamente il ritmo disperato della cavalcata, l'amore frenetico del padre, il terrore del bambino.

Alcune tra le pagine più elevate di Schubert si trovano nei due grandi cicli di *Lieder*, ciascuno dei quali segue un filo narrativo, ancorché di casi ed eventi tutti interiori: *Die schöne Müllerin* ("La bella mugnaia", D. 795, 1823, venti *Lieder*) e *Winterreise* ("Viaggio d'inverno", D. 911, 1827, ventiquattro *Lieder*). I due cicli furono composti su testi molto suggestivi, perlopiù strofici, del poeta berlinese

Wilhelm Müller (1794-1827), autore dalla vena facile e spontanea. Ambedue i cicli hanno per protagonista un viandante, figura prediletta della cultura romantica tedesca perché metafora del faticoso procedere della vita attraverso intense emozioni e sofferenze. *Die schöne Müllerin* ha come argomento la sfrenata passione di un mugnaio, rivale infelice in amore di un cacciatore. Dilaniato dalla gelosia, matura la decisione di morire, dopo essersi rivolto al mulino, alla mugnaia infedele, alla natura (al ruscello, ai fiori) e ai suoi colori. L'intero ciclo di venti *Lieder* va suddiviso in cinque parti, in quelli che possono essere considerati "cinque atti" di una rappresentazione tutta interiore: Parte I: l'arrivo al mulino (n. 1-4); II: l'innamoramento (5-9); III: l'idillio e i momenti di felicità (10-12); IV: gelosia e separazione (13-17); V: rassegnazione e morte del giovane mugnaio (18-20). La "trama" della *Winterreise* si svolge nel cuore dell'amante abbandonato, il quale, intristito al pensiero della passata felicità, vaga nella tempesta in un paesaggio battuto dal vento, dalla neve, ricoperto di ghiaccio.

Tra i compositori tedeschi che, dopo Schubert, coltivarono il *Lied* solistico vanno ricordati Peter Cornelius (1824-1874) e Robert Franz (1815-1892), uno dei più significativi rappresentanti romantici di questo genere. Ma il più importante successore di Schubert in questo campo fu senza dubbio Schumann. Dopo aver coltivato il pianoforte con ventitre opere pubblicate, la sua produzione liederistica inizia e si esaurisce quasi completamente nel 1840, l'anno del suo matrimonio con Clara Wieck: ne compose più di 130 distribuiti in una ventina di cicli lunghi e brevi. Nel ciclo *Frauenliebe und -leben* ("Amore e vita di donna"), Op. 42 (otto *Lieder*), musicò testi di Adalbert von Chamisso (1781-1838), che sono liriche del più delicato e trepido pudore amoroso. Il genio di Schumann come compositore di *Lieder* è espresso in miglior modo nel ciclo *Dichterliebe* ("Amore di poeta"), Op. 48 (sedici *Lieder*), su poesie tolte dal *Buch der Lieder* ("Libro di *Lieder*", 1827) di Heine. Sono poesie che hanno per tema l'amore irrequieto che inizia a primavera tra canto, fiori, sogni e lacrime, per essere interrotto subito poi dalla cruda realtà e svanire nel nulla; nell'ultimo *Lied* (n. 16) il poeta decide di seppellire tutti i propri sogni, assieme al canto, in un feretro, da gettare nel mare più profondo. A differenza di Schubert che predilige le forme strofiche, nella *Dichterliebe* Schumann si attiene principalmente alla struttura *durchkomponiert*: soltanto due brani della raccolta sono composti nella forma strofica (i *Lieder* n. 1 e 9). Carattere saliente dei *Lieder* di questo ciclo è l'alto interesse musicale della parte d'accompagnamento, che assume una funzione in molti casi predominante, trasformandosi spesso in parte principale (vedi il primo *Lied*). Sono da notare inoltre gli interludi e i postludi, talvolta molto estesi, affidati al solo pianoforte (che è messo così in un piano di parità con la voce) a conclusione di nove *Lieder* (i n. 5, 6, 8, 9, 10, 11, 12, 15 e 16) della raccolta. Gli interventi autonomi e gli accompagnamenti del pianoforte contribuiscono decisamente, assieme a certe sottili sfumature armoniche (spesso arditamente sospensive della tonalità; vedi il primo *Lied*), a determinare inequivocabilmente l'atmosfera sorprendentemente suggestiva di ciascuna canzone. Da Schubert, Schumann deriva il carattere prevalentemente declamatorio della linea vocale, con poche ripetizioni di parole e con grande attenzione a sottolineare fedelmente gli accenti metrici della poesia.

Il genere liederistico occupò un posto rilevante nell'attività di quasi tutti i compositori tedeschi della seconda metà dell'Ottocento. In quest'epoca si distinsero in particolare nella composizione di *Lieder* per voce e pianoforte J. Brahms e Hugo Wolf (1863-1903); la produzione di quest'ultimo è, anzi, quasi totalmente imperniata sul *Lied* cameristico.

Brahms compose circa 200 *Lieder* distribuiti nell'arco di tutta la sua carriera artistica, dai *Sechs Gesänge* ("Sei canti") Op. 3, del 1853, fino ai *Vier ernste Gesänge* ("Quattro canti seri"), Op. 121 (1896), scritti su testi biblici aventi per argomento riflessioni sulla morte. In genere, il compositore amburghese dimostrò scarso interesse per il ciclo liederistico; tra i principali contributi suoi in questa direzione spiccano i quindici brani della raccolta *Die schöne Magelone* ("La bella Magelone"), Op. 33 (1861-1869), su testi di Ludwig Tieck (1773-1853). In questi *Lieder* al pianoforte è assegnata una funzione di accompagnanento alla linea vocale, senza preludi o postludi che avevano caratterizzato le canzoni di Schumann. Spesso la parte vocale, talvolta tratta o modellata sul canto popolare, ha un carattere lirico espressivo, mentre il pianoforte usa figurazioni arpeggiate in estensione molto ampia. Brahms ha inoltre prediletto il *Lied* strofico al posto di quello *durchkomponiert*, forse in ragione del suo grande interesse durante tutta la vita per il *Volkslied*; nel 1894 pubblicò un suo arrangiamento di 49 *Deutsche Volkslieder* ("49 Canti popolari tedeschi"). È un approcio al *Lied* essenzialmente opposto a quello del suo più giovane contemporaneo, l'austriaco H. Wolf.

Con i suoi circa 300 *Lieder*, composti per la maggior parte nell'arco di pochi anni (1888-1897), Wolf è da considerare il principale protagonista di questo genere di composizioni nel secondo Ottocento. Egli visse quasi sempre a Vienna e dal 1875 al 1877 – quando fu espulso per motivi disciplinari – studiò al locale Conservatorio.

Trascorse gran parte della sua vita in precarie condizioni economiche, dando lezioni private ed esercitando, dal 1884 al 1887, la critica musicale sul settimanale *Wiener Salonblatt*, dove lodò con entusiasmo la musica di Wagner e di Bruckner, ma attaccò con implacabile franchezza quella di Brahms e di Dvořák. Nel 1892 si manifestarono in lui i primi sintomi di una malattia mentale e finì gli ultimi cinque anni della sua vita internato in un manicomio.

Wolf componeva solo se ispirato da un testo poetico molto raffinato, di alto valore letterario, e prima di scrivere la musica soleva declamare ripetutamente la poesia ad alta voce per rendere percettibili le inflessioni più sottili delle singole parole; egli leggeva inoltre le poesie davanti al pubblico prima di eseguire i suoi *Lieder*. La grande sensibilità letteraria di Wolf si rivela nelle scelte poetiche dei cinque principali cicli di *Lieder* pubblicati, ognuno dedicato ad un singolo poeta o ad un gruppo di poeti: 53 canzoni pubblicate nel 1889 su testi di Eduard Mörike (1804-1875), uno dei poeti più sottili e complessi del romanticismo tedesco; 20 (1889) di Joseph Carl Eichendorff (1788-1857); 51 (1890) di Goethe; 44 dello *Spanisches Liederbuch* ("Canzoniere spagnolo", 1891) e 46 dell'*Italienisches Liederbuch* ("Canzoniere italiano", 1892, 1896), basati su poesie popolari spagnole e italiane tradotte in tedesco.

Wolf usa quasi mai una struttura strofica e mai adottò un tipo di melodia tratta dal canto popolare. Egli impiega una libera declamazione nella parte vocale, caratterizzata da una plasticità estrema, simile al tono della lingua parlata e sempre attentissima a sottolineare con precisione i più sottili particolari – come gli accenti, le sillabe lunghe o brevi, i significati psicologici ed espressivi – delle singole parole. È un linguaggio melodico di grande originalità (vedi l'ESEMPIO 10), che Wolf ha indubbiamente derivato da Wagner, per il quale nutriva una sconfinata ammirazione. Al pianoforte è assegnato un ruolo che va ben al di là del mero accompagnamento, passando in molti casi all'egemonia assoluta, come nell'*Anacreons Grab* ("Tomba di Anacreonte"), n. 29 del ciclo su poesie di Goethe. La scrittura dell'accompagnamento contribuisce in modo essenziale al clima espressivo del *Lied*: è ricca e complessa, spesso cromatica, con modulazioni improvvise anche a tonalità distanti, per mettere in evidenza ogni fluttuazione del pensiero del poeta. Molto frequente nell'accompagnamento è l'uso persistente di una figura di ostinato di una battuta, come si può vedere (ESEMPIO 10) nel *Lied Und willst du deinen Liebsten*, dall'*Italienisches Liederbuch*, n. 17:

Und willst du dei- nem Lieb-sten ster- ben se- hen, so tra- ge nicht dein Haar ge- lockt, du

(E dovresti vedere morire il tuo innamorato, per non arricciarti i capelli.)

ESEMPIO 10

Il logico sviluppo della declamazione vocale adottata da Wolf sarà la *Sprechstimme* ("voce parlata"), usata da A. Schönberg (vedi il vol. IV, Cap. 31) alle soglie del XX secolo.

La musica da camera

Dopo Beethoven, i compositori dell'epoca romantica hanno fatto scivolare in una posizione marginale la musica strumentale da camera, un tempo genere centrale del classicismo viennese. Anche se qua e là nacquero singole opere di grande valore, le forme della Sonata per singolo strumento e pianoforte, del Trio, del Quartetto e del Quintetto d'archi, e di altri complessi cameristici, erano ritenute le meno congeniali, per molti compositori, alla sperimentazione delle più innovative tecniche compositive, quelle cioè adottate nel teatro musicale, nel poema sinfonico, nelle piccole forme del *Lied* per voce e pianoforte e di un particolare filone del repertorio pianistico, il pezzo caratteristico. Per compositori come Berlioz, Liszt e Wagner addirittura non esisteva la musica da camera poiché ritenevano che i campi più elevati dell'espressione musicale fossero i generi "monumentali" dell'opera e della sinfonia. La musica cameristica era invece un tipo di musica che aveva più affinità con la tradizione – mantenendo, per esempio, la classica suddivisione in quattro movimenti distinti – anche perché veniva spesso eseguita in concerti privati, di semplice intrattenimento domestico, la cosiddetta *Hausmusik* ("musica domestica").

E infatti la produzione di nuovi quartetti per archi a stampa declinò vistosamente dal 1820 circa.

I primi complessi strumentali quartettistici itineranti di Schuppanzig, dei fratelli Müller (1831-1855) continuato dai quattro fratelli Junior (1855-1873) misero in repertorio prevalentemente i capolavori del passato, ossia le opere di Haydn, Mozart e Beethoven.

Gli esempi d'oltralpe furono seguiti in alcune città d'Italia, ma solo dopo la metà del secolo: in primo luogo a Firenze da Abramo Basevi (1818-1885), il quale fondò (1861) una "Società del Quartetto" che aveva tra i suoi compiti l'esecuzione dei capolavori del repertorio cameristico tedesco, i quartetti d'archi di Beethoven in particolare. A Milano, nel 1864, iniziò la sua attività una "Società del Quartetto" – ancora esistente – di cui facevano parte A. Boito, Tito Ricordi e il compositore Antonio Bazzini (1818-1897), direttore del Conservatorio di Milano dal 1882. A Napoli fu fondata, nel 1878, una "Società del Quartetto", soprattutto su iniziativa di Giuseppe Martucci (1856-1909).

I più grandi capolavori della musica cameristica romantica furono scritti da quei compositori, come Schubert e Brahms oltre che – a un grado inferiore – come Mendelssohn e Schumann, i quali avevano più affinità con lo stile compositivo della tradizione classica.

In particolare la musica da camera di Schubert copre quasi interamente la sua parabola creativa. I suoi quindici Quartetti per archi, due Trii e un Quintetto per archi sono modellati su quelli di Haydn, Mozart e Beethoven. Il Quartetto in RE min., D. 810 (1824), intitolato Der Tod und das Mädchen ("La morte e la fanciulla") si pone senza dubbio tra i principali lavori cameristici del compositore viennese, soprattutto per l'ampiezza insolita e il singolare carattere fortemente lirico-cantabile su cui costruisce quasi essenzialmente il discorso musicale. Vedi, nel primo movimento in forma-sonata, permeato da un clima di grande tragicità, il tema intensamente espressivo del secondo gruppo tematico (batt. 62) esposto in terze sopra un accompagnamento di terzine della viola. Il secondo movimento, un "Andante con moto", è costruito intorno ad una serie di cinque variazioni su un motivo che funge da introduzione al Lied dello stesso Schubert Der Tod und das Mädchen (D. 531) del 1817. La limitatissima estensione, il ritmo ostinatamente datillico (una nota lunga e due brevi), il timbro scuro dello strumentale danno al tema una cupa sonorità e un carattere profondamente serio. Questa scelta è senza dubbio legata al contenuto poetico del Lied, un dialogo in cui la morte estende il suo macabro invito ad una riluttante fanciulla. Sul tema di un altro Lied del 1817, Die Forelle ("La trota", D. 550),

Schubert aveva basato il quarto movimento – in forma di tema con cinque variazioni – del delizioso *Forellenquintett* ("Quintetto della trota") per pianoforte e archi in LA magg., D. 667, del 1819.

La musica da camera acquista un certo rilievo nella produzione di F. Mendelssohn. Quella pubblicata comprende, tra l'altro, sei Quartetti, due Quintetti e il famoso Ottetto per archi; un Sestetto per pianoforte e archi; due Trii per pianoforte e archi; alcune Sonate per singolo strumento e pianoforte. Questi lavori furono per la maggior parte composti per essere eseguiti durante i concerti privati – le "Domeniche musicali" – che si tenevano nella dimora berlinese dei Mendelssohn frequentata da Hegel, dai fratelli von Schlegel, dal giovane Heine, dal teorico A.B. Marx. Era un ambiente in cui dominava un forte interesse per il passato, e infatti nella produzione cameristica di Mendelssohn la tradizione dei generi musicali svolge un ruolo importante, con inconfondibili richiami alla sapienza tecnica di J.S. Bach e al sonatismo di Beethoven. Nel comporre il *Quartetto* in LA min., Op. 13 (1827), è probabile che il giovane compositore amburghese avesse conosciuto il *Quartetto* in LA min., Op. 132, di Beethoven, scritto soltanto due anni prima; vedi la somiglianza del tema principale dei primi movimenti in entrambi questi lavori. L'"Andante non lento" dell'Op.13 è dominato da una fuga cromatica e da una varietà di procedimenti contrappuntistici. Con i tre *Quartetti* Op. 44, appartenenti agli anni (1837-1838) della sua maturità artistica, Mendelssohn riprende le forme della tradizione classica, raggiungendo il culmine delle proprie capacità espressive. Sono lavori caratterizzati da regolarità dei periodi e della struttura formale, che tanta parte hanno nella sua musica.

Soltanto a partire dal 1842, a trentadue anni, Schumann decise di rivolgere seriamente la sua attenzione alla musica da camera. Fino a quell'anno si era dedicato quasi esclusivamente alla musica per pianoforte solo o che affidava – come nei *Lieder* del 1840 – una parte attiva a quello strumento. Inoltre, il pianoforte è presente in tutti i lavori cameristici di Schumann che seguirono i tre *Quartetti* d'archi Op. 41, composti nell'estate del 1842 a seguito di uno studio intensivo dei quartetti di Haydn, Mozart e Beethoven. Entro la fine dello stesso anno portò a termine due composizioni per pianoforte e archi: il *Quintetto* in MIb magg., Op. 44, e il *Quartetto* in MIb magg., Op. 47. Capolavoro della musica da camera romantica e uno dei lavori di Schumann più frequentemente eseguiti è il *Quintetto* Op. 44, dal quale avrebbero tratto ispirazione brani analoghi di Brahms, Dvořák, Franck, Fauré. Perfetta è l'integrazione tra il pianoforte e gli archi, trattati con sonorità dense, tipiche della scrittura orchestrale.

Di grande concentrazione espressiva – anche dovuta a un audace impiego delle dissonanze – è il secondo movimento, una marcia funebre, cui s'alternano un episodio lirico cantabile e un episodio agitato e nervoso. Il pianoforte è protagonista pressoché assoluto del terzo movimento, uno "Scherzo" con due Trii. In forma-sonata è il movimento finale, pulsante di energia ritmica e caratterizzato, soprattutto nella Ripresa, da una complessa scrittura contrappuntistica.

Nel secondo Ottocento, la musica da camera acquista una specifica importanza nella produzione di Brahms. In questo campo egli scrisse ventiquattro composizioni che si estendono (1853-1894) lungo tutto l'arco della sua vita artistica. Tra queste emergono per la loro qualità tecnica ed espressiva tre Quartetti e due Sestetti per archi, tre Quartetti e un Quintetto con pianoforte, sette Sonate per singolo strumento e pianoforte. Sono lavori che, nello stile, seguono tendenzialmente i modelli forniti dal classicismo viennese – di Haydn e di Beethoven specialmente – che vengono, però, quasi completamente trasformati, ampliati nelle dimensioni, arricchiti sul piano armonico da frequenti successioni cromatiche. Per esempio, tutti i movimenti iniziali, salvo quello del *Trio* con corno in MI♭ magg., Op. 40, sono strutturati nella forma-sonata, sempre trattata con grande maestria contrappuntistica e invenzione melodica. Caratteristica di Brahms è l'allargamento del secondo gruppo tematico, per comprendere fino a cinque temi distintamente identificabili; vedi il primo movimento del *Quartetto* con pianoforte in SOL min., Op. 25 (1861), che ha cinque temi di questo genere (alle batt. 50, 79, 92, 101, 113). Inoltre, ampiamente sfruttata è la tecnica della elaborazione tematica. Brahms, come Beethoven, ne fa il principio compositivo portante di interi movimenti, non solo delle sezioni di sviluppo. Soprattutto nei capolavori cameristici della maturità, il compositore tedesco si avvale del procedimento della "variazione in divenire" o "variazione in sviluppo" (*entwickelnde Variation*), come lo chiamò A. Schönberg molti anni dopo (cfr. il vol. IV, Cap. 31), considerandolo uno dei tratti distintivi del proprio metodo dodecafonico: alla base di un intero movimento o sezione di esso, sta uno stesso motivo costituito da un materiale molto ristretto, talvolta di un solo intervallo, da sviluppare successivamente. Se ne trovano esempi, in Brahms, nel primo movimento del *Quartetto* Op. 25 e nel movimento iniziale del *Quintetto* con clarinetto in SI min., Op. 115 (1891), uno dei principali capolavori cameristici del XIX secolo, caratterizzato, in tutti i movimenti, da una particolare intensità espressiva.

Il nazionalismo in musica

Come in nessun altro periodo della storia della musica, in epoca romantica la ricerca e l'espressione di un'identità nazionale vennero a svolgere un ruolo determinante nello sviluppo artistico, specialmente di quei Paesi d'Europa che in precedenza avevano gravitato fortemente nell'orbita della cultura musicale italo-franco-tedesca. Questo è vero in particolare per quelle nazioni che non avevano raggiunto l'unità territoriale o che, come nel caso della Russia, aspiravano fortemente a costruire un'identità propria culturale. Alla crescita dei diversi nazionalismi nel XIX secolo influirono segnatamente, assieme alle condizioni reali all'interno di ciascuna nazione, gli eventi della Rivoluzione francese e le guerre napoleoniche; la vittoria sugli eserciti napoleonici, per esempio, aveva consolidato il patriottismo russo e dato forma a quell'idea panslavista di egemonia su tutti i popoli slavi coltivata dagli zar.

In musica, il risveglio della coscienza nazionale si manifestò in una crescente volontà di emancipazione dai modi dell'arte musicale egemone, attraverso una rivalutazione del patrimonio popolare e la valorizzazione dei caratteri peculiari delle diverse tradizioni storico-musicali. Nel teatro d'opera il nazionalismo è evidente nella scelta di argomenti spesso legati a temi nazionali (storico-popolari, epico-leggendari o fantastici). Nella musica strumentale, sinfonica e cameristica, si tende a immettere elementi esotici e folkloristici: motivi popolareschi, spesso autentici, e ritmi di danze popolari; andamenti armonici per accordi paralleli e altri arcaismi armonico-modali, sentiti, però, come deviazioni espressive e pittoresche del sistema maggiore-minore piuttosto che come ripristino dei modi ecclesiastici cinquecenteschi; raffinati ed esuberanti effetti orchestrali che conferiscono alla musica un particolare "colore locale". Si cercava in questo modo di creare uno stile che innalzasse la lingua musicale del Paese – quella del canto popolare – a lingua musicale d'arte, infondendovi elementi nuovi e un autentico "carattere" nazionale. Vale notare, però, che nessuno dei compositori nazionali ruppe inflessibilmente coi maestri che li avevano preceduti: gran parte della letteratura operistica e strumentale si sviluppò sui molti modelli formali e stilistici segnati dalla cultura musicale prevalente d'Italia, Francia e Germania. Nessuno negò valore alle acquisizioni tecniche ed espressive della tradizione occidentale; tutti se ne appropriarono ampiamente, innestandovi gli elementi linguistici maturati attraverso l'osservazione e lo studio delle singole realtà e tradizioni popolari.

Il movimento nazionalista in musica ebbe particolare intensità in Boemia, allora inclusa nell'impero asburgico. È da tenere presente che l'origine della musica nazionale cèca si distingue da quella di altri Paesi dell'Europa centro-orientale per il fatto che i compositori cèchi di rango esistevano, specialmente nel campo della musica strumentale, già un secolo e mezzo prima che esistesse una musica nazionale cèca. Molti di essi emigrarono in altre parti d'Europa e il loro influsso si fece sentire a Vienna, Berlino, Mannheim (cfr. il vol. II, Cap. 22) e Parigi. Ma non si può parlare di uno "stile cèco" fino ad Ottocento inoltrato. Tra i primi compositori che si dedicarono alla valorizzazione della particolare intonazione della melodia cèca nel teatro musicale e nel repertorio sinfonico fu Bedřich Smetana (1824-1884). Nella sua ricca produzione operistica egli portò sulla scena drammi di soggetto storico o mitologico. Tale indirizzo è evidente specialmente nella commedia paesana di sapore realistico *Prodaná nevěsta* ("La sposa venduta", Praga 1866). Vero e proprio documento dello stile nazionale cèco è il ciclo di sei poemi sinfonici intitolato *Má Vlast* ("La mia patria"), composti da Smetana tra il 1874 e il 1879. Sono composizioni ispirate a leggende nazionali, vicende storiche molto remote, paesaggi naturali. La musica presenta un ricco apparato di motivi popolareschi, ritmi di danze paesane, rappresentazioni musicali di scene di battaglia, del corso del fiume nazionale a cui è dedicata la seconda e più famosa composizione del ciclo, *Vltava* ("La Moldava"), 1879. L'altro insigne rappresentante della musica cèca del secondo Ottocento fu Antonín Dvořák (1841-1904), il quale arricchì la sua vasta produzione, specialmente quella più nota di musica strumentale, con elementi tratti dal patrimonio popolare non solo cèco, ma anche di altri popoli slavi (della Slovacchia, Moravia, Ucraina, Russia). Il suo stile tuttavia si modellò essenzialmente sulle opere strumentali dei grandi maestri della tradizione germanica, primo fra tutti Brahms, il quale fu suo sostenitore. Fu grazie all'interessamento di Brahms che vennero pubblicate dall'editore Simrock di Bonn le prime opere (1878) del compositore boemo, la cui fama ben presto oltrepassò i confini nazionali. Se la sua produzione strumentale da camera, gli oratori, le cantate sono di importanza fondamentale per la formazione della musica nazionale cèca, è specialmente nelle nove sinfonie che egli raggiunge il vertice massimo dell'ispirazione. Di esse soltanto le ultime cinque (1875-1893) vennero numerate, mentre le prime quattro (1865-1874) furono pubblicate postume. La più celebre è la *Nona sinfonia* (conosciuta anche come *Quinta sinfonia*) in MI min., Op. 95 (1893), intitolata *Z nového sveta* ("Dal nuovo mondo"). Fu composta durante gli anni (1892-1895) che

Dvořák passò a New York, chiamato a dirigere il Conservatorio Nazionale di Musica. Il soggiorno nordamericano gli permise di conoscere melodie e ritmi del folklore locale (*spirituals* negri e canti di pellerossa). Tale nuovo patrimonio informa la sua produzione di quegli anni, in particolare la sinfonia *Dal nuovo mondo*, oltre il *Quartetto* per archi in FA magg., Op. 96 (1894), detto "L'Americano".

La deliberata ricerca di un'identità culturale trovò ancor più ampia espressione negli altri Paesi dell'Europa orientale. A favorire questa tendenza furono i nuovi e vivaci fermenti artistici e culturali, alimentati dalla rapida evoluzione politica e sociale che pervase la Russia durante la reggenza degli zar Nicola I (dal 1825 al 1855) e Alessandro II (dal 1855 al 1881). Quest'ultimo decretò (1861) l'abolizione della servitù della gleba per quaranta milioni di contadini, avviò una riforma giudiziaria e distrusse l'assetto feudale della vecchia Russia. Dopo il 1820 circa si affermarono nella letteratura e nella poesia gli ideali del romanticismo occidentale. Aleksandr Sergeevič Puškin (1799-1837) fu il primo scrittore ad accettare l'eredità occidentale arricchendola di un forte sentimento nazionale (vedi i suoi racconti d'argomento fantastico e contemporaneo). Nel secondo Ottocento si impose un sostanziale realismo nella narrativa russa, alieno dai toni fantastico-sentimentali e portato ad analizzare con amara profondità e con acuta introspezione i più pungenti problemi sociali. Il realismo letterario raggiunse altissimi livelli di efficacia espressiva con la produzione di Fëdor Michailovič Dostoievskij (1821-1881), Lev Nicolaevič Tolstoj (1829-1910) e Anton Pavlovič Čechov (1860-1904).

Il ruolo di fondatore della musica nazionale russa va assegnato a Michail Ivanovič Glinka (1804-1857), compositore appartenente alla stessa generazione, quella di Puškin, che in letteratura diede vita in Russia al movimento romantico. Dai suoi due melodrammi – *Zizn' za tsarja* ("Una vita per lo zar", San Pietroburgo 1836) e *Ruslan i Ljudmila* ("Ruslan e Ljudmila", San Pietroburgo 1842) – derivano i due principali indirizzi che avrebbero guidato il teatro musicale russo del secondo Ottocento, quello storico-popolare (troverà il suo capolavoro nel *Boris Godunov* di Musorgskij; vedi più avanti) e quello magico-fiabesco, venato di esotismo, che sarà impiegato frequentemente nei balletti, poemi sinfonici e lavori teatrali di molti compositori russi successivi. In realtà, in queste due opere di Glinka restano molto stretti i legami con la tradizione occidentale; palese è l'influsso del bel canto italiano (vedi, per esempio, il quintetto con coro nel finale, n. 26, dell'ultimo atto di *Ruslan*), del *grand opéra* francese e della scrittura sinfonica di derivazione tedesca. D'altro lato,

Glinka è il primo compositore ad attingere largamente dal patrimonio etnico russo e orientale, anche se molto rare sono le citazioni letterali di autentiche melodie popolari. L'uso di materiali folkloristici diversissimi viene ripreso in numerose sue composizioni orchestrali successive. Tra le novità introdotte da Glinka, che saranno un elemento costante della musica russa fino a Stravinskij, figurano:

- L'uso della scala per toni interi (viene a simboleggiare la sfera del demoniaco nella musica russa; per un esempio, vedi la stupenda scena del rapimento di Ljudmila in *Ruslan*, Atto I) e della triade eccedente, accordo fondamentale della scala per toni interi.

- L'ampio ricorso a armonie suggestive (quinte vuote tenute, slittamenti cromatici dall'uno all'altro accordo, ecc.) e a giri armonici molto arditi per l'uso di seconde e di none successive non risolte.

- L'uso di melodie in cui spiccano seconde e quarte eccedenti, terza maggiore-minore alternata, settima diminuita.

- La predilezione per i disegni ritmici ostinati.

- L'impiego di tecniche di "sfondo variato", in cui la stessa melodia viene ripetuta tale e quale, ma con accompagnamenti armonici e orchestrali sempre diversi (vedi la *Ouverture sinfonica* "su due temi russi" del 1834 e il coro di Persiani che apre l'Atto III di *Ruslan*).

- L'enfasi data al timbro orchestrale raffinato e brillante, tanto che si può parlare di un virtuosismo della tecnica orchestrale specificamente russo, in parte autonomo da Berlioz e da Wagner.

In quanto compositore che si formò fuori dalle istituzioni scolastiche (curò la propria formazione musicale presso maestri privati) e che esercitò l'attività musicale non per professione (visse della rendita familiare che gli permise di compiere lunghi viaggi all'estero) Glinka inaugura la tradizione del "dilettantismo", ch'è un tratto che accomuna quasi tutti gli esponenti del nazionalismo musicale russo. Vale notare, tuttavia, che si tratta di un dilettantismo in senso "antiaccademico", che non ha nulla a che fare con una supposta imperizia tecnica della composizione, talora addebitata a quei musicisti.

Dopo Glinka, il nazionalismo musicale fu professato in Russia da un gruppo di giovani compositori slavofili, noti come il "Gruppo dei Cinque", che negli anni '50-'60 si riunirono a San Pietroburgo intorno a Milij Alekseevič Balakirev (1837-1910). I componenti, oltre a Balakirev – l'animatore del gruppo – furono César Cui (1835-1918), Modest Petrovič Musorgskij (1839-1881), Nikolaj Andreevič Rimskij-Korsakov (1844-1908) e, più tardi, Aleksandr Porfir'evič Borodin (1833-1887). Eccettuando Balakirev, nessuno di questi compositori era a quell'epoca musicista di professione: Cui era un esperto in materia di fortificazioni militari e insegnante all'accademia militare, Musorgskij aveva intrapreso la carriera militare ed ebbe poi un impiego ministeriale, Rimskij-Korsakov era (fino al 1874) un ufficiale di marina, Borodin era medico e professore di chimica organica. Affiancarono il "Gruppo dei Cinque" il compositore Aleksandr Sergeevič Dargomyžskij (1813-1869) e il critico d'arte e musicologo Vladimir Vasil'evič Stasov (1824-1906), ardente sostenitore di un rinnovamento della musica russa in senso nazional-popolare (i suoi scritti sono anche ricchi di preziose notizie sull'attività dei "Cinque", dei quali era il portavoce). Questi musicisti si riunivano nei salotti della società nobiliare di San Pietroburgo, che sin dagli anni '20 erano divenuti centri di attività musicali. Li accomunava una intensa ammirazione per Glinka, l'aspirazione alla modernità e al realismo (movimento culturale che mirava a descrivere o rappresentare la realtà con concretezza e con un minimo di deformazioni soggettive), il rifiuto di qualunque forma di accademismo. Il "Gruppo" era in netta opposizione ai musicisti che intendevano proseguire inflessibilmente sul solco della tradizione musicale occidentale, soprattutto quella filo-germanica.

Nel 1862 Balakirev cominciò ad organizzare concerti pubblici a San Pietroburgo per valorizzare la musica russa e quella di alcuni compositori progressisti occidentali (Liszt e Berlioz soprattutto). Nello stesso anno Balakirev aprì anche una Scuola Libera di Musica allo scopo di offrire un'educazione musicale libera da dogmatismi scolastici e che facesse da contraltare al Conservatorio di Musica (il primo in Russia) fondato nella stessa città, sempre nel 1862, da Anton Grigor'evič Rubinštejn (1829-1894), famoso pianista, compositore molto versatile e campione della tendenza filo-occidentale (organizzò il Conservatorio sul modello delle scuole tedesche). Negli anni '80-'90 si assiste ad una integrazione delle due opposte correnti, specialmente ad opera di Rimskij-Korsakov, il quale, come maestro di composizione e di strumentazione (dal 1871) al Conservatorio di San Pietroburgo, fu il più aperto dei "Cinque" alla musica occidentale. Rimskij-Korsakov scrisse un trattato di armonia (1884-1885) e un manuale di orchestrazione (stampato nel 1913) che godettero di ampia diffusione in Russia e altrove. Decisivo fu pertanto il ruolo da lui svolto per la formazione in senso proprio di una "scuola russa" trasmessa attraverso una solida tradizione didattica. Tra i numerosi suoi allievi (oltre 200) figurano Aleksandr Konstantinovič Glazunov (1865-1936), Igor Fëdorovič Stravinskij (1882-1971), Sergej Sergeevič Prokof'ev (1891-1953), Ottorino Respighi (1879-1936). Rimskij-Korsakov ebbe un gusto tutto particolare per il timbro orchestrale. La sua strumentazione, piena di effetti stupefacenti e inediti, conduce al frazionamento della massa orchestrale in timbri singoli, puri, e alla ulteriore valorizzazione della sonorità come elemento costruttivo fondamentale del discorso musicale – è una posizione molto vicina agli "impressionisti" francesi di fine secolo. L'orchestrazione immaginosa costituisce un tratto caratteristico dei suoi numerosi lavori teatrali (diciotto) e sinfonici, tra i quali spiccano il poema sinfonico *Sadko* (1867), *Svetlyi prazdnik* ("*Ouverture della Pasqua russa*", 1888), la *suite* sinfonica *Seherazada* (1888).

La produzione di Balakirev si concentra quasi interamente sul sinfonismo, sulla lirica vocale da camera (brani per voce e pianoforte) e sui pezzi pianistici di carattere virtuosistico (era valido pianista). I poemi sinfonici *Tamara* (1882) e *Russia* (1884) sono composizioni che si contraddistinguono per i ritmi vigorosi, l'uso del linguaggio melodico di derivazione popolare e l'orchestrazione brillante. Balakirev scrisse inoltre una della prime composizioni pianistiche che rispondesse alle esigenze dell'estetica nazionalista russa: la "fantasia orientale" *Islamey* (1869), un brano tecnicamente molto impegnativo.

È da notare che praticamente tutti i compositori russi scrissero qualcosa per pianoforte. Il brano più originale resta forse la *suite* pianistica di Musorgskij *Kartinki s vystavki* ("Quadri di un'esposizione", 1874). Descrive la visita a un'esposizione di pitture di Victor Gartmann (1842-1873), un architetto e pittore di origine tedesca (Hartmann) amico del compositore; i dieci pezzi sono ispirati ad altrettanti quadri, collegati tra loro, quasi sempre, da una ricorrente *Promenade* ("Passeggiata") in 5/4. Per l'arditezza dei giri armonici (cfr. il n. 8, "Catacombe"), l'intenso lirismo di sapore popolare (cfr. il n. 2, "Il vecchio castello"), le complessità ritmiche (cfr. il n. 1, "Gnomo") e la grande varietà degli stati d'animo che vi vengono espressi, i *Quadri* è una delle opere più notevoli di Musorgskij, senza dubbio il più grande musicista del "Gruppo dei Cinque". Tale fu la novità della scrittura pianistica, ricca di colori, di questa composizione da indurre M. Ravel a compiere una magistrale versione orchestrale (1922).

Capolavoro del teatro musicale russo è il *Boris Godunov* (San Pietroburgo 1874) di Musorgskij, dramma epico tratto dall'omonima tragedia (1825) di Puškin, rimaneggiata dal compositore. Ha per soggetto un momento critico della storia russa, il periodo del regno di Boris (zar dal 1598 al 1605), quando la Russia era minacciata dall'esterno nella sua indipendenza e dilaniata all'interno da disordini popolari. Impadronitosi del trono dopo aver fatto assassinare il legittimo sovrano, Boris vive in tragica solitudine, oppresso dai rimorsi e insidiato dai nemici; muore improvvisamente stremato dall'angoscia, mentre avanza verso Mosca una folla in rivolta. La struttura drammaturgica dell'opera – articolata nella seconda versione (1870-1872) in un Prologo, quattro atti e nove scene – è costituita da una serie di *tableaux* ("quadri") staccati e distinti, non ordinati secondo un logico succedersi di avvenimenti: ciascun "quadro" mette in luce una situazione-chiave, dalle scene del convento e dell'incoronazione fino a quella della morte di Boris. Una delle peculiarità più significative del *Boris* è che i personaggi non parlano quasi tra di loro; stanno uno di fianco all'altro, isolati, spesso contrapposti alla massa corale, e si esprimono in monologhi. Per caratterizzare realisticamente l'epoca storica del dramma e rendere in termini musicali il suo vero colore locale, Musorgskij si avvale di elementi melodici, ritmici e armonici basati su o direttamente derivati da materiali etnici russi, tra cui figurano anche antiche melodie liturgiche. Aspetto tipico dello stile vocale è il declamato continuo e arioso, totalmente asservito alla parola e alla situazione drammatica. Il flusso della melodia avviene evitando il fraseggio simmetrico di quattro-otto battute e procedendo invece per frasi irregolari che si muovono attraverso la reiterazione ossessiva di uno o due schemi ritmici; inoltre, le melodie hanno spesso un carattere modale. Il vocabolario armonico, pur rimanendo essenzialmente tonale, rispetta raramente la logica delle convenzioni tradizionali. Gli accordi sembrano scelti più per la loro qualità "sonora" che per la funzionalità tonale. Spesso tonalità distanti non vengono collegate attraverso calibrate modulazioni ma valendosi di cambiamenti enarmonici. Nella scena dell'incoronazione del Prologo, per esempio, si alternano insistentemente gli accordi di LA♭, di settima e RE magg. di settima, tra di loro correlati dalle note comuni di DO e FA diesis (SOL♭). Lo stile armonico del *Boris* ha esercitato un forte influsso sulla musica di numerosi compositori, di Debussy in particolare.

Tra le opere più significative della musica russa del secondo Ottocento figurano alcuni lavori strumentali di Borodin, il compositore più dotato dei "Cinque" nel campo sinfonico e nella musica da camera. Specialmente nelle tre sinfonie – di cui solo la *Prima* in MI♭ magg. fu da lui portata a termine (1862-1867), mentre le altre due furono completate e pubblicate postume da Rimskij-Korsakov e da Glazunov – e nei due quartetti per archi (1879, 1881) Borodin rivela la natura squisitamente lirica delle sue melodie, spesso di ispirazione orientaleggiante, e il carattere suggestivo delle armonie, ricche di sfumature modali. Nello schizzo sinfonico, ricco di immagini descrittive, *V srednej Azii* ("Nelle steppe dell'Asia centrale", 1880) in forma di *suite,* egli impiega materiali melodici del folklore russo e orientale originariamente destinati al melodramma *Knjaz Igor'* ("Il principe Igor", San Pietroburgo 1890), l'opera sua principale alla quale lavorò per diciassette anni senza riuscire a completarla.

Uno dei più fecondi compositori russi del secondo Ottocento, e uno dei più noti internazionalmente, fu Pëtr Il'ič Čajkovskij (1840-1893). In contrapposizione al "dilettantismo" del "Gruppo dei Cinque", del quale fu considerato l'antagonista, Čajkovskij ebbe una concezione professionale dell'attività compositiva. Fin dall'inizio della sua carriera fu legato alle istituzioni: subito dopo il completamento degli studi (1865) al Conservatorio di San Pietroburgo ebbe l'incarico (1866-1877) di professore di armonia presso il Conservatorio di Mosca, fondato nel 1866 e una delle roccaforti musicali delle tendenze filo-occidentali. Di qui il carattere cosmopolita che si attribuisce al suo stile musicale (aderisce ai grandi modelli formali della musica occidentale), anche se molti suoi lavori mostrano l'influsso del linguaggio popolare russo. Egli coltivò con pari versatilità ogni genere di musica vocale (sacra e profana) e strumentale (sinfonica e da camera). Si distingue soprattutto nella produzione sinfonica, che comprende sei sinfonie (composte tra il 1866 e il 1893), poemi sinfonici – tra i quali spiccano *Francesca da Rimini* (1876) e *Romeo e Giulietta* (1880) – tre concerti per pianoforte (1875-1893) e uno per violino e orchestra (1878). Nei metodi organizzativi adottati per dare coerenza musicale interna a questi lavori Čajkovskij si avvicina a Beethoven. Si ricollega, invece, ai procedimenti provenienti dalla musica di Liszt (vedi sopra) per quanto riguarda la trasformazione costante dei temi all'interno di un movimento, per mezzo di cambiamenti nell'articolazione (da staccato a legato e viceversa), riproponendoli con caratteri diversi di tempo. Nel primo movimento, in forma-sonata, della *Quarta sinfonia* in FA min., Op. 36 (1878), per esempio, il primo tema ("Moderato con anima") dell'Esposizione (batt. 27) viene convertito in un motivo con carattere di "scherzando" nell'estesa parte di transizione-sviluppo (batt. 53-103) al tema secondario (batt. 116), che si distingue dal primo tema per il tempo più lento ("Moderato assai, quasi Andante"); in chiusura dell'Esposizione (batt. 161-192) il primo tema viene ripresentato in tempo "Moderato con anima" e trasformato in un motivo magniloquente di piglio eroico, in "*fff*".

Il genio di Čajkovskij ha lasciato il segno specialmente nei tre celebri balletti sinfonici che aprirono la strada a tutti i grandi balletti del XX secolo: *Lebedinoe ozero* ("Il lago dei cigni", Mosca 1877), *Spjaščaja krasavitsa* ("La bella addormentata nel bosco", San Pietroburgo 1890) e *Scelkunčik* ("Lo schiaccianoci", San Pietroburgo 1892). Con questi capolavori Čajkovskij ha operato una riabilitazione della musica per balletto d'arte: la musica viene a costituire non un mero accompagnamento alla danza, ma un elemento attivo e integrante della coreografia. Quanto a impegno artistico, si può trovare un precedente soltanto nei balletti *Coppélia* (Parigi 1870) e *Sylvia* (Parigi 1876) del francese Léo Delibes (1836-1891): sono partiture che, nonostante la semplicità della scrittura orchestrale, diedero un importante contributo alla definizione del balletto tardo-romantico. Con Delibes e Čajkovskij, per la prima volta la musica sinfonica entra nel balletto, mentre in passato si affidava quasi senza eccezione la composizione di una musica coreica ai praticoni-mestieranti del genere, piuttosto che a noti compositori. Nato e cresciuto nelle corti e nei teatri d'Europa, massimamente per opera di ballerini italiani e francesi, il balletto ha trovato il più valido patrocinio in Russia dagli zar e dai granduchi ballettomani. Nel secondo Ottocento la capitale del balletto divenne San Pietroburgo, dove si è svolta per mezzo secolo (dal 1847) l'opera del grande coreografo francese Marius Petipa (1819-1910), considerato come il creatore dei racconti di fiaba in forma coreografica. Egli instaurò un tipo di balletto che pone in primo piano la vasta utilizzazione delle qualità virtuosistiche dei ballerini solisti e del corpo di ballo; conferì inoltre notevole rilievo al movimento di massa della coreografia. Čajkovskij compose *La bella addormentata nel bosco* e *Lo schiaccianoci* in stretto contatto con Petipa, il quale, oltre al piano generale, gli indicò il taglio delle scene, il carattere dei pezzi, arrivando a prescrivergli perfino il numero delle battute. Le musiche di Čajkovskij, nate con una destinazione coreografica, si distinguono, oltre che per l'incisività e l'eleganza del disegno ritmico, per l'intenso lirismo dei temi. Nei tre balletti egli inoltre rivela le sue doti di orchestratore immaginoso e geniale. I risultati più ragguardevoli li raggiunge ne *Lo schiaccianoci*; tra l'altro, vi usò la celesta (nella "Danza della Fata Confetto"), strumento inventato a Parigi nel 1886 e da lui subito introdotto in Russia.

In nessun altro Paese d'Europa il nazionalismo musicale assunse un livello di maggiore intensità quanto in Russia. Anche in altre nazioni si fece uso più o meno cosciente di materiali popolari, ma con minore originalità rispetto ai compositori russi: si faceva in genere riferimento ai modelli formali e linguistici occidentali, soprattutto tedeschi. Ciò vale specialmente nei riguardi dei compositori appartenenti all'area scandinava. Tra questi, sono da segnalare lo svedese Franz Berwald (1796-1868), la cui fama è affidata soprattutto alle quattro sinfonie del 1842-1845 – che mostrano una sensibilità per certi effetti orchestrali ben calcolati – e il danese Carl August Nielsen (1865-1931), autore di musica pianistica, cameristica, concerti e sinfonie che adottano un vocabolario armonico a volte decisamente dissonante. In Norvegia, la personalità più significativa è quella di Edvard Grieg (1843-1907). Di formazione tedesca – studiò al Conservatorio di Lipsia – Grieg mostrò un vivo interesse per il folklore musicale del proprio Paese in seguito all'incontro (1865) con il grande drammaturgo norvegese Henrik Ibsen (1828-1906), per il quale scrisse (1874-1875) le musiche di scena del *Peer Gynt*, capolavoro del teatro nazionale. Specialmente nell'ambito delle piccole forme (circa 150 *Lieder* per voce e pianoforte e numerosi pezzi brevi per pianoforte compresi nelle dieci raccolte dei *Pezzi lirici,* 1867-1901) Grieg riesce ad evocare, con un linguaggio ricco di spontaneità melodica e di raffinata sensibilità armonica – gli accordi sono talvolta concepiti senza legame funzionale – i particolari stati d'animo generati dal contatto con i malinconici paesaggi nordici e con la musica dei suonatori popolari. Egli si serve abbondantemente in molti suoi lavori di melodie popolari o popolareggianti, ideate da lui, e di ritmi di danze tipiche norvegesi.

In Spagna, dove era forte l'influsso delle tendenze italiane e francesi, il movimento che portò alla rinascita della musica nazionale si collega alla riscoperta del patrimonio musicale spagnolo dei secoli XV e XVI che giaceva dimenticato. I personaggi più importanti di questa rinascita furono Francisco Asenjo Barbieri (1823-1894) e Felipe Pedrell (1841-1922). La loro attività di ricerca storica e filologica fu coronata con l'edizione (1890) del *Cancionero musical* curata da Barbieri e con l'edizione ad opera di Pedrell della raccolta *Hispaniae Schola Musica Sacra* (1894-1898) e degli *opera omnia* (1902-1913) di T.L. de Victoria. Pedrell sentì inoltre la necessità di realizzare un rinnovamento del teatro d'opera serio ispirato alla tradizione della musica popolare. Nella trilogia *Los Pireneos* (Barcellona 1902) fece confluire gli elementi più tipici della tradizione musicale spagnola – canzoni catalane, melodie popolari antiche e moderne – fondendoli con un gusto moderno wagneriano di armonizzazione e di strumentazione. Furono allievi di Pedrell i primi compositori spagnoli che s'imposero in ambito europeo nel periodo 1890-

1910: Isaac Albéniz (1860-1909) e Enrique Granados (1867-1916). Diversamente dai nazionalisti russi, questi due musicisti sono però vissuti e hanno portato a termine le proprie creazioni fuori dalla Spagna, soprattutto a Parigi, dove alla fine del XIX secolo risiedevano numerosi concertisti spagnoli di grande successo, quali il virtuoso violinista Pablo Sarasate (1844-1908). Come pianisti, Albéniz e Granados diedero il meglio di sé nella produzione pianistica, caratterizzata da una scrittura altamente virtuosistica. Scrissero brani impregnati delle qualità melodiche e timbriche della musica popolare spagnola, ripensata con moderna sensibilità armonica, molto simile al linguaggio degli impressionisti francesi (Albéniz ebbe rapporti di amicizia con Debussy, Chausson e Ravel). Tra le più rilevanti opere pianistiche di Albéniz figurano i quattro libri della *Suite Iberia* (1906-1908). Sono pezzi straordinari per la ricchezza di ispirazione, la copiosità del colore pianistico e le nuove figurazioni proposte, tra le quali si distinguono le abili evocazioni sia della chitarra che delle nacchere, gli strumenti più tipici della cultura musicale spagnola. Granados ottenne i suoi massimi risultati nelle brevi composizioni pianistiche concepite nella migliore tradizione della musica da salotto, come dimostrano i suoi sette *Valses poeticos* (1895). Suo capolavoro è *Goyescas* (1911), una serie di ritratti musicali (innegabile è l'influenza di Schumann) ispirati a Francisco de Goya (1746-1828), il pittore a lui più caro.

Bibliografia

Una eccellente trattazione generale della musica del romanticismo, nei suoi vari aspetti stilistico musicali e caratteri estetici, è data in R. Di Benedetto, *Romanticismo e scuole nazionali nell'Ottocento,* nuova ed., Torino, EDT 1991; in L. Plantinga, *La musica romantica. Storia dello stile musicale nell'Europa dell'Ottocento,* Milano, Feltrinelli 1989; e in C. Dahlhaus, *La musica dell'Ottocento,* Scandicci, La Nuova Italia 1990.

Ad un'ampia silloge di scritti, circoscritti all'area culturale germanica, sull'estetica musicale romantica è dedicato il volume *Romanticismo e musica. L'estetica musicale da Kant a Nietzsche,* antologia e saggio introduttivo di G. Guanti, Torino, EDT/Musica 1981. Per un'indagine sistematica ed esemplare dell'immagine della musica presso i principali letterati tedeschi, in un arco di tempo che va da Wackenroder a T. Mann, si veda G. di Stefano, *La vita come musica. Il mito romantico del musicista nella letteratura tedesca,* Venezia, Marsilio 1991. Sull'estetica musicale di Wackenroder e Hoffmann vedi rispettivamente W.H. Wackenroder, *Fantasie sulla musica,* a cura di E. Fubini, Fiesole, Discanto 1981; e E.T.A. Hoffmann, *Poeta e compositore. Scritti scelti sulla musica,* a cura di M. Donà, Fiesole, Discanto 1985. L'intera produzione critica di Schumann è disponibile in italiano, con un'estesa prefazione di P. Rattalino, in R. Schumann, *Gli scritti critici,* a cura di A. Cerocchi Pozzi, Milano, Ricordi/Unicopli 1991, 2 voll. Il contesto culturale del pensiero musicale di Hanslick è studiato nel vol. di M. Tedeschini Lalli, *"Vom Musikalisch-Schönen" di Eduard Hanslick, dalla prima alla nona edizione,* Firenze, Passigli 1993. Il volumetto di E. Matassi, *Musica,* Napoli, Giunti 2004, delinea un quadro affascinante degli intrecci che intercorrono tra filosofia e musica nel pensiero dei romantici e dei contemporanei.

Per una trattazione molto puntuale della pratica della direzione d'orchestra affermatasi in Europa e in Italia nel corso del XIX secolo, vedi I. Cavallini, *Il direttore d'orchestra. Genesi e storia di un'arte,* Venezia, Marsilio 1998.

Le biografie critiche, molto agili e valide, dei compositori più eminenti del primo romanticismo sono raccolte nei volumi seguenti: J. Warrack-H. Macdonald-K.H. Köhler, *Maestri del primo romanticismo. Weber, Berlioz, Mendelssohn. The New Grove,* Milano, Ricordi/Giunti 1989; N. Temperley-G. Abraham-H. Searle, *Maestri del romanticismo. Chopin, Schumann, Liszt. The New Grove,* Milano, Ricordi/Giunti 1988. Sulla figura e la musica di Schubert, H. Goldschmidt, *Schubert,* Milano, Ricordi/LIM 1995; *Schubert. L'amico e il poeta nelle testimonianze dei suoi contemporanei,* a cura di O.E. Deutsch, Torino, EDT 1999; e S. Sablich, *L'altro Schubert,* Torino, EDT 2002 (affronta gli aspetti controversi e poco frequentati della biografia del compositore. Su Mendelssohn, vedi l'ampia monografia di E. Werner, *Mendelssohn. La vita e l'opera in una nuova prospettiva,* Milano, Rusconi 1984. Sulle ricercatezze nascoste della musica schumanniana, segno tangibile della *Sehnsucht* romantica, vedi A. Malvano, *Voci da lontano. Robert Schumann e l'arte della citazione,* Torino, De Sono-EDT 2003.

Sulla musica sinfonica, relativamente agli aspetti della forma, vedi i saggi di G. Abraham, *Le nuove tendenze della musica orchestrale, Il poema sinfonico e le forme collegate;* e di R. Pascall, *Le grandi forme strumentali,* in *Il Romanticismo (1830-1890),* a cura di G. Abraham, Milano, Feltrinelli 1991, Capp. I, VII, VIII ("Storia della musica", 9). Sulla produzione sinfonica del principale rappresentante della musica francese dell'Ottocento, vedi l'ampio saggio introduttivo compreso in H. Berlioz,

Memorie, a cura di O. Visentini, Milano-Lucca, Ricordi-LIM 2004; su Berlioz vedi anche H. Barraud, *Berlioz*, Milano, Rusconi 1978; e il rapporto tra musica e letteratura nei suoi principali lavori è indagato esemplarmente in L. Cosso, *Strategie del fantastico. Berlioz e la cultura del romanticismo francese*, Alessandria, Edizioni dell'Orso 2002. Per un'analisi particolareggiata della produzione strumentale (pianistica, sinfonica, cameristica) di Brahms, vedi il vol. di F. Bussi, *La musica strumentale di Johannes Brahms. Guida alla lettura e all'ascolto*, Torino, Nuova ERI-Mondadori 1990. Sulla vita e l'opera di Brahms vedi C. Rostand, *Brahms*, Milano, Rusconi 1986. Sui sinfonisti di maggior rilievo del tardo romanticismo vedi K. Griebe, *Anton Bruckner*, Fiesole, Discanto 1983; Q. Principe, *Mahler*, Milano, Rusconi 1983, con un'utile appendice comprendente tutti i testi poetici musicati da Mahler, con traduzione italiana a fronte; e H.H. Eggebrecht, *La musica di Gustav Mahler*, Scandicci, La Nuova Italia 1994. Lo studio di P. Petazzi, *Le sinfonie di Mahler*, 3ª ed., Venezia, Marsilio 2002, illustra bene, con nitide analisi di ogni partitura, tutta la produzione sinfonica – compreso il *Lied von der Erde* – del grande compositore boemo.

Sui vari aspetti del pianismo romantico, dalla storia della costruzione alla storia della letteratura e dell'esecuzione, vedi la serie di eccellenti saggi tratti da *The New Grove dictionary of musical instruments* (1984): *Il pianoforte*, Milano, Ricordi 1992. La letteratura per pianoforte solista e orchestra è trattata con un linguaggio non tecnico, chiaro e scorrevole in R. Maione, *Il Signore dell'Auditorium. Storia del Concerto per pianoforte e orchestra da Beethoven a Gershwin e Šostakovič, con 53 capolavori commentati*, Milano, Rugginenti Editore 1998. La tematica del nuovo virtuosismo romantico, così come viene affrontata nelle recensioni schumanniane di musiche per pianoforte, è oggetto di analisi nel vol. a cura di R. Calabretto, *R. Schumann. Chopin e il virtuosismo romantico. Viaggio sentimentale attorno al pianoforte. Raccolta dalle "Schriften"*, Venezia, Marsilio 1989. La più ampia biografia di Chopin in lingua italiana è quella di G. Belotti, *Chopin*, Torino, EDT/Musica 1984. Sul massimo virtuoso di violino dell'epoca romantica vedi P. Berri, *Paganini. La vita e le opere*, Milano, Bompiani 1982. Di Liszt, il contributo più recente disponibile in italiano è quello di R. Dalmonte, *Franz Liszt. La vita, l'opera, i testi musicati*, Milano, Feltrinelli 1983.

Per una buona trattazione della produzione liederistica di Schubert e Schumann vedi L. Plantinga, *op. cit.*, Capp. V e VIII. Il vol. *Lieder*, a cura di V. Massarotti Piazza, Milano, Garzanti 1997, raccoglie i testi poetici originali tedeschi con le traduzioni italiane dei *Lieder* più significativi, da Haydn a Hindemith. Sull'immagine del viandante, cara alla letteratura romantica tedesca ed esemplificata nella *Winterreise* di Schubert, vedi L. Mennuti, *L'orma del viandante. Franz Schubert: la scrittura del tempo*, Alessandria, Edizioni dell'Orso 1998. Una dettagliata, eccellente trattazione (analisi dei testi poetici e della musica) di un celebre ciclo schubertiano è data in G. La Face Bianconi, *La casa del mugnaio. Ascolto e interpretazione della "Schöne Müllerin". Con l'edizione del ciclo liederistico secondo la Neue Schubert-Ausgabe*, Firenze, Olschki 2003. Per l'analisi di uno tra i più rilevanti cicli liederistici del romanticismo tedesco vedi E. Giribaldi, *Una scena per la fantasia: "Die Schöne Magelone" di Ludwig Tieck e Johannes Brahms*, Alessandria, Edizioni dell'Orso 1996. Sui *Lieder* di Wolf vedi E. Fava, *Paesaggi dell'anima. I Lieder di Hugo Wolf*, Alessandria, Edizioni dell'Orso 2000. Ognuno dei 302 *Lieder* musicato da Brahms è esaminato con un giudizio sintetico in F. Bussi, *Tutti i Lieder di Johannes Brahms per voce e pianoforte. Guida alla lettura e all'ascolto con la traduzione dal tedesco in italiano di tutti i testi poetici*, Lucca, Libreria Musicale Italiana 1999.

Sul nazionalismo musicale nei diversi Paesi d'Europa vedi R. Di Benedetto, *op. cit.*, Cap. V, e L. Plantinga, *op. cit.*, Cap. XI. Per la traduzione italiana dell'importante manuale di strumentazione di Rimskij-Korsakov vedi *Principî di orchestrazione*, a cura di L. Ripanti, Milano, Rugginenti Editore 1992. A. Orlova, *Čajkovskij: un auto-ritratto*, Torino, EDT 1993, è una monografia ricca di materiale documentario sulla vita e le idee sulla musica del compositore russo; per un'analisi puntuale dei tratti stilistico musicali dei suoi tre celebri balletti, vedi J. Warrack, *Ciajkovskij. I balletti*, Milano, Rugginenti Editore 1994.

25. *Il teatro d'opera in Francia.*

L'opera francese tra Sette e Ottocento

Fino al 1780 circa i due rami dell'opera francese – la *tragédie lyrique* e l'*opéra-comique* (cfr. il vol. II, Cap. 18) – si erano sviluppati in direzioni diverse dalle tradizioni italiane dell'opera seria e del dramma giocoso. La ricerca di un nuovo tipo di rapporto tra testo e musica, tra recitativo e aria, tra vocalità e orchestrazione, che si ritrova sia nell'opera italiana che in quella francese degli ultimi decenni del Settecento, stimolò l'avvio di forme di "mescolanza" dei generi drammatici codificati. Ad una italianizzazione spinta dell'opera francese, fece seguito una crescente sensibilizzazione italiana alle forme della drammaturgia francese. I rapporti complessi che si stabilirono tra l'opera francese e quella italiana svolsero una funzione importante nella formazione di un nuovo linguaggio drammatico nel XIX secolo.

Negli ultimi decenni del Settecento e poi per tutto il XIX secolo Parigi divenne la vera capitale del teatro musicale europeo. Fu un centro propulsore che accoglieva ed elaborava i portati delle altre nazioni; e, come nel passato, accolse e dette successo a molti musicisti di altri Paesi. Un successo nei teatri della capitale francese fruttava materialmente al compositore assai più di qualsiasi altro successo in altre parti d'Europa, poiché lì vigeva da tempo un "diritto d'autore" efficace sulla vendita delle partiture orchestrali complete che venivano date alle stampe (avveniva quasi sempre per un'opera di successo). È una regola già affermata da Lully, Rameau e Gluck che rimarrà costante fino all'epoca di Verdi e di Wagner.

Dagli anni della Rivoluzione e dell'Impero in poi Parigi, con i suoi 500.000 abitanti, disponeva di tre principali organismi teatrali che occupavano sale diverse (con frequenti trasferimenti in nuove sedi) e che avevano la responsabilità di tre tipi principali d'opera:

- Il "Théâtre de l'Opéra". Riceveva sussidi finanziari dai governi municipale e nazionale, rappresentava l'opera seria e il balletto. Possedeva un'orchestra numerosa e cori formati da molti elementi, ampie risorse sceniche e un eccellente corpo di ballo. Il suo repertorio tendeva a coagularsi intorno a opere di successo e di repliche assicurate.

- Il "Théâtre de l'Opéra-Comique". Metteva in scena tutta la gamma di opere francesi che utilizzavano anche il dialogo parlato oltre al canto. Occupò sale diverse, tra cui le sale Feydeau, Favart e Ventadour. La sua orchestra non era da meno di quella dell'Opéra.
- Il "Théâtre Italien". Vi si esibivano principalmente i migliori cantanti dell'opera italiana ed era luogo d'incontro dei ceti alto-locati e intellettuali. Tra i musicisti italiani che ne assunsero la direzione figurano G. Spontini negli anni 1810-1812, la cantante Angelica Catalani (1780-1849) nel 1814-1815; Ferdinando Paer (1771-1839) nel 1815-1824 e nel 1826-1827, G. Rossini nel 1824-1826.

Eccezion fatta per l'esecuzione di scene e arie isolate al *Concert spirituel*, per tutto il Settecento l'opera seria italiana era rimasta esclusa dalle scene parigine, mentre gli intermezzi e le opere buffe in forma originale – seppur con qualche taglio, alcune in traduzione francese con dialoghi parlati – avevano avuto solo sporadici allestimenti (nel 1729, 1752-1754 e 1778-1780). Queste esecuzioni avevano trasformato da un lato l'opera italiana in un polemico, ideologico oggetto del desiderio di schiere di intellettuali, filosofi e letterati francesi (sulla polemica scatenata dall'esecuzione de *La serva padrona* di Pergolesi nel 1752 cfr. il vol. II, Cap. 18) e dall'altro avevano stimolato forme di assimilazione di elementi della musica italiana nella *tragédie lyrique* e nell'*opéra-comique*. L'ambiente musicale della capitale francese, molto abituato alla riflessione critica e agli accesi dibattiti, si interrogò continuamente sui fini e sui mezzi dell'opera come genere artistico e spettacolare. Da molte parti si ammetteva che il repertorio serio francese era scaduto e sorpassato e che pertanto vi si dovevano innestare elementi della tradizione dell'opera italiana in una nuova, inedita misura stilistica. I termini del dibattito sul rinnovamento della tragedia musicale propriamente francese hanno trovato lucida ed insieme intensa espressione nell'*Essai sur les révolutions de la musique en France* ("Saggio sulle rivoluzioni della musica in Francia"), apparso a Parigi nel 1777, di Jean-François Marmontel (1723-1799), illuminista moderato, collaboratore dell'*Encyclopédie* e librettista delle più fortunate *tragédies lyriques* di fine secolo.

Gli anni '80 furono un decennio di viva attività operistica a Parigi incoraggiata da un'ondata di teorizzazione estetica. Tra gli scritti più significativi e influenti del tempo è l'esteso saggio di Pierre-Augustin Caron de Beaumarchais (1732-1799), stampato come introduzione al libretto (Parigi 1787) della sua *"opéra"* tragicomica (in un Prologo e cinque atti) *Tarare*. In esso il drammaturgo illuminista proclama la chiara intenzione di creare un "genere misto" di spettacolo operistico che accolga, all'interno della compagine drammatica, scene comiche, satiriche, eroiche e filosofiche, destinate a rinnovarne l'interesse. Per il suo contenuto ideologico (la favola, ambientata in Asia, sul Golfo Persico, poggia interamente sull'opposizione tra sovrano potente ma cattivo e un suddito virtuoso e felice nei suoi affetti privati), l'impiego di scene molto spettacolari e l'intensificazione di elementi patetici e sentimentali, il *Tarare* anticipa sorprendentemente l'opera romantica.

Furono specialmente i musicisti italiani stabiliti a Parigi tra fine Settecento e primo Ottocento (Piccinni, Sacchini, Salieri, Cherubini, più tardi Spontini) a promuovere, dopo il successo di Gluck negli anni '70 (cfr. il vol. II, Cap. 19), un rinnovamento della *tragédie lyrique* che, a sua volta, avrebbe contribuito allo sviluppo dell'opera seria italiana. Per conquistare un pubblico inadatto ad apprezzare i caratteri stilistici dell'opera seria italiana, essi si accinsero a far convergere sul genere austero della *tragédie lyrique* l'esperienza acquisita nel campo dell'opera seria. L'indirizzo seguito fu la trasformazione di libretti rinomati (di Quinault, Metastasio) in una nuova versione adattata alle esigenze nuove del musicista e di un nuovo pubblico, pratica comune in Italia ma in genere molto inconsueta in Francia. Si tratta di lavori che mostrano di aver assimilato le esperienze gluckiane, senza rinunciare alle qualità tipiche dell'opera italiana, come, per esempio, l'ampio impiego dei pezzi chiusi (arie, duetti, ecc.).

Uno dei primi operisti italiani ad approdare a Parigi fu Niccolò Piccinni (1728-1800). Chiamato, nel dicembre 1776, dal sovrintendente dell'Opéra e da un gruppo di letterati capitanati da Marmontel per rivaleggiare i successi di Gluck, Piccinni fu uno dei primi operisti di scuola napoletana che fece il massimo sforzo di adeguarsi ai modi della *tragédie lyrique*. Per aver accolto la sfida di misurarsi con le opere "riformate" di Gluck, egli fu al centro di una nuova e accesa *"Querelle"* ("disputa") teatral musicale passata negli annali della storia musicale come la *"querelle* tra gluckisti e piccinnisti". Su un libretto di Quinault, adattato da Marmontel, Piccinni presentò il suo *Roland* nel 1778. Rimase quindi ancorato a Parigi fino al 1791 presentando una dozzina di opere, tra le quali spicca una *Iphigénie en Tauride* (1781), composta sullo stesso testo già musicato da Gluck nel 1779. Strettamente simili sono, nelle due opere, i ruoli vocali e sostanzialmente identico è l'organico corale e orchestrale (la strumentazione di Piccinni è in genere più massiccia di quella gluckiana, specie nell'uso dei fiati). In larga parte simili sono anche gli schemi formali utilizzati. Nell'opera di Piccinni i pezzi chiusi sono in numero inferiore rispetto a quelli di Gluck: dieci (otto arie, un duetto, un terzetto) contro dodici (dieci arie, un duetto e un terzetto).

In margine al genere della *tragédie lyrique* riformata da Gluck si collocano le opere scritte per Parigi da Antonio Sacchini (1730-1786), musicista di formazione napoletana, e dal veneto Antonio Salieri (1750-1825).

L'esordio parigino di Sacchini nel 1783 (rimase nella capitale francese dal 1781 alla morte) avvenne con *Renaud*, un adattamento della sua *Armida* (Milano 1772). Uno strepitoso successo ottenne il suo *Oedipe à Colone* (1786), un soggetto nutrito di storia antica interpretata in chiave patetica per suscitare l'interesse del pubblico parigino alla vigilia della Rivoluzione: fu opera di cartello per oltre cinquant'anni (ebbe ben 583 rappresentazioni all'Opéra fino al 1830).

Dopo avergli procurato la commissione dell'opera inaugurale per il Teatro alla Scala di Milano (*L'Europa riconosciuta*, 1778) Gluck propose Salieri – erano fratelli massoni – come suo degno successore all'Opéra. Salieri scrisse così *Les Danaides* (1784) che a Parigi, fino alla dodicesima replica, tutti credettero che fosse musica di Gluck; il libretto è una traduzione francese dell'*Ipermestra o Le Danaidi* di R. de' Calzabigi, un soggetto già affrontato da Metastasio. I caratteri musicali gluckiani sono ben fusi con le tipiche effusioni liriche italiane nel *Tarare* (1787), che Salieri scrisse in stretta collaborazione con Beaumarchais. Quest'opera gli procurò un successo imponente a Parigi, specialmente per il notevole Prologo (inizia con la tempestosa descrizione orchestrale del caos). Per rinnovare il successo presso il pubblico viennese del Burgtheater, abituato alle formule dell'opera seria italiana, Salieri trasformò *Tarare*, una *tragédie lyrique* in cinque atti, in un'opera seria in quattro atti su libretto italiano di L. Da Ponte (sul quale vedi il vol. II, Cap. 22) sotto il titolo di *Axur re d'Ormus* (1788). Pur serbando, d'accordo con Da Ponte, l'essenziale della compagine, anche musicale, del libretto francese, Salieri rifece tutto il lavoro dal principio con musica nuova. Inserì molti pezzi caratteristici dell'opera italiana (arie, duetti) e ridusse ampiamente le scene spettacolari tipiche della *tragédie lyrique*. Dopo il successo di *Axur* la successiva carriera di Salieri si svolse esclusivamente a Vienna: assunse la direzione della cappella imperiale dal 1788 al 1824 e fu molto attivo come insegnante di canto e di composizione vocale (ebbe tra i suoi allievi Beethoven – il quale gli dedicò le tre sonate per violino e pianoforte Op. 12 – Schubert, Liszt e Meyerbeer).

Per la sua prima collaborazione con l'Opéra di Parigi il compositore fiorentino Luigi Cherubini (1760-1842) mise in musica nel 1788
il *Demofoonte* di Metastasio, adattato al gusto francese da
Marmontel. L'essenziale dell'impianto drammatico metastasiano
venne fedelmente conservato da Marmontel, ma trasformato in
tragédie lyrique mediante l'introduzione di elementi spettacolari.
Contrariamente a quanto si verificherebbe in un melodramma italiano della fine del Settecento, Cherubini, però, non diminuisce il
numero delle arie. Poco sviluppate e spesso prive del "da capo", esse
privilegiano perlopiù un solo motivo molto espressivo, che viene
spesso ripetuto senza modifiche. Nei recitativi Cherubini introduce
momenti d'improvviso ed intenso allargamento della frase melodica,
al fine di approfondire lo stato d'animo e le passioni del personaggio.
Questa tendenza ad una maggiore valorizzazione drammatica del
recitativo, sebbene non ancora sistematica, è uno dei tratti caratteristici dello stile operistico del compositore fiorentino. Anche l'orchestra è impiegata con grande abilità (vedi in particolare l'*ouverture*,
l'introduzione all'atto II, le marce, i balletti). A parte il soggiorno a
Vienna nel 1805-1806 – egli fu compositore grandemente ammirato
nei Paesi tedeschi – Cherubini rimase a Parigi per il resto della vita,
partecipando attivamente alla vita musicale della città: durante gli
anni della Rivoluzione collaborò attivamente alla nascita del
Conservatorio di musica, dove poi insegnò composizione assumendo-
ne la direzione dal 1822 alla morte.

L'*opéra-comique*

La rigenerazione dell'opera francese era stata anticipata, e for-
s'anche inconsciamente preparata, da una maturazione dello stile
letterario e musicale dell'*opéra-comique* (l'aggettivo *comique* aggiunto al nome di *opéra* indica la presenza di recitazione). Il nuovo genere di spettacolo è formato da: parti cantate (arie, duetti, ecc.), dialoghi parlati senza accompagnamento musicale, *mélodrames* (cfr. il vol.
II, Cap. 19), dove la scena viene mimata e parlata in concomitanza,
o in alternanza, con della musica orchestrale.
Prima della metà del XVIII secolo l'*opéra-comique* era un genere
più teatrale che musicale, con più dialoghi che musica; utilizzava in
prevalenza melodie semplici popolareggianti denominate *vaudevilles*
e inserti parodistici di *airs* tratti da *tragédies lyriques* di vasto suc-

cesso (cfr. il vol. II, Cap. 18). Nel secondo Settecento si passò ad aumentare e a dare sempre più importanza ai brani cantati rispetto alle parti recitate, affidandosi a compositori di rango. Sotto l'influsso del genere letterario della *comédie larmoyante* ("dramma lacrimoso") il tono comico e satirico fu stemperato a favore di argomenti di carattere sentimentale, serio o semiserio.

La musica dell'*opéra-comique*, nella fase più matura denominato anche *comédie melée d'ariettes* ("dramma mescolato di arie"), utilizzava le seguenti forme molto semplici:

– La *romance* ("romanza"): un brano vocale solistico di struttura di solito strofica, di carattere patetico-sentimentale. Volutamente semplici sono le armonie, i ritmi, i giri melodici. Per uno dei primissimi esempi vedi *Dans ma cabare obscure* in *Le devin du village* (1752) di J.-J. Rousseau; vedi anche la definizione molto precisa che ne dà il medesimo alla voce *"Romance"* (scrive, tra l'altro, che è costituita da una melodia "dolce, naturale, campestre") del suo *Dictionnaire de musique* (1768).

– Le forme vocali solistiche a *rondeaux*: consistono nell'avvicendamento simmetrico di un *refrain* ("ritornello", episodio principale cantato sulle medesime parole, nella tonalità di base) e di uno o più *couplets* (episodi secondari in tonalità diverse).

– Il *vaudeville final* ("canzone finale"): composto, nella sua versione più semplice, di una serie di strofe (*couplets*) eseguite dai singoli personaggi, intervallate da un *refrain* collettivo.

In questo genere ebbe una funzione particolarmente importante Egidio Romualdo Duni (1708-1775). Compositore materano di formazione napoletana, studiò con Francesco Durante (1684-1755) nel Conservatorio di Santa Maria di Loreto e poi in quello della Pietà dei Turchini. La sua attività a Parigi si estese dal 1757 al 1770 e in quegli anni scrisse ventidue *opéras-comiques*. Egli diede un apporto italianizzante agli schemi musicali dell'*opéra-comique* tradizionale inserendovi elementi dell'opera buffa italiana.

Negli anni '60-'70 si dedicarono con molta fortuna all'*opéra-comique* François-André Danican Philidor (1726-1795) e Pierre-Alexandre Monsigny (1729-1817). Dopo il 1780, un fecondo compositore di *opéras-comiques* molto popolari in tutta Europa (si distinguono per eleganza melodica e cura dell'orchestrazione) fu Nicolas-Marie Dalayrac (1753-1809). Uno tra i suoi maggiori successi fu

Nina, ou La folle par amour ("Nina, o sia La pazza per amore", Parigi 1786). La trama è molto semplice: una ragazza di nome Nina impazzisce quando le viene fatto credere che il suo innamorato Lindoro, respinto dal padre, è stato ucciso in duello; ciononostante passa le sue giornate in attesa dell'amato e non appena lo rivede, Nina ritorna lentamente in sé, lo riconosce e si abbandona tra le sue braccia. La vicenda è sviluppata all'insegna dei toni patetico-sentimentali tipici della *comédie larmoyante* e dei romanzi dell'inglese L. Sterne (cfr. il vol. II, Cap. 20), che ebbero ovunque enorme notorietà. In entrambe le opere principali di Sterne – *The life and opinions of Tristam Shandy* ("Vita e opinioni di Tristano Shandy", 1760-1767) e *A sentimental journey through France and Italy* ("Viaggio sentimentale in Francia e in Italia", 1768) – si incontra Maria, una povera giovinetta impazzita per amore; a lei sono dedicate alcune tra le pagine più commoventi e mestamente affettuose dei romanzi. Il libretto della *Nina, o sia La pazza per amore* (reggia di Caserta, 1789) di G. Paisiello, uno dei lavori più fortunati dell'epoca – ebbe successo europeo – era la traduzione dell'opera omonima di Dalayrac. La versione originale in un atto con dialoghi parlati, genere molto raro in Italia, fu poi trasformata in due atti coi recitativi.

André-Ernest-Modeste Grétry (1741-1813) fu tra i primi compositori a spostare sensibilmente la natura dell'*opéra-comique* verso il tono grave ed elevato tipico della grande opera seria. Alcuni soggetti da lui musicati fanno allusioni liberali o patriottiche, o presentano la situazione dell'imprigionamento con liberazione finale, come nel *Richard Coeur-de-Lion* (1784) e nel *Guillaume Tell* (1791). Grétry fu uno dei primi compositori a introdurre nell'*opéra-comique* l'uso del timbro orchestrale per la creazione di un colore locale o esotico, una moda che poi si diffuse rapidamente nell'opera romantica. La sinfonia del *Guillaume Tell*, per esempio, alterna motivi militareschi a motivi pastorali, e richiede tre campanacci per rappresentare realisticamente l'ambientazione dell'opera nelle montagne svizzere. In *Richard Coeur-de-Lion* fa suonare insieme con la sordina violini, trombe, corni e tamburi coperti per suggerire una fortezza imponente.

Durante il decennio della Rivoluzione e il periodo napoleonico (1790-1815) il linguaggio operistico si arricchì notevolmente dal punto di vista sia letterario che musicale. Le autorità rivoluzionarie, nell'intento di sfruttare le arti per i loro fini, diedero un incoraggiamento particolare alla musica nei grandi spettacoli all'aperto (cfr. il Cap. 23) e nei teatri d'opera. Per tenere unito il pubblico in un momento in cui la Rivoluzione era minacciata da nemici interni ed esterni, si cercò di promuovere la rappresentazione di lavori operistici ispirati ad ideali patriottici o che mettessero in evidenza la dignità dell'uomo appartenente a qualsiasi ceto sociale (si voleva inculcare nel pubblico sani sentimenti politici). L'*opéra-comique* divenne il principale veicolo espressivo per il messaggio della Rivoluzione. L'impiego di dialoghi parlati al posto della stilizzazione declamata della *tragédie lyrique* l'avvicinava di più al grande pubblico che i compositori e le autorità si preoccupavano di conquistare. Fu la Rivoluzione francese a tenere a battesimo un nuovo pubblico di borghesi e artigiani che aveva gran sete di divertimento, di spettacoli eroici, ma anche sensazionali e pittoreschi. Si moltiplicò il numero di opere piene di scene truculente e di azioni stravaganti, che finiscono con assedii, con battaglie furiose, con naufragi, con tempeste. Sulla scelta dei soggetti operistici molto influì anche la vasta e improvvisa diffusione che ebbe in Francia, a partire dagli anni '90, il genere inaugurato da Horace Walpole (1717-1797) dei romanzi "gotici" o "neri", così detti per le vicende lugubri e orripilanti, spesso ambientate in un sinistro Medioevo fantastico e di maniera. Il fatto nuovo fu il trasferimento di questi soggetti nell'*opéra-comique*, il cosiddetto *pièce à sauvetage* invece che nell'opera seria classica. Molta fortuna ebbe un tipo operistico fiorito sul tronco dell'*opéra-comique* denominato *pièce* o *opéra à sauvetage*, ("pezzo" o "opera a salvataggio"), caratterizzato da un intreccio che comportava una inattesa "liberazione" *in extremis* – da qui il nome del genere – dopo lunghe peripezie romanzesche del protagonista, eroe o eroina, soprattutto da ingiuste incarcerazioni, torture, morte. Il "cattivo" in queste opere è generalmente qualche "tiranno", rappresentante del potere ante Rivoluzione (della corte, della nobiltà, della Chiesa). Molto favore incontrò la storia di *Léonore, ou L'amour conjugal* ("Leonora, o L'amore coniugale") messa in musica (1798) da Pierre Gaveaux (1760-1825) e fonte di successive opere di F. Paer (1804), J.S. Mayr (1805) e Beethoven (*Fidelio*, 1805). La vicenda è basata su un fatto realmente avvenuto in Francia durante gli anni del Terrore: una signora travestita in abiti maschili si introduce in un oscuro carcere dove è illegalmente imprigionato il marito e lo protegge, rivoltella in mano, dal suo persecutore prima dell'arrivo del ministro, che fa togliere dalle catene i prigionieri innocenti. Questo tipo di soggetto tragico, seppure senza conclusione tragica e talvolta basato su avvenimenti contemporanei, lasciò tracce consistenti nel teatro musicale ottocentesco, contribuendo alla maggior drammatizzazione del linguaggio operistico.

Per calamitare l'attenzione del pubblico, si sfruttarono ampiamente negli *opéras à sauvetage* i più diversi e spettacolari *coups de théâtre* ("colpi di scena") e situazioni *shock*: sono eventi imprevisti che sopravvengono tutto d'un tratto, suscitano sgomento e portano a svolte brusche il corso dell'azione. Diventano, inoltre, sempre più importanti (di norma vengono introdotti nei momenti chiave della vicenda) i suoni fuori di scena: squilli di tromba, fanfare di fiati, rulli di tamburo, il suono di un'arpa, strumento che divenne sempre più popolare, ecc. La ricerca di una teatralità più intensa ebbe come conseguenza l'introduzione, nelle partiture e nei libretti, di esaurienti e dettagliatissime indicazioni sceniche circa i movimenti e i gesti dei personaggi, con sfumature sconosciute ai lavori precedenti, salvo l'uso che ne fece Rousseau nel suo *Pygmalion* del 1770 (cfr. il vol. II, Cap. 19). La caratteristica più importante fu l'allargamento cospicuo della gamma espressiva dell'orchestra. La quale venne usata per dare un colore sonoro caratteristico alla situazione drammatica, per accompagnare i gesti e i movimenti dei personaggi, per esprimere pensieri e sentimenti anche quando quelli non cantano. I tratti stilistici caratteristici dell'*opéra-comique* da fine Settecento in poi si possono così riassumere:

– Frequente uso di fitte figurazioni ritmiche e melodiche di accompagnamento agitato (archi in tremolo, frammenti di scale cromatiche, motivi sincopati, ecc.), adattissime per creare e mantenere una certa *suspense*.

– Massicci interventi di tutta l'orchestra e improvvisi "smorzando", con contrasti dinamici subitanei anche nella stessa battuta.

– Impiego di una vasta gamma di segni dinamici (non sono più rari "ppp" e "fff").

– Predilezione per le modulazioni immediate di una terza maggiore superiore o inferiore in punti di particolare importanza drammatica; tendenza a cambiare imprevedibilmente tra modo maggiore e minore; uso cospicuo di accordi di settima diminuita.

– Crescita dell'uso di forme musicali "aperte", con l'aria che tende ad inserirsi in un tessuto musicale più vasto che comprende dialoghi parlati (come detto, usanza normale negli *opéras-comiques*), sezioni in stile di *mélodrame*, ariosi accompagnati dall'orchestra, pezzi concertati d'insieme con coro.

– Importanza sempre maggiore assegnata al coro (normalmente a tre voci maschili) specialmente nel suo ruolo drammatico di personaggio attivo. Si sfruttano i cori "caratteristici" di contadini, soldati, marinai, pescatori o altri; spesso si distinguono per un tocco di esotismo fornito da danze popolari e un uso discreto di religiosità (preghiere, ecc.).

- Enfasi data alle voci virili (alcune opere sono del tutto prive di voci femminili); i ruoli eroici vengono sostenuti da un tipo di tenore peculiare dell'opera francese, di tessitura molto acuta, conosciuto come *haute-contre.*

La fonte di una buona parte di queste caratteristiche era l'opera buffa e seria napoletana, specialmente i finali d'atto.

Nella struttura musicale degli *opéras à sauvetage* acquistarono particolare importanza certi motivi che venivano riutilizzati nel corso dell'opera (donde il nome di "motivi ricorrenti" o "motivi conduttori") sia nelle voci che nell'orchestra. Si usano questi motivi per rappresentare specifici personaggi e i loro pensieri, e anche per simboleggiare idee morali ed emozioni (speranza, paura, pericolo, ecc.). I motivi vengono adoperati in modo non sistematico (ricompaiono poche volte) e non sono oggetto di elaborazione sinfonica nel senso del *Leitmotiv* wagneriano (vedi il Cap. 27).

Gli *opéras-comiques* più influenti del periodo rivoluzionario e dell'Impero furono quelli di Cherubini, di Etienne-Nicolas Méhul (1763-1817) e di Jean-François Le Sueur (1760-1837). Ad essi va il merito di aver sfruttato al massimo le convenzioni di quel genere operistico, continuando il processo avviato da Grétry di accogliere argomenti di carattere serio, e talvolta drammatico. Nei loro *opéras-comiques* si avverte l'impegno ad adeguare e integrare il più possibile la struttura musicale all'azione drammatica. Ciò implica la necessità di prescindere dal pezzo chiuso e di progettare le strutture musicali su ampia scala. Al contrario dell'opera italiana, vi si sviluppa una vocalità essenzialmente declamatoria, caratterizzata dall'assenza di fioriture, destinata più ad esprimere uno stato d'animo che a sbalordire lo spettatore. All'orchestra, spesso trattata in maniera molto originale, è affidato il compito importante di reggere la continuità del discorso musicale. Molta attenzione è posta, come detto, alla dimensione "visiva" dello spettacolo.

Ad imporre Cherubini in modo decisivo come uno dei più importanti compositori di Parigi furono quattro *opéras-comiques*, tutti rappresentati per la prima volta al teatro Feydeau: *Lodoïska* (1791), *Eliza* (1794), *Médée* (1797) e *Les deux journées* ("Le due giornate", 1800). Sono lavori che si distinguono per l'alta qualità della scrittura orchestrale, il carattere intensamente espressivo delle arie, la ricchezza e varietà del lessico armonico (caratteristiche sono le modulazioni audaci, talvolta sorprendenti, utilizzate a fini drammatici ed espressivi), un'energia ritmica impetuosa e pulsante, determinata da figure d'accompagnamento agitate e insistenti, colme di sforzando, accenti ritmici spostati, contrasti dinamici subitanei. *Lodoïska* colpì il pubblico teatrale dell'epoca (ebbe duecento esecuzioni di seguito) per l'accresciuta importanza musicale e drammatica dell'orchestra e per la forza espressiva dei numerosi ed estesi pezzi d'insieme (vedi il lungo quintetto del finale dell'atto III). La vicenda è ambientata in Polonia, nel Seicento: una fanciulla (Lodoïska) tenuta prigioniera in un cupo castello è liberata, dopo alcune peripezie, dal suo eroico innamorato (Floreski). Per le scene di singolare aspetto pittoresco, *Eliza* costituì una sorta di manifesto romantico: è la storia patetico-sentimentale di due giovani che trovano ricovero al loro amore contrastato nel paesaggio elegiaco delle Alpi (le nevi del monte San Bernardo). *Les deux journées* è un tipico *opéra à sauvetage*: narra del salvataggio di un conte e della consorte dai soldati di Mazarino (XVII secolo) per opera della povera famiglia di un portatore d'acqua. Per la severità dello stile, l'accentuato sinfonismo e i numerosissimi elementi romantici del suo linguaggio musicale *Médée* è forse l'opera più importante ed efficace di Cherubini. L'argomento si ispira al mito classico antico della maga Medea di Corinto che, quasi pazza di gelosia, non si rassegna all'abbandono di Giasone, al quale ha dato due figli. Decide di punire Giasone uccidendo i suoi figli, ma esita tuttavia alla loro vista. Ordinata all'esilio, si rifugia nel tempio di Giunone che viene circondato dal popolo in tumulto. Ne esce brandendo un pugnale lordo del sangue dei figli; poi incendia il tempio scomparendovi tra le rovine. *Médée* è un'opera giocata sulla forza di certe situazioni psicologiche dei protagonisti, còlta ed espressa con immediatezza impressionante (vedi, nell'atto III, la lotta di Medea tra il suo amore materno e il desiderio di vendetta). È un'opera che fa epoca nella storia del teatro musicale per la tragicità del soggetto e la completa concentrazione sul dramma della protagonista (termina con il suo supremo sacrificio). Come Orazia degli *Orazi e i Curiazi* (1796) di Cimarosa (cfr. il vol. II, Cap. 19), Medea è il prototipo della donna fatale dell'opera romantica, sempre in preda ad una incontenibile passione. *Médée* ebbe pronta e durevole diffusione nei Paesi tedeschi e fu opera grandemente ammirata da Beethoven, Weber e numerosi altri compositori dell'Ottocento.

Come le opere di Cherubini, anche alcuni *opéras-comiques* di Méhul incontrarono molto successo in Germania. Tra quelli che godettero di una ottima reputazione presso i contemporanei figurano *Mélidore et Phrosine* (1794), un soggetto avventuroso e marino – l'azione si svolge nello stretto di Messina – e *Ariodant* (1800), una storia romanzesca ambientata in una corte medievale. Fu riconosciuto il talento di Méhul ad esprimere ogni minima sfumatura drammatica, mediante uno stile armonico molto audace – alternanze tra tonalità remote senza preparazione, progressioni cromatiche, accordi di nona minore di dominante, ecc. – e un raffinato trattamento dell'orchestrazione per evocare la località o lo sfondo naturale in cui si svolge la vicenda. Mediante la strumentazione Méhul dà rilievo e intensità speciali a certi elementi della natura, quali le tempeste (vedi la bufera che infuria per quasi tutto l'atto III di *Mélidore et Phrosine*), nebbie, foreste, il mare calmo o agitato.

Gli *opéras-comiques* scritti da Le Sueur negli anni '90 – *La caverne* (1793), *Paul et Virginie* (1794) e *Télémaque* (1796) – prevedono spesso uno stile grandioso (con orchestre gigantesche e imponenti masse corali) volto alla ricerca di nuovi effetti sonori. *La caverne*, un soggetto banditesco con salvataggio finale, è un'opera truculenta, piena di incidenti stravaganti, passioni focose, lotte e travestimenti. Con il suo *Ossian, ou Les bardes* (1804) Le Sueur aprì la via al *grand opéra*, il genere dominante in Francia per quasi tutto l'Ottocento nel campo dell'opera seria e completamente musicata (vedi più avanti). Protagonista principale di *Ossian* è il leggendario bardo e principe nordico, l'eroe-artista insuperabile come guerriero, amante e arpista. Dedicata a Napoleone (1762-1821), il quale aveva una predilezione speciale per la storia dell'eroe nordico, l'opera ebbe un successo enorme e procurò a Le Sueur importanti riconoscimenti (nel 1804 fu nominato maestro di cappella dell'Imperatore).

L'opera seria francese durante l'epoca napoleonica

Con l'ascesa di Napoleone (Primo Console dal 1799, Imperatore dal 1804 al 1814) si ebbe il ritorno massiccio degli elementi spettacolari nel melodramma serio francese. Non diversamente da Luigi XIV (cfr. il vol. II, Cap. 18), egli incoraggiò una produzione teatrale che desse maggior lustro alla gloria del suo impero. L'Opéra tornò al centro della vita operistica parigina, specialmente da quando (1805) poté disporre di una sovvenzione governativa maggiore rispetto ai teatri di second'ordine. I soggetti operistici patriottici e guerreschi (romani antichi, medievali o esotici) ereditati dalla Rivoluzione, tornarono a godere del favore dell'Imperatore. Ogni spettacolo serio doveva lasciare ampio spazio ai cortei, alle sfilate, alle danze, al virtuosismo delle macchine teatrali. Una specie di opera ufficiale del

Regime divenne *Le triomphe de Trajan* ("Il trionfo di Traiano", 1807). Basata sulle gesta dell'eroico imperatore e conquistatore romano, l'opera fu scritta da Le Sueur e Louis-Luc Loiseau de Persuis (1769-1819) con l'intenzione di celebrare la campagna napoleonica in Prussia. L'allestimento dello spettacolo fu molto costoso: richiese 432 costumi e la presenza in scena di tredici cavalli. Le preferenze musicali di Napoleone andarono comunque verso l'opera italiana. Fu grande ammiratore della musica di Niccolò Zingarelli (1752-1837), F. Paer e G. Paisiello, al quale diede l'incarico di maestro di cappella della sua corte; nel 1803 Paisiello scrisse *Proserpine*, la sua unica opera francese, e per l'incoronazione di Napoleone compose nel 1804 una *Messe du sacre*.

Compositore imperiale per eccellenza va considerato il marchigiano di formazione napoletana Gaspare Spontini (1774-1851). Subito dopo il suo arrivo a Parigi nel 1803 Spontini si conquistò il favore di Giuseppina Bonaparte e poi quello di Napoleone. Dopo pochi anni occupò nella vita musicale francese una posizione di importanza senza pari dai tempi di Gluck. Lasciò Parigi nel 1820 per Berlino, chiamatovi da Federico Guglielmo III a dirigere la cappella di corte; vi rimase fino al 1842. L'opera sua di maggior successo europeo – fu successivamente tradotta in italiano e in tedesco – fu *La vestale* (1807), una *tragédie lyrique* a lieto fine ambientata nell'antica Roma. È la storia commovente – simile a quella della *Norma* (1831) di Bellini – di una vestale condannata a morte per aver trascurato i suoi voti (riceve però una sospensione della condanna, una variante perciò del tema del salvataggio). Spontini rappresenta la maestà del mondo romano antico mediante cori possenti (alcuni sono cori a nove parti reali) e una scrittura orchestrale di impressionante potenza sonora. Vi sono cortei trionfali (vedi quello dell'atto I che s'avanza in tempo di marcia, e la marcia funebre dell'atto III) che poggiano su figure ostinate di accompagnamento. Vi sono anche momenti toccanti di languido, passionale abbandono (vedi il grande duetto tra Giulia e Licinio nell'atto II) e di commossa tenerezza (vedi il duetto tra Giulia e la Grande Vestale nell'atto III con il suo vibrante assolo per oboe). Ancor più importanza alla dimensione colossale dello spettacolo e ai grandi effetti scenici fu data nel *Fernand Cortez* (1809), l'opera-chiave della musica francese dell'Impero. L'interesse del libretto di quest'opera si accentra principalmente sulla figura dell'eroico condottiero spagnolo del XVI secolo, presentato come liberatore del Nuovo Mondo. *Fernand Cortez* fu senza dubbio un'opera concepita e destinata a celebrare la figura eroica, il potere e la politica di espansione imperiale di Napoleone. L'allestimento fu infatti progettato in coincidenza con l'invasione napoleonica della Spagna. L'opera è organizzata in grossi complessi scenici di ordine spettacolare, come la carica di cavalleria (atto II) con l'orchestra che imita il ritmo degli zoccoli dei cavalli, l'incendio della flotta spagnola (atto I) e le sfilate di soldati con banda militare sulla scena (atto III) che esegue fanfare intermittenti. Nei momenti di maggior tensione del dramma Spontini ricorre ad un'orchestrazione massiccia e fragorosa, a scultorei declamati vocali, ad arroventate strutture corali. Con il *Fernand Cortez* il compositore marchigiano contribuì decisamente al processo di ampliamento e "drammatizzazione" delle strutture tradizionali dello spettacolo musicale. In questo senso, egli creò un nuovo tipo di teatro in musica in cui gli elementi scenici svolgono di nuovo una funzione essenziale. Gli elementi eroici e guerreschi proposti dal *Fernand Cortez* diverranno parte costitutiva del *grand opéra*, il genere che avrebbe conosciuto in Francia, una ventina d'anni dopo, un successo strepitoso. Oltre ai musicisti francesi, sono stati i compositori italiani a capire e a sfruttare la novità del *Fernand Cortez*. Nel 1820, a Napoli, Rossini ne diresse la prima versione italiana. L'opera esercitò sul compositore pesarese un'influenza che si ritrova nel *Maometto II* (1820), *Semiramide* (1823) e nelle opere del periodo parigino.

Il *grand opéra*

La presenza via via sempre più ampia nel melodramma francese degli elementi spettacolari, all'interno della struttura drammatica e musicale, portò al definitivo superamento della formula della *tragédie lyrique* e alla elaborazione di un nuovo genere operistico, il *grand opéra*, che si affermò a Parigi intorno al 1830, prolungandosi fino alla fine del XIX secolo. È un tipo d'opera di "grandi" proporzioni (ogni opera è quasi sempre articolata in cinque atti), contrassegnata da un notevole sfarzo nell'allestimento scenico, dalla presenza del balletto come parte essenziale dell'azione, da un massiccio dispiego di personaggi e di forze corali e orchestrali. A differenza dell'*opéra-comique*, il *grand opéra* era interamente musicato, anche nei recitativi. Si tratta di uno spettacolo operistico quant'altri mai costoso e complesso – specialmente per il gigantesco congegno di apparati scenografici – destinato a soddisfare un pubblico alto e medio borghese amante del lusso, che frequentava i teatri in cerca di novità, di divertimento, ma anche d'istruzione.

Nel teatro musicale francese del primo Ottocento si cercava "ciò che colpisce" invece del "bello" e della "nobile semplicità", ideali questi dell'estetica classicheggiante. Invece del pallore marmoreo che sembrava pervadere tutti i soggetti tratti dalla storia antica e dalla mitologia, si voleva rappresentare sul palcoscenico d'opera le grandi idee e i conflitti della storia moderna (il termine "moderno" comprendeva il Medioevo e i primordi dell'era moderna). La tendenza a ricorrere a soggetti storici che si affermò decisamente intorno al 1830 riguardò, oltre all'opera parigina, anche il teatro francese in prosa. Enorme successo al Théâtre Français ebbe, nel 1829, il dramma *Henri III et sa cour* ("Enrico III e la sua corte") di Alexandre Dumas padre (1802-1870), un lavoro che aderiva pienamente alla teoria del romanticismo annunciata nel 1827 da V. Hugo nella sua prefazione al *Cromwell* (cfr. il Cap. 24). La sostituzione dei soggetti tratti dalla storia antica con quelli tratti dalla storia più recente, venne considerata come passaggio dalla tradizione "classica" alla "rivoluzione" romantica.

Tra le opere allestite a Parigi che, dietro l'esempio del *Fernand Cortez* di Spontini, ebbero incontrastati meriti nel dare un impulso decisivo al neonato genere del *grand opéra*, figurano *La muette de Portici* ("La muta di Portici", 1828) di Daniel-François-Esprit Auber (1782-1871), il *Guillaume Tell* (1829) di Rossini, *La juive* ("L'ebrea", 1835) di Jacques-Fromental Halévy (1789-1862) e specialmente le quattro grandi opere di Giacomo Meyerbeer (1791-1864): *Robert le diable* ("Roberto il diavolo", 1831), *Les Huguenots* ("Gli Ugonotti", 1836), *Le prophète* ("Il profeta", 1849) e *L'africaine* ("L'africana", 1865). Soprattutto *Robert* e *Les Huguenots* divennero il modello, in Francia e in Germania (dopo la metà del secolo anche in Italia e in Russia) per un rinnovamento del teatro musicale, preparando di fatto la strada al *Musikdrama* wagneriano e alle opere della maturità di Verdi.

Nato a Berlino in una famiglia agiata di ebrei tedeschi (il suo vero nome era Jakob Liebmann Meyer Beer, che poi italianizzò a seguito dell'entusiasmo per il melodramma italiano) Meyerbeer ricevette la sua prima educazione musicale sotto la guida di Carl Friedrich Zelter (1758-1832) e dell'abbé Georg Joseph Vogler (1749-1814). Viaggiò molto fin da giovane in Italia e in Francia, assimilando così tradizioni diverse. Prima del successo procuratogli dal *Robert* egli aveva già alle spalle una quindicina di lavori teatrali, tra cui alcuni nello stile italiano, come il fortunato *Il crociato in Egitto* (Venezia 1824). Dal 1825 visse con una certa regolarità – ma non stabilmente – a Parigi. Nel 1842-1848 divenne successore di Spontini a Berlino

159

come direttore della cappella di corte. Determinante fu il suo incontro a Parigi con il librettista Eugène Scribe (1791-1861), che divenne il suo collaboratore autorevole e preferito; dalla loro collaborazione vennero i frutti più significativi nella definizione della drammaturgia del *grand opéra*. Benché Meyerbeer non si sia mai pronunciato programmaticamente sulle proprie intenzioni e i propri metodi artistici, sappiamo (da lettere, schizzi, abbozzi di libretti da lui corretti) che egli considerava il teatro musicale come un campo illimitato di sperimentazione: mirava consapevolmente ad un *Gesamtkunstwerk* ("opera d'arte totale") al quale dovessero contribuire tutte le arti. Egli riuscì sempre in modo coerente ad imporre le proprie ferme convinzioni, anche intervenendo ampiamente sul testo da musicare. Da qui all'unificazione di compositore e librettista in una stessa persona – che si affermò in pieno con Wagner (cfr. il Cap. 27) – il passo era breve. Forse in conseguenza dell'enorme successo delle sue opere Meyerbeer fu duramente criticato, tra gli altri, da Schumann e da Wagner. Quest'ultimo, anche per legittimare esteticamente la sua concezione del dramma musicale come qualche cosa di organicamente costruito, gli imputò di ricercare nei suoi lavori teatrali "l'effetto musicale senza causa" (cfr. *Oper und Drama* del 1851, Parte I, Cap. 6). La teorizzazione wagneriana sull'opera attinse comunque a piene mani dalle intuizioni musicali e drammaturgiche del *grand opéra* di Meyerbeer.

Accanto a Meyerbeer e ai compositori sopra citati, ebbero un ruolo determinante nella creazione del *grand opéra* il direttore del teatro dell'Opéra Louis Véron (1798-1867), il pittore scenografo Pierre-Luc-Charles Cicéri (1782-1868) e il librettista Scribe. Véron mirò consapevolmente ad un *Gesamtkunstwerk* (vedi le sue *Mémoires d'un bourgeois de Paris*, Parigi 1853-1855) al quale dovessero contribuire tutte le arti, calcolando il successo spettacolare presso il pubblico. Considerato il caposcuola della scenografia ottocentesca francese, Cicéri introdusse varie novità scenotecniche, tra cui lo strabiliante effetto dell'eruzione del Vesuvio in *La muette* di Auber, il "cyclorama" (un fondale ruotante attorno ad un tamburo che permetteva di far ruotare sulla scena il paesaggio al ritmo dell'azione dei personaggi; Wagner ne richiederà l'utilizzazione per il *Parsifal*), e vari effetti di illuminotecnica come l'uso della luce a gas per illuminare il piano scenico.

La complessità della messinscena e dell'apparato scenico rese indispensabile l'introduzione della nuova figura del direttore di scena (oggi chiamato regista), cioè di colui che coordina con piglio autoritario le posizioni e i movimenti dei cantanti, del coro, delle comparse sulle scene. Per evitare le incongruenze e le distrazioni con cui si era soliti inscenare le composizioni operistiche e per tutelare al contempo il più possibile sul piano della resa scenica il pensiero degli autori del libretto e della partitura, si affermò la consuetudine, a partire dal 1828 circa, di far circolare dei *livrets scéniques* ("libretti per la messinscena"), sia manoscritti sia pubblicati a stampa. Si tratta di opuscoli (il numero delle pagine variava da dodici a sessanta) che prescrivono minuziosamente il modo di realizzare l'opera sulle scene. Vi sono inclusi suggerimenti di recitazione per i cantanti e istruzioni relative ai movimenti delle masse corali, alla piantazione e all'aspetto delle scene nonché al modo di realizzarle. Ecco la riproduzione di una pagina del *livret scénique* (Parigi, ca. 1828) de *La muette de Portici* di Auber:

LA MUETTE DE PORTICI.

PLACEMENT DE LA SCÈNE II.

Deuxième peloton.   Troisième peloton.

        Un chef.   Un chef.

Premier peloton.

Une sentinelle.   Officiers.

Une sentinelle.

        N° 1. Alphonse.   N° 2. Lorenzo.

                Souffleur.

Vous le savez, on craint que sa rigueur
De ce peuple opprimé ne lasse la douceur.

Sur les deux mesures de l'*allegro maestoso* qui suivent ces deux vers, Alphonse écoute et regarde au fond, côté gauche, ainsi que les officiers. (On porte les armes.)
A ces vers :

Cher Lorenzo, de la prudence;
Viens rejoindre mon père et nous suivre aux autels.

ALPHONSE fait signe aux six officiers d'aller au devant de la princesse. Les officiers saluent et sortent par où ils sont entrés.

Voi lo sapete, si teme che la sua severità
Attenui la bonarietà di questo popolo oppresso.

Sulle due battute dell'*allegro maestoso* che seguono questi versi Alfonso ascolta e guarda verso il fondo [della scena], sul lato sinistro, e così fanno anche gli ufficiali. (Questi impugnano le armi.)

Prudenza, caro Lorenzo;
a raggiungere mio padre, seguici agli altari.

Alfonso fa cenno agli ufficiali di dirigersi davanti alla principessa. Gli ufficiali salutano e escono da dove sono entrati.

Questo sistema di documentazione esemplare per la rappresentazione di opere fu introdotto in Italia da Verdi a partire dalla *Giovanna de Guzman* (la versione italiana de *Les vêpres siciliennes*) del 1855. In Italia, a questi opuscoli si diede il nome di "disposizioni sceniche". Ecco la riproduzione della disposizione scenica per l'Atto I, scena 1 dell'*Otello* di Verdi (Milano, Ricordi 1887, p. 8):

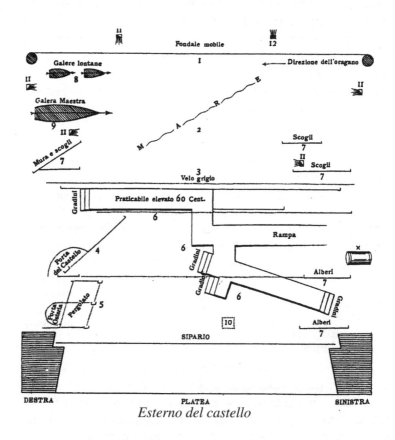

Esterno del castello

Eugène Scribe, il quale fu uno dei librettisti più prolifici e influenti del XIX secolo e scrisse tutti e quattro i testi dei *grands opéras* di Meyerbeer, attinse i soggetti dei suoi libretti da eventi storici aventi sullo sfondo un conflitto politico o religioso. Erano soggetti che si confacevano ad un preciso gusto della cultura francese ed europea dell'epoca, consentivano di inserire grandi scene di massa – scontri armati, cortei nuziali, tumulti di popolo, incoronazioni, congiure politiche, ecc. – offrivano il destro a molteplici effetti spettacolari sempre realizzati con meticolosa precisione, e al contempo fornivano occasione di godimento del pubblico. Vale ricordare che le implicazioni politiche o ideologiche non sono mai state estranee ai soggetti del teatro d'opera francese, dalla *tragédie lyrique* fino all'*opéra-comique*. Sono opere che inconfondibilmente prendono posizione a favore degli oppressi: del popolo napoletano (rivolta del 1647) capeggiato da Masaniello ne *La muette de Portici*, dei protestanti e degli anabattisti del XVI secolo rispettivamente ne *Les Huguenots* e nel *Prophète*, degli ebrei al tempo del Concilio di Costanza (1414-1418) ne *La juive*. Con *L'africaine* Scribe aveva sollecitato e divinato una nuova moda dell'Africa nei soggetti operistici, una moda che scaturì dalla politica coloniale della Francia e di altre nazioni dell'epoca, e sulla quale Camille Du Locle (1832-1903) e Verdi avrebbero modellato l'*Aida*, vero *grand opéra* d'esportazione. Le trame dei libretti di Scribe mettono l'enfasi sulla vicenda collettiva di un popolo, con minore attenzione alle vicende dei singoli personaggi, che spesso agiscono al cospetto di una folla di persone o in conflitto con essa. L'azione "privata" – una storia d'amore, per esempio – dei protagonisti resta pertanto in secondo piano di fronte all'azione "pubblica", che si manifesta nelle grandi scene di massa.

La drammaturgia del *grand opéra* si foggia sull'avvicendarsi di scene di massa e di romanze toccanti, di violente sonorità orchestrali e di assoli strumentali. L'opera è articolata in una serie di grandi aggregati scenico-musicali, i *tableaux* ("quadri"), ognuno dei quali presenta una "situazione" (= tappa dell'azione drammatica) ed è costituito, come il "numero" dell'opera italiana coeva, da una libera concatenazione di recitativo, aria, concertato vocale, coro, ed eventualmente balletto o pantomima. Il coro è uno dei "personaggi" principali del dramma: è quasi sempre presente nei momenti cruciali della trama e talvolta ne diventa il principale protagonista (vedi la scena della congiura nel *Guillaume Tell* di Rossini, finale dell'atto II). La cornice spettacolare non impedisce però il dispiegamento di un certo numero di pezzi vocali solistici (arie, duetti, ecc.), molti dei quali sono di semplice struttura binaria (A, A': vedi l'aria di Mathilde

Sombre forêts nel *Guillaume Tell*, atto II), mentre altri sono caratterizzati da un virtuosismo vocale esuberante (vedi l'aria di Marguerite *O beau pays* ne *Les Huguenots*, atto II).

La massiccia sonorità orchestrale e corale del *grand opéra* costrinse tutti i cantanti solisti, ma in particolare i tenori, a trasformare la tecnica vocale. Al posto del canto fiorito e d'agilità, dall'espressione tenera ed elegiaca che fino ad allora aveva predominato, s'incoraggiò la vocalità stentorea a sfondo declamatorio, facendo prevalere il fraseggio incisivo, le tessiture alte, gli estremi acuti attaccati di forza con voce piena e vigorosa, detta "di petto". Il tenore francese Gilbert-Louis Duprez (1806-1896) fu il cantante che maggiormente rivoluzionò la tecnica vocale dell'Ottocento. Addestrato in Italia, portò in Francia la nuova figura del "tenore di forza", volto ad ottenere una voce particolarmente scura e sonora, capace di emettere il DO_4 "di petto", cioè l'acuto non più etereo bensì corposo e passionale (in precedenza i tenori usavano dal SOL o $LA\flat_3$ in poi la "voce di testa", sinonimo di "falsetto" o "voce falsa"). Duprez interpretò negli anni '30 la parte di Arnold nel *Guillaume Tell* di Rossini con la voce tutta impostata "di petto" per le note sopracute.

Come il melodramma italiano coevo, il *grand opéra* attuò la piena valorizzazione del cantante tenore. È la voce che si identifica con la figura del giovane ardimentoso, fiero, leale, campione della libertà e della giusta causa, talvolta in contrasto tra l'amore della patria – o della fede religiosa – e quello d'una donna. Masaniello della *Muette de Portici*, Raoul degli *Huguenots* sono, con Arnold del *Tell*, i prototipi della figura del giovane tenore eroico, che quasi tutti i compositori romantici – tra i quali Donizetti, Verdi e persino Wagner – esalteranno. Il timbro scuro e profondo del basso coglie talune particolari connotazioni tetre (il dèmone Bertram di *Robert le diable*, per esempio), oppure si contrappone come antagonista o rivale in amore del tenore (Oberthal di *Le prophète*). La voce di soprano è legata soprattutto alla figura di una giovane donna innamorata, un essere al quale non si addicono che amori idealizzati, spesso vittima delle faide familiari, delle lotte politiche e religiose (Mathilde di *Guillaume Tell*, Isabelle di *Robert le diable*). È soprattutto con il canto leggero di agilità, spinto verso le tessiture acute, che si esprime la fragilità, la purezza della condotta, l'illimitato spirito di sacrificio di questa creatura angelica. Viene simultaneamente alla ribalta un tipo di soprano drammatico con caratteristiche di agilità, ma che richiede una voce dal registro molto esteso, incline ad un canto più specificatamente vigoroso, spesso d'impronta declamatoria. È il soprano *Falcon*, così detto dal nome della cantante francese Marie-

Cornélie Falcon (1814-1897), prima interprete di Rachele de *La juive* di Halévy e di Valentine de *Les Huguenots*.

Caratteristica del *grand opéra* è anche la ricerca di nuovi volumi sonori ed effetti strumentali. Meyerbeer, per esempio, impiega con una certa frequenza ricche e sontuose combinazioni strumentali, derivanti dall'aggiunta di orchestre sussidiarie in palcoscenico per l'accompagnamento degli spettacolari movimenti di masse, cortei e sfilate (vedi la "Marcia dell'incoronazione" in *Le prophète*, atto IV). Molto tipici di Meyerbeer sono inoltre i frequenti assoli strumentali sovrapposti al canto vocale (vedi l'assolo virtuosistico del flauto che accompagna l'*air* di Marguerite *O beau pays* in *Les Huguenots*, atto II). Al timbro orchestrale viene spesso assegnata una funzione dramaturgica: è utilizzato per rendere più incisiva l'ambientazione scenica, nel senso di un'estetica della *couleur locale* ("colore locale"), e per tratteggiare musicalmente certe situazioni e personaggi. Tra gli innumerevoli esempi di "colore locale" presenti nel *Tell* di Rossini figurano la melodia popolare svizzera denominata *ranz des vaches* ("sfilata delle vacche") affidata al corno inglese in dialogo col flauto nella terza parte ("Andantino") dell'*ouverture*, e, nell'atto I, la canzone del pescatore accompagnata da due arpe e il coro di pastori con bordone e triangolo. In *Robert le diable* la sfera demoniaca è contrassegnata da uno specifico "timbro conduttore" di strumenti a fiato dal registro grave e timpani, mentre all'universo opposto, quello candido e solare rappresentato dalla figura di Alice, spettano i legni nel registro acuto e gli archi.

Caratteristica precipua del linguaggio armonico dei *grands opéras*, specialmente quelli di Meyerbeer, è l'esplorazione di agglomerati accordali inusitati, di successioni dissonanti sopra, o attorno, una nota di pedale, di passi cromatici in progressione, come avviene (ESEMPIO 1) sulle parole che Jean rivolge alla madre nell'atto IV de *Le prophète:*

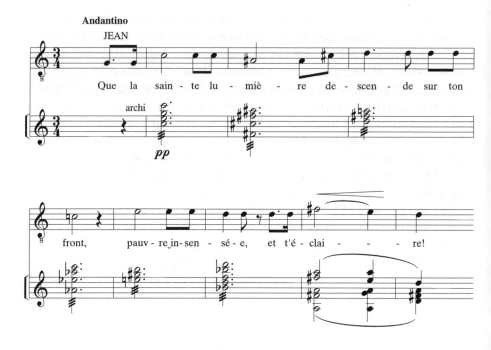

(Che la santa luce discenda su di te, povera folle, e ti illumini!)

ESEMPIO 1

Nelle situazioni altamente drammatiche e tensive talvolta si passa ad una nuova tonalità, anche distante, semplicemente scivolando cromaticamente o enarmonicamente. Tra i tratti stilistici che ricorrono con una certa frequenza nei *grands opéras* figurano anche i ritmi puntati (nelle parti vocali e negli accompagnamenti) e l'appesantimento melodico determinato dai frequenti disegni di terzine.

Il melodramma francese nel secondo Ottocento

Parallelamente al *grand opéra* si sviluppò l'*opéra-comique*, che si distaccò sensibilmente, a partire dal 1820-1830, dalla produzione precedente in lingua francese. Si manifestò la tendenza di dare a quel genere di spettacolo un tono essenzialmente leggero o semiserio: le trame dei libretti evitarono di mettere in risalto sentimenti ed emozioni complesse, mentre la musica utilizzò le forme più semplici come i *couplets* strofici, i *rondeaux*, i concertati e i finali brevi nonché i diversi tipi di danza. Nella creazione delle melodie e degli accompagnamenti prevalse la ricerca della gradevolezza più che dell'intensità drammatica. I caratteri tipici di questo tipo di *opéra-comique* sono presenti specialmente ne *La dame blanche* (1825) di Adrien Boieldieu (1775-1834) e nelle opere di maggior successo di Auber e di Ferdinand Hérold (1791-1833). Notevole per la freschezza melodica e la vitalità ritmica, la trama divertente e leggermente piccante (un'avventura galante di un eroe bandito) è *Fra Diavolo* (1830) di Auber su libretto di Scribe. Con *Zampa* (1831) Hérold cercò di portare ad un livello più serio l'*opéra-comique* (il libretto è un rifacimento del *Don Giovanni* di L. Da Ponte, con un pirata come protagonista): la partitura ha un sapore meyerbeeriano ottenuto con l'ausilio di un grande coro e di un'enorme orchestra (vedi i numerosi strumenti a percussione che accompagnano quasi tutta la musica di Zampa). In obbedienza alle convenzioni dell'*opéra-comique* del tempo, Hérold adopera un idioma buffo (vivaci ritmi di polka, salti fino a due ottave nella parte vocale, ecc.) per situazioni sia serie che comiche. *Zampa* ottenne un successo strepitoso e rimase per lungo tempo nel repertorio dei teatri parigini.

Poco dopo la metà del XIX secolo nacque a Parigi, sul tronco dell'*opéra-comique* di carattere leggero, un nuovo genere, l'*opéra bouffe* (da non confondersi con l'opera buffa italiana del Settecento) o "operetta", composta di parti recitate, cantate e danzate. È un tipo d'opera la cui sostanza musicale consiste in canzoni, danze, marce tipiche dell'epoca, ma anche nell'appropriazione parodistica delle forme convenzionali (arie, duetti, ecc.) dell'opera "seria". Suo scopo precipuo è di offrire al pubblico un'occasione di distensione e di godimento immediato. Si fonda pertanto su un linguaggio musicale di carattere leggero, brioso, fruibile dai ceti borghesi culturalmente poco esigenti, avidi di facili emozioni. Prevalgono soprattutto i travolgenti ritmi di valzer, un genere di ballo reso all'epoca molto popolare da Philippe Musard (1793-1859) a Parigi e da Johann Strauss padre (1804-1849) e figlio (1825-1899) a Vienna. In un primo tempo i libretti d'*opéra bouffe* sono a sfondo mitologico o anche ambientati in un fantastico mondo esotico; le vicende sono sempre gradevoli ma poco credibili e mettono in evidenza situazioni parodistiche, oscillanti tra serietà melodrammatica e pungente umorismo, ora sfrenato ora sottile. Dopo il 1870 circa, le trame d'operetta francese e viennese cominciano a tendere verso una seriosità sentimentale.

Jacques Offenbach (1819-1880) viene considerato il fondatore dell'operetta. Ne compose un centinaio, molte di un atto solo, che lo resero famosissimo a Parigi e ovunque in Europa. Enorme successo ebbero soprattutto *Orphée aux enfers* ("Orfeo agli inferi", 1858), che mette in ridicolo la storia di Orfeo e l'intero Pantheon degli dèi greci, e *La belle Hélène* ("La bella Elena", 1864), una parodia del mondo omerico e del classicismo di maniera. Molto vicine allo spirito di Offenbach sono, del repertorio viennese, le operette di Franz von Suppé (1819-1895) e di Johann Strauss figlio, autore del fortunatissimo *Die Fledermaus* ("Il pipistrello", 1874).

Un tipo d'opera fiorito in Francia nella seconda metà dell'Ottocento, con risonanza internazionale, fu detto dell'*opéra lyrique*. È un genere intermedio fra il leggero dell'*opéra-comique* – di cui continuò a portare il nome nei casi in cui conservò il dialogo parlato – e il tono eroico spettacolare del *grand opéra*. La librettistica degli *opéras lyriques* abbandona gli argomenti tratti dalla storia universale per appropriarsi di storie intime d'amore, dalla vena sentimentale e sensuale nello stesso tempo. I soggetti d'opera sono ricavati dalla letteratura di largo consumo oppure da celebri opere di narrativa o di teatro (Shakespeare, Prévost, Goethe). Lavori principali di questa tendenza del teatro musicale francese furono il *Faust* (1859 nella forma *comique*, quindi rimaneggiato nel 1869 in forma di *opéra*), *Mireille* (1864), *Roméo et Juliette* (1867) di Charles Gounod (1818-1893); *Mignon* (1866) e *Hamlet* (1868) di Ambroise Thomas (1811-1896); *Manon* (1884) e *Werther* (1892) di Jules Massenet (1842-1912). L'ampio successo di queste opere fu dovuto principalmente a parecchie melodie, sentimentali e di danza, che sono facili da ricordare. Fra i tratti caratteristici figurano anche la cura di molti particolari della strumentazione, molto raffinata, e la riscoperta dei valori del canto sillabico perfettamente aderente agli accenti irregolari della poesia francese. La linea vocale tende in effetti ad evitare i ritmi simmetrici e squadrati. Un procedimento tipico consiste nell'iniziare una melodia con piccoli intervalli e proseguire verso intervalli più ampi, come si può vedere (ESEMPIO 2) nell'aria di Mignon *Connais-tu le pays* dall'opera omonima (atto I) di Thomas:

(Conosci il paese dove fiorisce l'arancio?)

ESEMPIO 2

Altro tratto stilistico saliente che accomuna specialmente gli *opéras lyriques* di Gounod e Massenet è la tendenza a frammentare la linea vocale, affidando nel contempo materiali melodici più completi all'orchestra. Talvolta la linea melodica viene fortemente rinforzata dall'orchestra (per un esempio, vedi lo slancio appassionato di Werther *O spectacle idéal* in *Werther*, atto I), dando luogo ad un discorso lirico molto "intensificato" (un linguaggio di questo genere sarà tipico di Puccini e di altri compositori dell'inizio del XX secolo). Nelle partiture di Gounod e degli altri operisti francesi del tempo si fa inoltre ampio uso dei motivi conduttori, ma non in modo così estensivo come avviene nella musica di Wagner.

L'opera che segnò senz'altro una tappa fondamentale nella storia del melodramma francese del secondo Ottocento, e che si inserisce tra i massimi capolavori del teatro musicale di tutti i tempi, è *Carmen* (1875) di Georges Bizet (1838-1875). Come la versione originale del *Faust* di Gounod, *Carmen* fu concepita nella forma dell'*opéra-comique* mista di parlato e di musica; per l'allestimento viennese (ottobre 1875) Ernest Guiraud (1837-1892) trasformò i dialoghi in recitativi, la versione oggi familiare.

Con *Carmen* Bizet mirò a rigenerare l'*opéra-comique* scegliendo un soggetto di immoralità e crudo realismo: una vicenda d'amore, di gelosia e di sangue articolata con la forza di una tragedia classica. Introdusse così nell'arte lirica quella specie di realismo psicologico con cui Honoré de Balzac (1799-1850) e Prosper Merimée (1803-1870) avevano rinnovato precedentemente la narrativa francese. Il libretto di *Carmen* fu ricavato dalla celeberrima novella omonima (1845) di Merimée ambientata nella Spagna del tempo. È la storia di Don José, brigadiere dei Dragoni, il quale si innamora follemente della gitana sigaraia Carmen. Degradato per averla lasciata fuggire dal carcere, si fa contrabbandiere e brigante pur di vivere con lei. Ma Carmen si invaghisce del *toréador* Escamillo e tradisce José. L'ex

Dragone cerca di convincerla a restare con lui, ma Carmen vuole mantenere inalterata la propria libertà e lo respinge. José, esasperato, la uccide. Alla prima rappresentazione al Teatro dell'Opéra-Comique di Parigi nel marzo 1875 *Carmen* fu accolta con freddezza dalla critica e dal pubblico. Si gridò allo scandalo per l'"immoralità" del soggetto e per il fatto che le sigaraie erano apparse fumando sulla scena. *Carmen* era scandalosa anche perché asseriva che le passioni profonde erano questione della vita di tutti i giorni e perché la protagonista era uno spirito incorreggibilmente libero, ben al di là dei confini dell'esperienza del pubblico benpensante borghese del tempo. Oltre che nella scelta del soggetto, il realismo di Bizet consiste nel tentativo di definire un "colore locale" spagnolo, praticamente evidente in ogni pagina della partitura: si impone subito all'attenzione con il *Prélude* orchestrale all'atto I. A produrre molti effetti "locali" o "caratteristici" nel corso dell'opera sono specialmente i ritmi elementari e travolgenti uniti ad un'incomparabile vitalità melodica e ad una straordinaria ricchezza della scrittura orchestrale. L'ambientazione spagnola non deriva comunque da un folklore vero e proprio, se non da qualche ritmo di danza: l'*Habanera* e la *Seguidille* nell'atto I, la *Chanson bohème* nell'atto II, che Bizet peraltro non citò letteralmente. Ben diversamente dalle convenzioni dell'*opéra-comique* e della *tragédie lyrique*, l'elemento esotico-pittoresco diventa in *Carmen* l'elemento centrale e non marginale o casuale – esercita cioè una precisa funzione drammaturgica – mentre l'elemento lirico-sentimentale costituisce un'interpolazione secondaria. Quest'ultimo elemento è espresso da Micaëla (vedi il duetto *Parlemoi de ma mère*, atto I, e l'aria *Je dis que rien ne m'épouvante*, atto III), una creatura sentimentale, e da Don José (vedi l'appassionato cantabile de *La fleur que tu m'avais jetée*, l'"aria del fiore", atto II, e del duetto finale dell'opera); ambedue i personaggi restano comunque in secondo piano – Micaëla nemmeno figura nella novella di Merimée – di fronte alla forza fatale e incantatoria di Carmen e al mondo festante delle piazze di Siviglia, delle sigaraie, dei monelli, di Escamillo, il cui carattere vanitoso e brutale è così ben tratteggiato nell'"aria del *toréador*" (*Votre toast*, atto II). La protagonista è incapace di abbandonarsi all'empito lirico; può solo parodiarlo (nel duetto finale con Don José) ma non farlo proprio. Fattore non secondario del carattere fascinatore e "selvaggio" di Carmen è appunto il timbro da contralto-mezzosoprano della sua voce: timbro cupo e vellutato, eppure capace di raggiungere il registro più acuto. Il tono oscuro della voce di Carmen è adoperato con straordinaria efficacia drammatica nel terzetto dell'atto III (la "scena delle carte"): alla melodia solenne nel registro basso cantata dalla gitana (l'assale un tetro presentimento di morte) si oppone la gaia banalità del *refrain* delle due amiche, che ricorda l'operetta ma che qui assume il colore macabro al quale si accompagna sempre la gaiezza in prossimità della morte.

Per quanto riguarda l'organizzazione formale, *Carmen* non differisce molto da quella dell'*opéra-comique* tradizionale: è composta di arie e duetti, pezzi d'insieme, cori, brani strumentali. Bizet creò la partitura in modo che il dramma risultasse articolato con la forza di una tragedia che precipita irreparabilmente verso la fine. Egli usa anche un certo numero di motivi che ricorrono nell'opera. Il principale è il motivo della fatalità dell'amore di Carmen. Caratterizzato dall'intervallo di seconda aumentata, esso compare nel *Prélude* all'atto I (ESEMPIO 3) e poi di tratto in tratto nel corso della partitura.

ESEMPIO 3

La fama di *Carmen* crebbe rapidamente: fu eseguita in tutti i teatri d'Europa e del mondo. Il filosofo Friedrich W. Nietzsche, il quale udì l'opera per la prima volta nel 1881 a Genova e da allora non si stancò di andarla a vedere ogni qual volta se ne presentava l'occasione, ne parlò con tono entusiastico nello scritto *Der Fall Wagner* ("Il caso Wagner", Lipsia 1888). Nel tentativo di orientare l'arte, la vita spirituale, verso forme più "spontanee", "naturali", Nietzsche contrappose polemicamente le terrestri qualità mediterranee di *Carmen* alle "tetraggini nordiche" della musica di Wagner, pervasa dalla "melodia infinita". Ecco uno dei passi più significativi del saggio di Nietzsche:

> Anche quest'opera redime; non soltanto Wagner è un "redentore". Con essa si prende congedo dall'*umido* Nord, da tutti i vapori dell'ideale wagneriano. Da tutto questo già ci redime l'azione. Essa ha ancora di Merimée la logica nella passione, la linea più breve, la *dura* necessità; essa soprattutto possiede quel che è proprio delle regioni calde, l'asciuttezza dell'aria, la *limpidezza* nell'aria. Qui il clima è mutato sotto ogni aspetto. Qui parla un'altra sensualità, un'altra sensibilità, un'altra serenità. Questa musica è serena; ma non di una serenità francese o tedesca. La sua serenità è africana: essa ha su di sé la fatalità, la sua felicità è breve, improvvisa, senza remissione. Invidio Bizet per aver avuto il coraggio di questa sensibilità che fino ad oggi non aveva ancora un linguaggio nella musica cólta d'Europa – il coraggio di questa sensibilità meridionale, più abbronzata, più riarsa...

La musica di Bizet influenzò numerosi operisti italiani e francesi di fine Ottocento. *Carmen* aprì inoltre la strada al trattamento realistico dei soggetti d'opera, a quel movimento che fu in seguito detto del "Verismo".

Bibliografia

In merito agli operisti italiani attivi a Parigi e alla situazione del teatro musicale in Francia, a cavallo tra Sette e Ottocento, vedi G. Pestelli, *L'età di Mozart e di Beethoven*, nuova ed., Torino, EDT 1991, Cap. IV, par. 28. Un eccellente sguardo d'insieme sulle importanti innovazioni (nell'orchestrazione, scrittura vocale, aspetti spettacolari, ecc.) che vengono introdotte nell'opera francese dell'età della Rivoluzione e dell'Impero è dato dal saggio di W. Dean, *L'opera francese*, in *L'età di Beethoven, 1790-1830*, a cura di G. Abraham, Milano, Feltrinelli 1984, Cap. II ("Storia della Musica", 8). Eccellente e metodologicamente molto aggiornata è anche la trattazione dell'opera francese in F. Della Seta, *Italia e Francia nell'Ottocento*, Torino, EDT 1993, Capp. III e V. Per l'epoca che va dal 1830 a fine secolo vedi i saggi di D. Charlton compresi nei Capp. III e VI del vol. *Il Romanticismo (1830-1890)*, a cura di G. Abraham, Milano, Feltrinelli 1991 ("Storia della musica", 9). Per un quadro generale dei caratteri stilistico musicali del *grand opéra*, dell'*opéra-comique* e dell'*opéra lyrique* vedi D. J. Grout, *Breve storia dell'opera*, Milano, Rusconi 1995, Capp. XIX-XX. Il contesto storico culturale dell'opera francese è ben delineato da C. Dahlhaus, *La musica dell'Ottocento*, Scandicci, La Nuova Italia 1990, pp. 134-144, 240-250.

Sulla struttura drammatica e musicale del *Fernand Cortez* di Spontini vedi il saggio di J. Joly compreso nel suo *Dagli Elisi all'inferno. Il melodramma tra Italia e Francia dal 1730 al 1850,* Scandicci, La Nuova Italia 1990, pp. 202-226. Per una circostanziata analisi delle caratteristiche musicali e drammaturgiche dei *grands opéras* di Meyerbeer vedi il saggio di S. Döhring, *Giacomo Meyerbeer: il grand opéra come dramma d'idee*, in *La drammaturgia musicale*, a cura di L. Bianconi, Bologna, Il Mulino 1986, pp. 365-381.

Per una approfondita analisi dell'introduzione e affermazione dell'opera italiana – seria e buffa – a Parigi nel Settecento vedi lo studio, eccellente e ben documentato, di A. Fabiano, *I "buffoni" alla conquista di Parigi. Storia dell'opera italiana in Francia tra "Ancien Régime" e Restaurazione (1752-1815): un itinerario goldoniano*, Torino, De Sono-Paravia 1998. Sullo stesso argomento vedi anche M. Calella, *Rivoluzioni e "Querelles": la musica italiana alla conquista dell'Opéra*, in *The Eighteenth-Century Diaspora of Italian Music and Musicians*, a cura di R. Strohm, Brepols, Turnhout 2001, pp. 287-321.

Su *Carmen*, vedi W. Dean, *Bizet*, Torino, EDT/Musica 1980, pp. 205-231. Sulla reputazione di *Carmen* quale prototipo di opera "verista", e sua fortuna nei teatri italiani, vedi S. Viglino, *La fortuna italiana della "Carmen" di Bizet (1879-1900)*, Torino, De Sono-EDT 2003.

26. *Il melodramma italiano.*

Il contesto storico e sociale

Anche se gli anni che seguirono l'invasione delle armate francesi nel 1796 e poi il periodo del governo napoleonico (1801-1814) segnarono l'inizio di un rinnovamento in campo legislativo e avviarono la spinta verso una coscienza nazionale, lungo quasi tutto il XIX secolo l'Italia rimase, sotto l'aspetto politico e sociale, un Paese essenzialmente conservatore. Col riassetto territoriale del Congresso di Vienna (1815) la mappa politica dell'Italia mutò ben poco rispetto a un secolo prima. E fino a quando non fu nominalmente unificato nel 1860, il Paese era ancora smembrato in una decina di Stati, che dipendevano più o meno strettamente da una potenza straniera, in particolare l'Austria. Per molti anni la vecchia nobiltà locale, e quanti ad essa erano legati, mantenne il monopolio della ricchezza e del potere. I moti rivoluzionari del 1848-1849 lasciarono però in eredità una certa libertà di idee, contribuendo a far tracollare il vecchio ordinamento della società italiana. Dopo l'Unità, la nuova *élite* liberale avviò il difficile processo di "democratizzazione" controllata dal sistema di governo, che avrebbe portato al suffragio universale maschile, raggiunto nel 1913. Con l'espandersi dell'economia e dell'industria, soprattutto nel nord-ovest del Paese, la classe media emergente – composta di professionisti, impiegati e colletti bianchi – si affermò come forza politica. Dietro l'impulso della crescita industriale, l'ultimo quarto del secolo vide inoltre sorgere grandi città moderne come Milano, Torino, Genova, Bologna e Roma, con ferrovie, tram, sfarzosi edifici pubblici e aree residenziali e commerciali costruite sul modello della Parigi dei *boulevards*. Si fecero enormi passi avanti nel campo dell'alfabetizzazione di massa – quando il Paese fu unificato più del 90% della popolazione era analfabeta – e la cultura nazionale, ora molto più aperta che in passato alle influenze straniere, si comunicò ad una cerchia più ampia della popolazione. Per molti anni le classi cólte rimasero comunque attaccate – facendosene vanto – al gusto letterario dell'arte classica ereditata, un'arte impersonale e riservata, forte soprattutto nelle qualità formali. Infatti l'estetica romantica, che aveva affermato un nuovo valore del sentimento che sgorgava dalle profondità dell'animo, cominciò a filtrare in Italia soltanto nella seconda metà del secolo.

Si può dire che la via italiana al romanticismo ebbe una qualificazione soprattutto musicale, e in particolare operistica. Furono i librettisti d'opera a realizzare quel che chiedevano i letterati romantici del primo Ottocento, dietro esortazione di Madame de Staël (1766-1817), il cui saggio *De l'esprit des traductions* ("Sulla maniera e la utilità delle traduzioni") apparve nella milanese *Biblioteca italiana* del 1816: vi si perora l'utile che la cultura italiana trarrebbe dalla traduzione di poesia tedesca e inglese.

Nella storia italiana dal rinascimento in poi, il melodramma dell'Ottocento costituì senz'altro il fenomeno artistico più appariscente e fors'anche più consistente, almeno in termini di fortuna temporale (arriva fino ai nostri giorni) e di successo internazionale. Per tutto il XIX secolo l'opera rimase una forma d'arte amata dagli italiani di tutte le classi e condizioni sociali. Proprio perché raggiunse e conquistò un pubblico a cui spesso erano rimasti ignoti – data la spiccata a-letterarietà della società italiana del tempo – Dante, Petrarca, Tasso, Leopardi, ecc., il melodramma fu l'elemento trainante nella formazione di una coscienza nazionale unitaria. Già i contemporanei avevano ravvisato nella "popolarità" uno dei connotati più rilevanti dello spettacolo d'opera: vedi a questo proposito le osservazioni di Giacomo Leopardi (1798-1837) nello *Zibaldone* (20-21 agosto del 1823). Inoltre vale notare che l'unico luogo d'incontro fra le diverse classi sociali fu in quegli anni il teatro d'opera, sia pure gerarchicamente ordinato nei tre precisi e ben delimitati settori della platea (vi prendeva posto la classe media, viaggiatori e ufficiali), dei palchi (vi si trovavano le classi elevate: nobili e ricchi possidenti) e della galleria (creata negli ultimi decenni del secolo per ospitare bottegai, artigiani, soldati).

Il teatro d'opera occupava, in Italia, un posto centrale nella vita sociale tanto delle principali città, come delle cittadine di provincia. Durante le stagioni operistiche, regolari o saltuarie o sporadiche, le persone agiate consideravano il teatro come il luogo ideale di ritrovo pubblico serale. Per tradizione (cfr. il vol. II, Cap. 19) ci si recava a teatro non solo per ascoltare le opere che venivano rappresentate, ma per parlare, mangiare, giocare d'azzardo nei *foyers* – il gioco costituiva una fonte di profitto per l'amministrazione del teatro. Alla fine della stagione di carnevale, inoltre, si tenevano balli mascherati con banchetto; poca attenzione destava invece il teatro di prosa. In un contesto simile l'opera doveva necessariamente essere congegnata quale spettacolo composto, da risultare comprensibile a tutti, adatto a soddisfare i gusti del pubblico, un po' come i film di Hollywood o la televisione del XX secolo.

Data la domanda crescente un po' ovunque di spettacoli operistici, l'edilizia teatrale subì un notevole impulso nel corso dell'Ottocento. Sotto i governi della restaurazione (1821-1847) i teatri – suddivisi in "alto cartello" e "di cartello" – con stagioni d'opera regolari o sporadiche erano circa 250 (la distribuzione era più elevata al nord e al centro del Paese), un numero più che raddoppiato rispetto al centinaio di teatri attivi nel 1785. Nel 1871 c'erano in 699 città non meno di 940 teatri in attività, molti dei quali erano dedicati all'opera. Negli anni '90 vennero ufficialmente censiti 1055 teatri, sia di prosa sia lirici, in 755 comuni. A cavallo tra Otto e Novecento furono eretti nuovi teatri – molti nel sud Italia – alcuni dei quali furono chiamati "politeama", un termine che significava che avevano molta capienza di posti. Dopo il 1914, la diffusione crescente del cinema come intrattenimento popolare cominciò a fare dura concorrenza all'opera: l'Italia era all'avanguardia nel cinema muto. In pochi anni molti teatri d'opera vennero riadattati al cinema, il quale in Italia prenderà il posto del melodramma nella cultura di massa.

Nell'Ottocento la musica operistica veniva ascoltata anche da chi non poteva permettersi di andare a teatro. La musica d'opera costituiva il fondamento principale del repertorio – a tutt'oggi mal documentato criticamente – dei complessi bandistici. Create dopo il regime napoleonico un po' ovunque in Italia, anche nelle piccole città, le bande divennero un elemento caratteristico delle feste pubbliche, delle celebrazioni locali, delle fiere di campagna, e quindi importante veicolo divulgativo della musica cólta. A partire dagli anni '40 le melodie d'opera erano diffuse anche dai suonatori ambulanti d'organetto, una forma primitiva di pianoforte portativo inventato nel 1805. I più noti motivi operistici venivano inoltre suonati da organisti in chiesa durante le funzioni religiose, perfino ai funerali. A questo proposito, si veda la descrizione della musica scelta per dare il benvenuto al principe Salina al suo arrivo nel paesino di Donnafugata, nel Cap. II de *Il Gattopardo* (1958), celebre romanzo di Giuseppe Tomasi di Lampedusa (1896-1957) ambientato nella Sicilia del secondo Ottocento.

Per un pubblico più benestante o più cólto, gli editori pubblicavano l'opera intera e i singoli numeri in ogni tipo di trascrizione (per combinazioni varie di strumenti, per sole voci, per solo pianoforte in stile "facile", per fisarmonica, ecc.). L'editore Ricordi, per esempio, pubblicò ben 245 riduzioni de *I lombardi alla prima crociata* di Verdi nei dieci anni successivi alla prima dell'opera (1843).

177

La vita musicale italiana fu tuttavia viziata dal progressivo declino della sua gloriosa tradizione strumentale. La musica da camera era ancora coltivata amorevolmente da qualche appassionato, ma fortemente influenzata da quella operistica. La musica di Beethoven e dei maestri viennesi non era completamente ignorata o rifiutata; non ci sono però indizi che la diffusione di questo repertorio andasse al di là di un numero molto ristretto di intenditori. La musica a stampa era molto più costosa che in altre parti d'Europa, e per acquistare la musica strumentale classica si doveva ricorrere in genere agli editori tedeschi. Per tutta la prima metà del XIX secolo e oltre, non c'era inoltre in Italia nulla di vagamente simile ai concerti sinfonici che si tenevano nelle capitali europee della musica (Lipsia, Parigi, Londra, Vienna), con un pubblico pagante, serio ed attento, espressamente riunito per il puro ascolto delle grandi opere orchestrali. Il sinfonismo europeo dovrà attendere decenni prima di farsi conoscere in Italia: il concerto pubblico si affermerà soltanto a partire dall'ultimo quarto del secolo. Prima di allora, l'attività di tutte le orchestre italiane veniva di fatto assorbita quasi per intero dal teatro musicale. In alcune città c'erano orchestre sovvenzionate dalla vecchia nobiltà, o dalla municipalità, ma erano mal gestite e quasi mai suonavano i capolavori della musica sinfonica tedesca (sembra che l'*Eroica* di Beethoven dovette aspettare fino al 1843, quarant'anni dopo la composizione, per essere eseguita a Milano). Allorché nel 1835-1836 Paganini fu chiamato a Parma per riorganizzare l'organico dell'orchestra ducale in senso sia numerico che qualitativo, secondo il modello delle formazioni orchestrali europee, egli dovette abbandonare l'incarico a causa di contrasti con un'amministrazione burocratica culturalmente attardata.

Il lavoro del compositore d'opera

Siccome l'opera era il centro della vita sociale, i compositori italiani per parte loro erano poco incentivati a scrivere musica strumentale, sia per orchestra che per complessi cameristici. Se un giovane compositore pensava a una carriera remunerativa era d'obbligo lavorare soltanto o soprattutto per l'opera. I compositori riconosciuti come i migliori rappresentanti del romanticismo musicale italiano convogliarono infatti le proprie energie creative pressoché esclusivamente nel campo della produzione operistica: il pesarese

Gioachino Rossini, il catanese Vincenzo Bellini, il bergamasco Gaetano Donizetti e Giuseppe Verdi, nato nei dintorni di Busseto (vicino a Parma). Della lunga schiera di musicisti che occuparono un posto ragguardevole nel vasto panorama del teatro musicale italiano dell'Ottocento (fino al 1860 circa) figurano il tedesco italianizzato Johann Simon Mayr (1763-1845), il pugliese Saverio Mercadante (1795-1870), il catanese Giovanni Pacini (1795-1867), il recanatese Giuseppe Persiani (1799-1869), il tolentinate Nicola Vaccai (1790-1848), il maceratese Lauro Rossi (1812-1885), il palermitano Errico Petrella (1813-1877). A differenza dei francesi e dei tedeschi, questi operisti furono raramente tentati da esperimenti teorici ed estetici (la figura del musicista-pubblicista alla Schumann o alla Wagner era ignota in Italia prima del XX secolo). A giudicare dalle loro lettere – ci offrono una messe molto più abbondante di testimonianze rispetto ai musicisti del secolo precedente – un'opera d'arte costituiva per essi non tanto un "problema" quanto una "commissione" da assolvere. Il problema, quando c'era, era risolto con immediatezza attraverso il talento e il mestiere. Un tratto che infatti accomunava tutti questi compositori era saldezza del mestiere e un artigianato impeccabile e compiuto. In questo senso la professione di operista continuava la tradizione dei tempi passati (cfr. il vol. II, Cap. 19). Finché non fu in vigore il diritto d'autore, cioè per tutta la prima metà del secolo (fu introdotto dal Regno d'Italia nel 1865), il musicista che componeva per il teatro mirava al successo immediato e agli immediati vantaggi economici che ne potevano derivare. Doveva scrivere opere sempre nuove e mantenere un ritmo di produzione musicale rapido, quasi frenetico (due-tre opere l'anno). In un contesto simile, il metro dell'"originalità" dell'opera non poteva far premio assoluto: fino ad almeno la metà circa del secolo il creare individuale era concepito non "in opposizione" ma "nell'ambito" delle convenzioni formali di genere, che potessero funzionare bene in teatro. Agli operisti più capaci era senz'altro dato spazio alla formazione di stili individuali, ma per farlo non fu certo loro assillo preminente l'innovazione formale.

La prassi artigianale dell'opera di allora non consentiva opportunità alcuna per lunghe meditazioni creative. L'opera di norma veniva scritta tutta d'un getto, senza ripensamenti di sorta; poteva, però, subire modifiche e revisioni nel corso delle prove di scena che precedevano la prima rappresentazione o in occasione di successive riprese. Come nel Settecento, le revisioni venivano scritte perlopiù per soddisfare le esigenze di specifici cantanti. Rossini completò le seicento pagine della partitura del *Barbiere di Siviglia* in diciotto-diciannove giorni (gennaio-febbraio 1816); Donizetti compose l'*Elisir* d'amore in due settimane (aprile 1832) e *Lucia di Lammermoor* in meno di sei settimane (giugno-luglio 1835). Bellini fu il primo compositore a diradare la propria produzione (scrisse soltanto dieci opere in nove anni di attività, ossia in media non più di un'opera all'anno) e a progettare una serie di abbozzi (lavori preparatorii – perlopiù melodie prive di accompagnamento – che rappresentavano la fase essenziale della composizione) prima di passare alla stesura finale della partitura. Verdi procedeva nella stessa maniera: eseguì sistematicamente abbozzi completi di tutte le sue opere composte dopo il 1849 (dalla *Luisa Miller* in poi). L'ESEMPIO 1 riproduce una pagina (l'aria *La donna è mobile*) dell'abbozzo di *Rigoletto* (Venezia, marzo 1851) steso verosimilmente tra novembre 1850 e gennaio 1851.

Impresari, editoria e repertorio

Fino alla metà circa del secolo erano gli impresari a gestire direttamente il successo o il fallimento della stagione operistica di un dato teatro. Essi erano, in quest'epoca, dei veri e propri industriali dello spettacolo e talvolta gestivano in simultanea stagioni d'opera in più città. Taluni operarono addirittura su scala internazionale, e senz'altro sapevano capitalizzare i talenti dei compositori e dei cantanti. Nell'Italia preunitaria, erano loro a curare i rapporti con le autorità governative esercitando un controllo a volte determinante sugli spettacoli (commissionavano libretti, musiche, scene, macchine teatrali, ecc.).

Tra tutti emerse il milanese Domenico Barbaja (1778-1841) che per oltre un trentennio (1809-1840) dominò i teatri di Napoli, e anche di Milano (1825-1830) e del Kärntnerthortheater di Vienna (1822-1828). Fu amico di Rossini, scopritore dei talenti di Bellini e Donizetti, protettore di Mercadante.

Altro impresario importante fu il marchigiano Alessandro Lanari (1790-1852): dal 1820 al 1850 guidò molti teatri italiani e commissionò opere ai maggiori operisti del tempo fino a Verdi. Il bergamasco Bartolomeo Merelli (1793-1879), il quale fu anche musicista (a Bergamo ebbe compagno di studi Donizetti) e librettista, resse il Teatro alla Scala di Milano dal 1836 al 1850 e dal 1861 al 1863, fu

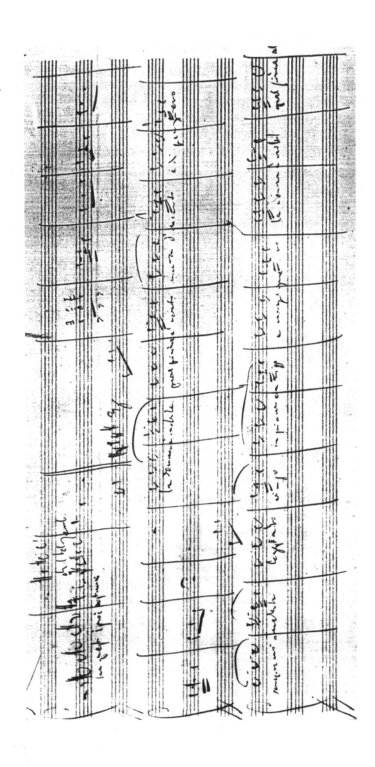

ESEMPIO 1

legato per amicizia a Rossini, Bellini e Donizetti, ed ebbe parte grandissima nell'inizio trionfale della carriera di Verdi.

Con l'affermarsi degli editori musicali, grazie alla nuova legislazione sul diritto d'autore e alla crescita del mercato delle musiche operistiche a stampa, l'impresario si riduce a poco più di un esecutore, e diviene una figura di scarsa importanza. I diritti sulle partiture eseguite passano dall'impresario del singolo teatro, all'editore-fornitore dei materiali orchestrali dati a nolo – ne organizza la distribuzione su scala nazionale e internazionale. Dal 1850 circa gli editori si mettono a commissionare opere, controllare la qualità dell'esecuzione, fornire disposizioni sceniche (cfr. il Cap. 25) e figurini di costumi, e finiscono col dettare la distribuzione delle parti delle "loro" opere. Inoltre, mentre fin circa il 1860 il libretto veniva stampato di fresco per ciascun nuovo allestimento, in seguito i libretti sono stampati in forma standard, valida per ogni successiva rappresentazione, e vengono venduti dagli editori che detengono i diritti dell'opera.

A partire dal 1860 circa la produzione complessiva del compositore d'opera cala vistosamente rispetto al passato. Cresce al tempo stesso la responsabilità personale dell'operista nella riuscita dell'opera. Il periodo di maturazione d'un dramma musicale nuovo è spesso molto lungo e pieno di travagli (nella scelta d'un soggetto, nella collaborazione con il librettista, nei tentennamenti sulla lunghezza del libretto e della musica, ecc.). Con l'affermarsi dell'editoria operistica nel secondo Ottocento, i compositori – Verdi soprattutto – puntano sì alla popolarità immediata, ma come un passaggio obbligato per conquistare un posto fisso nel repertorio, e ricavare lauti proventi nel lungo termine: c'era da guadagnare molto più concedendo in affitto la partitura e le parti orchestrali di un medesimo lavoro di successo, che componendone uno nuovo ogni anno. Non pochi sono i casi di operisti i quali, dalla metà dell'Ottocento, hanno fondato il successo di tutta una carriera in Italia e all'estero su una singola opera, capace di dar loro di che vivere agiatamente dei proventi editoriali. È il caso di *Tutti in maschera* (1856) di Carlo Pedrotti (1817-1893), del *Ruy Blas* (1869) di Filippo Marchetti (1831-1902), *Cavalleria rusticana* (1890) di Pietro Mascagni (1863-1945), *Pagliacci* (1892) di Ruggero Leoncavallo (1857-1919), *La Wally* (1892) di Alfredo Catalani (1854-1893).

Il musicista di teatro, per salvaguardare i propri interessi, acquista man mano un'abilità manageriale, prima nei confronti degli impresari e poi nei confronti degli editori. L'editore e il compositore, per esempio, agiscono di comune accordo per proteggere l'integrità dell'opera dai tagli, rifacimenti e trasferimenti di pezzi singoli, magari altrui, da un'opera all'altra. Verdi è forse il primo compositore che impone all'editore di inserire, nei contratti coi teatri, una clausola che proibisca qualsiasi modifica della versione della partitura da lui consegnata per la stampa. Così scrive a Giovanni Ricordi (lettera del 15 ottobre 1847) al riguardo della versione italiana della *Jérusalem* :

> Resta proibito di fare dello spartito qualsiasi intrusione o mutilazione (ad eccezione dei ballabili che si potranno levare), sotto multa di mille franchi che io esigerò da te ogni qualvolta questo spartito venga fatto nei teatri d'alto cartello. Nei teatri di second'ordine la clausola esisterà parimenti e tu sarai obbligato studiare tutti i mezzi possibili onde esigere la multa in caso di contravvenzione.

Dall'epoca di Verdi in poi, fortuna, prestigio e ascesa sociale dell'operista furono in gran parte legati all'editoria musicale. L'editore, in fin dei conti, poteva tutelare più efficacemente dell'impresario l'interesse artistico del musicista, imponendo condizioni ai teatri, determinando il numero delle prove, liberandolo da molte cure e proteggendolo contro le usurpazioni del prodotto artistico. A partire dalla metà circa del secolo, fu perlopiù l'editoria musicale ad occuparsi dell'inserimento di giovani musicisti in un organismo produttivo e ad avviarli alla carriera operistica. Ciò avveniva, per contratto, alle seguenti condizioni: 1) l'editore non dà nessun compenso immediato; 2) l'autore avrà il 40% per dieci anni sul noleggio del suo spartito agli impresari; 3) l'editore si riserva il diritto di prelazione per la seconda e qualche volta per la terza opera che verrà scritta e fatta rappresentare dal giovane maestro.

I principali editori fiorirono a Milano, città che si impose come il centro-guida della vita operistica italiana, anche in ragione del prestigio del teatro alla Scala e di una vivace vita intellettuale. Milano attirava i giovani musicisti, provenienti da varie parti d'Italia, desiderosi non tanto di procurarsi un'adeguata formazione presso il locale Conservatorio di musica (all'epoca molto reputato), quanto di trovare soprattutto più facili sbocchi professionali (teatri, editoria, ecc.). La Casa Ricordi, quella di più antica data – fu fondata nel 1808 – deteneva il monopolio della produzione operistica più vitale; tra gli altri, ebbe Verdi e poi Puccini nella sua scuderia. La Casa Lucca, fondata nel 1839, fu la più forte concorrente di Ricordi. Fino alla sua fusione con Ricordi nel 1888, il suo catalogo comprese opere dei più noti compositori italiani (Donizetti, Mercadante, Pacini, ecc.) e stranieri (Meyerbeer, Gounod, Wagner) dell'epoca. La Casa Sonzogno, che iniziò la sua attività nel 1874, pubblicò un numero di opere chiave dei compositori francesi – nel 1879 si assicurò i diritti della *Carmen* di Bizet – e contribuì vivacissimamente a lanciare e diffondere un proprio repertorio operistico. Indisse a tal scopo, a partire dal 1883, dei periodici concorsi, limitati a musicisti esordienti, per la composizione di un'opera lirica in un atto. Il secondo concorso, bandito nel 1888, vide il trionfo di *Cavalleria rusticana* di Mascagni. Così Sonzogno si faceva sostenitore della "Giovane scuola" italiana, promuovendo la produzione di Mascagni, Leoncavallo, Giordano, Cilea. E per meglio sostenerla decise di aprire a Milano, nel 1894, il proprio Teatro Lirico Internazionale.

Parallelamente all'espandersi dell'editoria operistica il concetto di "repertorio" nel campo del teatro musicale andò consolidandosi anche in Italia: i teatri non allestiscono più soltanto opere nuove (nel Settecento si rappresentavano di regola gli stessi libretti in veste musicale sempre nuova; cfr. il vol. II, Cap. 19), ma si ripropongono periodicamente anche le partiture di maggior successo delle generazioni precedenti. Rossini sembra essere il primo compositore che contribuisce in modo incisivo alla formazione di un repertorio operistico duraturo. Il suo *Barbiere di Siviglia* (1816) è tra le prime opere italiane che non siano *mai* scomparse dalle scene, insieme a *La sonnambula* e *Norma* (1831) di Bellini, *L'elisir d'amore* (1832) e *Lucia di Lammermoor* (1835) di Donizetti. A partire dalla seconda metà dell'Ottocento – quando prevarranno le esecuzioni di opere di repertorio – nell'organizzare una stagione operistica si scelgono i cantanti in funzione del repertorio, mentre nel Settecento si sceglieva invece il repertorio in funzione del *cast* vocale (cfr. il vol. II, Cap. 19). Vale inoltre notare che nei primi decenni del secolo si inaugurò il capovolgimento della tendenza che aveva visto avanzare di popolarità, a partire dalla metà circa del Settecento, l'opera buffa. Dopo Rossini e il tardo epilogo del *Don Pasquale* (1843) di Donizetti la commedia musicale si ritirò in prevalenza nel campo "leggero" dell'operetta, nel senso più ampio del genere, talvolta con ottimi risultati. Quel che attirava l'attenzione del pubblico erano soprattutto i drammi seri che finiscono tragicamente, pieni di situazioni passionali e laceranti. Alla Scala di Milano, per esempio, il numero di rappresentazioni buffe rispetto a quelle serie diminuì precipitosamente a partire dal 1810.

Gioachino Rossini (1792-1868), Vincenzo Bellini (1801-1835), Gaetano Donizetti (1797-1848), Giuseppe Verdi (1813-1901): cenni biografici

Un dato che accomuna la carriera dei quattro maggiori operisti italiani del XIX secolo è il successo fenomenale, professionale e economico, che essi ottennero mentre in vita, in quanto molte delle loro opere riuscirono a trascinare il pubblico dell'epoca. Tutti questi musicisti ricevettero una solida formazione musicale (Rossini a Bologna, Donizetti a Bergamo e a Bologna, Bellini a Napoli, Verdi a Busseto e a Milano) e ognuno di essi si avviò abbastanza precocemente al lavoro operistico: Rossini a diciott'anni nel 1810, Donizetti a ventun'anni nel 1818, Bellini a ventiquattro anni nel 1825, Verdi a ventisei anni nel 1839. Essi mirarono in un primo tempo a conquistarsi le principali piazze teatrali d'Italia (Milano, Venezia, Roma e Napoli) per poi affermare e consolidare il proprio prestigio in campo internazionale, soprattutto in Francia e in Inghilterra. A Parigi, città da molti considerata capitale musicale d'Europa nel XIX secolo (fu una delle mete predilette poiché le opere destinate ai grandi teatri della capitale francese potevano assicurare al compositore guadagni economici molto consistenti), essi trascorsero periodi più o meno lunghi della loro carriera (Bellini e Rossini morirono a Parigi). Il contatto con le scene parigine influì poi notevolmente sul loro linguaggio musicale, specialmente per quanto riguarda il sapiente sfruttamento dei colori orchestrali. Le partiture francesi di Rossini, per esempio, sono molto più ricche per struttura e varietà di orchestrazione di quelle composte per l'Italia. Bellini nei *Puritani* trattò l'orchestra con una cura da lui mai impiegata precedentemente. Verdi in particolare mantenne rapporti molto stretti con la vita culturale e sociale parigina, che si svilupparono nell'arco di un cinquantennio, dal 1847 al 1894. Effettuò una trentina di viaggi nella capitale francese (per motivi di lavoro, ma anche a titolo privato: per acquisti di pianoforti, libri, vini, ecc.), alcuni dei quali furono lunghi soggiorni: vi risiedette dal luglio 1847 al luglio 1849, dall'ottobre 1853 al dicembre 1855, e dall'estate 1866 al marzo 1867.

Dopo aver scritto (1810-1813) cinque farse in un atto per il teatro San Moisè di Venezia (cfr. il vol. II, Cap. 19), Rossini avviò la sua fortuna in campo europeo con *Tancredi* (Venezia 1813). Il periodo 1813-1822 fu caratterizzato da continui viaggi e da una frenetica attività compositiva. È questo il periodo delle grandi opere comiche: *L'italiana in Algeri* (Venezia 1813), *Il turco in Italia* (Milano 1814), *Il barbiere di Siviglia* (Roma 1816) e *Cenerentola* (Roma 1817), con la quale si congedò praticamente dal genere buffo. Dal 1815 al 1822 risiedette a Napoli, chiamato da Barbaja a dirigere il San Carlo e gli altri teatri gestiti dall'impresario, e dove ebbe a scrivere per una buona orchestra e grandi cantanti. Nella sua produzione napoletana dominano soprattutto le opere serie; comprendono l'*Otello* (1816), *Armida* (1817), *Mosè in Egitto* (1818), *La donna del lago* (1819) e *Maometto II* (1820). Ma oltre alle opere serie che compose, poco si sa sulla vita di Rossini in questi anni. Dopo aver soggiornato a Venezia nel 1822 egli chiuse la sua carriera in Italia nel 1823 con *Semiramide*, scritta per Venezia, che è forse la migliore delle sue opere serie italiane. Nel dicembre 1823 giunse a Londra facendo sosta a Parigi. Lasciata Londra rientrò a Parigi nell'agosto 1824. Da allora stabilì la sua residenza nella capitale francese per tutto il resto della sua vita, sia pure con ampie parentesi di soggiorno in Italia – dal 1836 al 1855 fu a Bologna e Firenze, continuamente malato; a Bologna tentò di migliorare l'educazione musicale e di rinnovare il locale Liceo musicale del quale fu direttore. Al suo arrivo a Parigi gli fu affidata la direzione musicale del Théâtre Italien (ufficialmente dal 1824 al 1826, poi di fatto fino al 1836) contribuendo al rinnovamento di quel teatro: influenzò la formazione dei singoli cantanti, allargò l'orchestra, ingaggiò i maggiori cantanti del momento. Nell'ottobre 1826 gli fu conferita la carica onoraria di *Premier compositeur du Roy* ("Primo compositore del Re") e *Inspecteur général du chant en France* ("Ispettore generale del canto in Francia"), che gli consentì di esercitare ampio potere all'Opéra. Come in precedenza avevano fatto alcuni musicisti italiani suoi predecessori a Parigi (cfr. il Cap. 25), Rossini adattò al gusto francese del *grand opéra*, allora imperante, due lavori del periodo napoletano per essere rappresentati all'Opéra: *Maometto II* divenne *Le siège de Corinthe* (1826) e *Mosè in Egitto* si trasformò in *Moïse et Pharaon* (1827). Per l'Opéra preparò anche due nuove opere: *Le Comte Ory* (1828) e *Guillaume Tell* (1829). All'età di trentasette anni (1829) si ritirò dalle scene dopo aver composto una quarantina di opere. Dal 1820 al 1834 circa Rossini figura come dominatore assoluto del repertorio, con oltre il 40% delle rappresentazioni operistiche complessive avvenute nei teatri italiani. Dal 1835 circa la sua supremazia si venne sgretolando, specialmente sul fronte dell'opera seria, sotto l'incalzare delle recenti opere di Bellini, Donizetti e, più tardi, di Verdi.

Bellini svolse la sua carriera artistica nell'arco molto breve di nove anni (morì a soli trentaquattro anni), con una produzione complessiva di dieci opere. Dopo l'esordio napoletano con l'opera semiseria *Adelson e Salvini* (1825), nel 1826-1828 scrisse opere per il San Carlo di Napoli (*Bianca e Gernando*, 1826) e per Genova (una seconda versione di *Bianca*, 1828). Nel 1827 compose, su invito di Barbaja, *Il pirata* per La Scala di Milano. Dal 1827 al 1833 visse principalmente a Milano, dove scrisse *La straniera* (1829) e *Norma* (1831) per La Scala, *La sonnambula* (1831) per il Teatro Carcano. Compose inoltre *Zaira* (1829) per l'inaugurazione del teatro Ducale di Parma, e *I Capuleti e i Montecchi* (1830) e *Beatrice di Tenda* (1833) per La Fenice di Venezia. I libretti di quasi tutte queste opere furono scritti da Felice Romani, personaggio di primo piano nell'ambiente teatrale milanese del primo Ottocento, collaboratore dei più importanti musicisti del tempo, oltre che critico e giornalista. Dall'aprile all'agosto del 1833, Bellini fu a Londra per allestire alcuni suoi lavori (*Il pirata, Norma* e *I Capuleti*). Poi si trasferì a Parigi dove rimase fino alla morte (settembre del 1835) e dove ebbe agio di dedicarsi alla vita di società, entrando in stretta relazione di amicizia con Rossini, Chopin e altri musicisti. Per il Théâtre Italien scrisse *I puritani*, rappresentato con strepitoso successo nel gennaio del 1835.

Dopo aver esordito a Venezia con l'opera semiseria *Enrico di Borgogna* (1818), dal 1822 al 1832 Donizetti fu invitato a produrre opere per i teatri di Napoli, Roma, Genova e Milano (negli anni 1824-1829 fu prevalentemente a Napoli). I successi di *Anna Bolena* (Milano 1830) e *Lucrezia Borgia* (Milano 1833) gli schiusero le porte di una carriera internazionale (*Anna Bolena* fu la sua prima opera eseguita a Londra e Parigi nel 1831). Dal gennaio al marzo del 1835 fu a Parigi, invitato da Rossini a scrivere *Marin Faliero* per il Théâtre Italien. Nel febbraio di quell'anno ebbe occasione di sentire *La juive* di Halévy, un'opera che gli fece una profonda impressione. Scrisse al suo amico Antonio Dolci il 16 marzo 1835: "Alla Grand Opéra fanno un'opera *La Juive*. Se tu vedi che ricchezza ... insomma non è più illusione è verità". L'influsso del *grand opéra* si fece sentire nelle opere che scrisse tra il 1835 e il 1838, anno del suo ritorno a Parigi (vi rimase fino al marzo del 1840). Ritornò a Napoli per scrivere *Lucia di Lammermoor* (1835), indubbiamente uno dei capolavori del romanticismo musicale italiano. Con *L'assedio di Calais* (Napoli 1836) volle introdurre in Italia "un genere nuovo" (lettera a Dolci del 6 agosto 1836) confacente al gusto francese. Per Parigi trasformò il *Poliuto* (rappresentazione postuma a Napoli nel 1848) in *Les martyrs* (1840), e compose *La favorite* (1840), un *grand opéra*. Anche per Parigi scrisse *La fille du régiment* (1840), un *opéra-comique*. Nel 1842 fu a Bologna e a Vienna, dove gli fu conferito l'incarico di maestro di cappella della corte imperiale (mantenuto fino al

1845, con molti mesi di permessi) e dove scrisse *Linda di Chamounix,* accolta con grande entusiasmo al Kärntnerthortheater nel maggio del 1842. Nel settembre dello stesso anno ripartì per Parigi dove lo attendevano contratti per un'opera buffa al Théâtre Italien (*Don Pasquale*, 1843). Nel 1843-1845 fece la spola tra Vienna e Parigi (con qualche viaggio in Italia), dove fu rappresentato nel 1843 *Dom Sébastien*, un *grand opéra* su testo di Scribe. Nel 1845 a Parigi fu colpito da paralisi cerebrale e fu internato nella casa di cura di Ivry. Nel settembre del 1847 lo portarono, gravemente malato, a Bergamo dove morì l'8 aprile del successivo 1848. Donizetti fu compositore molto prolifico. Scrisse una settantina di opere per il teatro musicale, oltre ad un nutrito numero di musiche cameristiche vocali, pezzi sacri e composizioni strumentali.

A differenza di Bellini, la carriera artistica di Verdi si protrasse per oltre cinquant'anni, con una produzione complessiva di trentadue melodrammi (comprese le revisioni e le trasformazioni di opere sue francesi per il pubblico italiano, e viceversa). Alcune sue opere ebbero enorme fortuna che non ha subìto eclissi e raggiunsero un pubblico molto più vasto rispetto alle principali opere letterarie del tempo, quali i *Promessi sposi* (1827) di Alessandro Manzoni (1785-1873). Questo fatto rende Verdi l'artista più rappresentativo dell'Italia risorgimentale e liberale, emersa dalle guerre d'indipendenza. Egli fu il tramite, per l'Italia, del migliore teatro europeo dell'Ottocento e anche precedente. Lo dimostrano le sue scelte di soggetti operistici, cercati nell'ambito del patrimonio teatrale e letterario europeo, di autori quali Hugo, Schiller, Byron, Shakespeare, che erano recepiti come i principali esponenti del movimento romantico. Per Shakespeare in particolare Verdi mantenne costantemente la più incondizionata ammirazione. Teneva sopra il suo capezzale a Sant'Agata, accanto alla serie completa dei quartetti di Haydn, Mozart e Beethoven, due copie delle opere complete del drammaturgo inglese tradotte in italiano nel 1819-1822 e nel 1838. Nel maggio del 1865 scrisse al suo editore parigino Léon Escudier (1821-1881): "È un poeta [Shakespeare] di mia predilezione, che ho avuto fra le mani fin dalla mia prima gioventù e che leggo e rileggo continuamente".

L'inizio della trionfale carriera operistica di Verdi ebbe luogo a Milano, dove esordì alla Scala nel 1839 con *Oberto, conte di San Bonifacio,* dopo aver svolto a Busseto (1836-1839) l'attività di maestro di musica presso la locale Società filarmonica. Dopo l'insuccesso dell'opera comica *Un giorno di regno* alla Scala (1840) seguì un periodo di abbattimento durante il quale contemplò di abbandonare la composizione. Fu aiutato dall'impresario Merelli (vedi sopra) che gli commissionò la composizione del *Nabucco*, accolto con strepitoso successo alla Scala nel marzo del 1842. Tra gli interpreti vi fu Giuseppina Strepponi (1815-1897) che diventerà (dal 1847) la sua compagna. Seguì un lungo periodo (durò sedici anni) di lavoro frenetico, che Verdi stesso definì "anni di galera" (cfr. la sua lettera del 12 maggio 1858 alla contessa Clara Maffei) per la quantità di lavoro svolto (scrisse quasi venti opere). In quel periodo mirò a conquistarsi le principali piazze teatrali d'Italia: scrisse per Milano *I lombardi alla prima crociata* (1843), *Giovanna d'Arco* (1845); per Venezia *Ernani* (1844), *Attila* (1846), *Rigoletto* (1851) e *La traviata* (1853); per Roma *I due Foscari* (1844), *La battaglia di Legnano* (1849), *Il trovatore* (1853) e *Un ballo in maschera* (1859); per Napoli *Alzira* (1845) e *Luisa Miller* (1849); per Firenze *Macbeth* (1847); per Trieste *Il corsaro* (1848) e *Stiffelio* (1850). Per Londra compose *I masnadieri* (1847) e per Parigi adattò in forma di *grand opéra I lombardi* (*Jérusalem*) e scrisse *Les vêpres siciliennes* espressamente per l'Opéra (1855), consolidando così il suo prestigio europeo. Negli anni '40 frequentò i salotti cólti milanesi e venne a conoscenza del patrimonio letterario e teatrale europeo e della migliore critica romantica. Conosceva, per esempio, il testo critico fondamentale che dominerà il romanticismo europeo (vi si propone un tipo di dramma romantico diverso dai canoni della tragedia classica, più ricco di contenuto umano): le *Lezioni sull'arte e sulla letteratura drammatica* di A.W. von Schlegel, apparse in traduzione italiana a Milano nel 1817 e ivi ristampate nel 1844. A Milano, inoltre, Verdi stabilì uno stretto rapporto con la Casa Ricordi, che durerà per tutto il resto della sua vita. Nel 1848 acquistò la tenuta di Sant'Agata, vicino a Busseto; vi vivrà di preferenza a partire dal 1851 dopo essersi fatto costruire una villa (negli inverni si trasferiva a Genova). Gli anni 1850-1853 furono tra i più felici dal punto di vista creativo perché videro la luce le tre opere (*Rigoletto*, *Il trovatore* e *La traviata*), da molti considerate i suoi massimi capolavori, alle quali il pubblico si è più appassionato nel corso degli anni e per questo note con l'etichetta di "trilogia popolare". Nel decennio 1861-1871 Verdi poté scrivere con molto più agio e permettersi più lunghe pause di riflessione, per scegliere i soggetti e per rifinire i suoi lavori nei minimi particolari (così le sue orchestrazioni si fecero sempre più raffinate, per esempio). Destinò le sue nuove opere prevalentemente a grandi teatri stranieri: per San Pietroburgo compose *La forza del destino* (1862), per Parigi il *Don Carlos* (1867) e per Il Cairo l'*Aida* (1871), commissionata dal Khedivé d'Egitto per celebrare l'apertura del nuovo Teatro dell'Opera in quella città costruito in seguito all'inaugurazione (1869) del canale di Suez. Dopo *Aida* Verdi per sedici anni non accettò più commissioni da parte dei teatri d'Italia e d'Europa; si limitò a sorvegliare i numerosissimi allestimenti delle sue opere e a comporre un *Quartetto* per archi in MI min. (1874) e la *Messa da Requiem* (1874) già progettata fin dal 1868, dopo la morte di Rossini, e completata per onorare la memoria di Manzoni. Nel 1880-1886 portò a termine – a nessuna opera precedente aveva dedicato un periodo di tempo così lungo – la composizione di *Otello* tratto da Shakespeare. Scritto su libretto di Arrigo Boito (1842-1918), egli stesso valido compositore, l'opera fu rappresentata alla Scala con strepitoso successo nel febbraio del 1887. Ancora su un libretto di Boito adattato da due lavori shakespeariani (*The merry wives of Windsor* e *King Henry IV*) Verdi, ormai ottantenne, coronò con l'opera comica *Falstaff* (Milano 1893) la sua carriera nel teatro d'opera.

Una cospicua fetta dell'abbondante letteratura critica verdiana, specialmente quella (perlopiù retorica) apparsa prima del 1970, si è adoperata a far comparire Verdi quale portabandiera e "cantore" degli aneliti patriottici risorgimentali che pervasero l'Italia alla vigilia del 1848. È un'immagine del compositore oggi accettabile solo in parte, soprattutto alla luce dei più recenti ed approfonditi studi biografici. Non sembra che Verdi avesse prestato un'attenzione costante alle questioni politiche (aveva più volte affermato di non intendersi di politica). A differenza però di Rossini, Bellini e Donizetti, i quali non sembrano aver coltivato alcun sentimento nazionalista, Verdi mostrò una certa propensione per le idee repubblicane, dopo aver incontrato Giuseppe Mazzini (1805-1872) a Londra nel luglio del 1847 e dopo aver frequentato quei circoli dell'*élite* milanese, in particolare il salotto della contessa Clara Maffei (1814-1886), che aderivano alla causa risorgimentale. Dopo il 1859-1860 condivise gli obiettivi di Camillo Benso di Cavour (1810-1861) verso un governo parlamentare sotto la monarchia sabauda, e fu eletto deputato nel primo parlamento nazionale del 1861. In occasione della prima esecuzione di *Un ballo in maschera* data a Roma, la futura capitale d'Italia, nel febbraio 1859, fu pronunciato il famoso slogan patriottico "VIVA VERDI" – poi stampato e affisso nelle vie e nei ritrovi – che equivaleva a VIVA V(ittorio) E(manuele) R(e) D'I(talia). Ma l'opera con l'amor di patria non c'entra proprio nulla. In realtà anche in opere come *Nabucco*, *I lombardi* e *La battaglia di Legnano* scritte negli anni '40, ciò che Verdi mira principalmente ad evidenziare è il conflitto tra i singoli personaggi, agitati dai più diversi sentimenti e passioni; i sottintesi politici e la vena patriottica di alcune scene corali sono più che altro elementi di contorno, decisamente incidentali rispetto all'asse principale della vicenda, magari inseriti da librettisti come Temistocle Solera (1815-1878), il quale era un fervente patriota (scrisse i libretti di *Nabucco* e dei successivi *I lombardi*, *Giovanna d'Arco* e *Attila*). Alcuni brani corali di queste opere acquistarono subito una larga notorietà. Nel coro *Va pensiero sull'ali dorate* di *Nabucco* i patrioti risorgimentali poterono identificarsi con gli Ebrei in esilio, anelanti alla libertà, che piangono la loro bella patria oppressa e perduta. *I lombardi* aveva proposto una ulteriore identità tra i crociati e i patrioti che dovevano liberare l'Italia dal giogo straniero, come fosse la Terra Santa; nel coro *O Signor che dal tetto natio* i crociati lombardi evocano l'immagine delle dolci colline del loro Paese. *La battaglia di Legnano* ha invece per sfondo il fatto storico della battaglia, combattuta e vinta dai milanesi nel 1176, contro l'imperatore di Germania Federico Barbarossa. Fu eseguita a Roma il 27 gennaio del 1849 – suscitando entusiasmi travolgenti – nei primi tempi della Repubblica popolare di Mazzini seguita alla fuga di Pio IX. L'opera inizia con un possente coro eroico di invocazione alla guerra di liberazione (*Viva Italia!* [...] *forte ed una colla spada e col pensier*) cantato su ritmi marziali puntati, e si conclude con un commovente concertato intonato dal patriota Arrigo mortalmente ferito e da altri personaggi sulle parole *Per la salvata Italia* [...] *chi muore per la patria alma sí rea non ha!*

Il libretto

Il crescente prestigio sociale dell'operista avvenuto nell'Ottocento favorì il rovesciamento di ruoli tra librettista e musicista. A partire dal 1820-1830 circa, il compositore impone sempre più la propria autonomia nella realizzazione del discorso drammatico – questo compito era nel Settecento di pertinenza del librettista. È sempre più spesso il compositore che sceglie il soggetto, stabilisce nelle linee fondamentali la distribuzione della materia drammatica del libretto – individua cioè i nuclei drammatici, le "situazioni" in cui vengono a trovarsi i singoli personaggi – suggerisce (talvolta impone) strutture poetiche che giudica idonee ai propri fini. Il librettista decade invece al rango di esperto e abile arrangiatore-riduttore di drammi teatrali o romanzi altrui – spesso tratti dalla letteratura straniera – adattabili, in versi e strofe, alle strutture dell'opera italiana e funzionali alle esigenze del compositore. Gli epistolari di Bellini, Donizetti, di Verdi soprattutto, e molti altri documenti d'epoca ci offrono in merito una messe molto abbondante di testimonianze. Sappiamo che Bellini pose molta attenzione nello scegliere i soggetti delle proprie opere e che riuscì a tener testa e a piegare al proprio volere un poeta del prestigio di Felice Romani (1788-1865). Verdi specialmente appare sotto questo profilo come una personalità radicalmente innovatrice nei rapporti con i suoi librettisti. La ricchezza del suo patrimonio culturale e la raffinatezza della sua sensibilità letteraria, gli permisero di avere i mezzi per controllare l'attività dei propri collaboratori e per imporre con fermezza, dopo le primissime opere, le sue scelte in merito alle strutture poetiche e alla distribuzione della materia drammatica del libretto. In molti casi Verdi si cimentò personalmente alla prima stesura dei versi poetici che poi inviò al librettista – questo suo *modus operandi* emerge chiaramente dai documenti epistolari relativi alla genesi di opere quali *Il trovatore* e *Aida*. Francesco Maria Piave (1810-1871) fu il librettista che più di altri si piegò alla volontà tirannica di Verdi. Con Piave Verdi tentò le sue più audaci innovazioni drammaturgiche in *Macbeth*, *Rigoletto* e *La traviata*.

Nel corso del XIX secolo si allargò notevolmente il repertorio dei soggetti operistici. Fin dagli inizi del secolo i librettisti e i compositori si erano rivolti incessantemente ad ogni tipo di fonti letterarie per confezionare un testo poetico-drammatico (il libretto), opportunamente articolato in versi e strofe funzionali alla musica. Il processo di adattamento – il libretto d'opera deve necessariamente essere più breve di un dramma recitato o di un romanzo – consisteva di norma nel selezionare e ridurre il materiale letterario originale – di norma un dramma o un romanzo – ricomponendolo in un discorso compiuto. Vale ricordare che il libretto di un melodramma non può venire letto e considerato come un'autonoma opera letteraria; in quest'epoca era il testo operistico che doveva adattarsi alle convenzioni della musica, non il contrario. Nell'esaminare il libretto si dovrà pertanto tener conto costantemente della sua funzionalità drammatica e dei diversi mezzi musicali e visivi che concorrono alla realizzazione dell'opera.

Molto più che dalla letteratura nazionale i librettisti e i musicisti trassero dalle fonti europee (le opere di Shakespeare, Schiller, Scott, Byron, Hugo, ecc.) gli elementi più nuovi – cioè appartenenti alle tendenze romantiche – e compatibili con la tradizione del melodramma italiano. Nei primi decenni dell'Ottocento i soggetti tratti dalla storia antica ovviamente non vennero messi da parte all'improvviso – i soggetti classici di Voltaire, Marmontel, l'epica rinascimentale del Tasso e dell'Ariosto, e perfino i drammi di Metastasio, continuavano a essere musicati con grande successo ancora in pieno Ottocento – ma rispondevano sempre meno al tipo di drammaturgia fondata sui forti contrasti e i conflitti psicologici dei personaggi, gli avvenimenti avventurosi, le azioni passionali, che attirava maggiormente l'attenzione del pubblico teatrale dell'epoca. I librettisti attinsero a piene mani soprattutto da fonti francesi, opere letterarie coeve o trasformazioni di libretti, precedentemente musicati dai francesi. Già dalla prima metà del Settecento, le traduzioni di opere letterarie dal francese e dall'inglese – quest'ultime erano presenti in Italia attraverso le traduzioni francesi – non furono ignorate dai librettisti italiani. Ma col nuovo secolo il fenomeno assume carattere dominante. È un'egemonia che, favorita dalla buona conoscenza del francese che avevano i letterati italiani, si consolida durante gli anni (1796-1814) del dominio napoleonico, e che dura poi per tutto il secolo. Napoli è da considerarsi, nei primi anni dell'Ottocento, la città più aperta alle esperienze drammaturgiche (e musicali) provenienti dall'estero e dalla Francia in particolare. Negli anni di governo (1806-1815) di Giuseppe Bonaparte e di Gioacchino Murat, alcuni tra i maggiori successi parigini furono introdotti nella capitale partenopea – per la prima volta in Italia – in traduzioni italiane: per esempio *Edipo a Colono* di Sacchini nel 1808, *La vestale* e il *Fernando Cortez* di Spontini nel 1811, l'*Ifigenia in Aulide* di Gluck nel 1812.

Dalla drammaturgia francese, soprattutto del nuovo *opéra-comique* (cfr. il Cap. 25), i librettisti e gli operisti attinsero in abbondanza i vari effetti spettacolari, le situazioni clamorose e la tecnica dei *coups de théâtre* ("colpi di scena") che contribuiscono sostanziosamente all'efficacia teatrale del melodramma. I colpi di scena furono molto sfruttati nel repertorio semiserio delle farse in un atto che ebbe ampia diffusione negli anni 1800-1820 (cfr. il vol. II, Cap. 19).

Rossini fu uno dei primi compositori a preferire soggetti tratti dai più aggiornati generi letterari del momento – ma non sappiamo quante di queste scelte siano state frutto dell'espressione culturale sua personale e quanto invece predilezione o imposizione di librettisti e impresari. Nella produzione degli anni del periodo napoletano (1815-1822) si rivolse di preferenza al repertorio drammatico francese (*La gazza ladra, Ermione, Bianca e Falliero, Matilde di Shabran, Zelmira*). Alcuni soggetti di opere rossiniane furono ricavati dalla produzione letteraria inglese, fonte più o meno diretta di libretti come *Otello*, da Shakespeare, e *La donna del lago*, la prima di una lunga serie di opere italiane tratte dai romanzi di W. Scott.

A partire dal tardo Settecento numerose furono le rielaborazioni di drammi shakespeariani – in particolare le vicende di Romeo e

Giulietta e di Amleto – che arrivarono sulle scene dell'opera italiana. I libretti serbavano, però, solo una remota somiglianza con gli originali di Shakespeare: si utilizzavano le trame senza alcuna cura alla riproduzione dei caratteri e delle idee del grande drammaturgo inglese. Per questo bisognerà attendere fino a Verdi e Boito (*Otello* e *Falstaff*). La prefazione al libretto (Milano 1822) dell'*Amleto* di Felice Romani per Mercadante, dimostra come Shakespeare non fosse ancora ben accolto in Italia. Romani biasima gli eccessi di quel genio irregolare, troppo fantastico, che è Shakespeare e dichiara di volersi riportare alle vicende dell'antichità classica. Nel saggio *La filosofia della musica* del 1836 Giuseppe Mazzini invoca invece una rigenerazione della musica teatrale italiana, irrigidita dal "falso ideale dei classicisti", che riflettesse le peculiarità storiche delle epoche ("il colore dei tempi") e degli ambienti ("il carattere dei luoghi") trattati, per afferrarne "lo spirito, la *verità*, [...] ricopiandone [...] la *realtà*". Mazzini, il quale poté assistere alla prima di *Robert le diable* di Meyerbeer a Parigi nel 1831, lamenta la decadenza del coro nell'opera seria italiana, critica la musica di Rossini, raffinata ma frivola, e considera Donizetti come l'unico compositore "il cui ingegno altamente progressivo riveli tendenze rigeneratrici". Vale tenere presente che fino agli anni '30 restò in vigore in Italia la polemica dei "classicisti" nei confronti dei "romanticisti". I classicisti difendevano gli ideali più tipici del teatro classico greco-romano, quali la separazione dei generi comico e tragico, la fedeltà alle tradizionali unità drammatiche di azione e di tempo e ad una poesia che desse forza alle espressioni elevate e sublimi. I romanticisti rifiutavano invece la "bella forma" fine a se stessa e il culto eccessivo dell'antichità, propugnavano la conoscenza della letteratura tedesca e inglese, la riscoperta del Medioevo, ecc. Di inclinazione classicistica erano alcuni tra i principali librettisti del primo Ottocento, come Luigi Romanelli (1751-1839) e lo stesso Romani.

Il mutato rapporto tra musicista e librettista nella realizzazione del dramma (vedi sopra) contribuì decisamente a rendere l'operista responsabile in prima persona nella scelta dei soggetti delle proprie opere. Per alcuni compositori costituiva il momento iniziale e fondamentale del processo creativo. Leggiamo in una lettera di Bellini dell'aprile 1834:

> È la cosa più difficile trovare soggetti che presentano novità ed interesse, ed è la sola ragione che fa perdere tanto tempo, giacché son convinto che il libretto è il fondamento di un'opera, così ho trovato bene impiegato il tempo per la ricerca.

Sull'importanza della scelta dell'argomento da mettere in musica si pronuncia ancora Bellini in una lettera scritta nel 1832 ad un suo ammiratore palermitano:

> Poiché io mi sono proposto di scrivere pochi spartiti, non più che uno l'anno, ci adopro tutte le forze dell'ingegno. Persuaso, come sono, che gran parte del loro buon successo dipenda dalla scelta di un tema interessante, dal contrasto delle passioni, dai versi armonici e caldi d'espressione, non che dai colpi di scena, mi do briga prima di tutto di avere da pregiato scrittore un dramma perfetto [...].

Dopo il successo raggiunto con le opere degli anni '40, Verdi ribadì ad ogni occasione l'esigenza, per la sua creatività, di soggetti nuovi, non convenzionali. Mentre si stava dedicando alla composizione della *Traviata* scrisse (1 gennaio 1853) al suo amico Cesare de Sanctis di Napoli:

> Io desidero soggetti *nuovi, grandi, belli, variati, arditi* ..., ed arditi all'estremo punto, con *forme* [poetiche] *nuove*, etc. etc. e, nello stesso tempo, musicabili [...].

Interesse costante dei principali operisti dell'Ottocento (e anche di epoche precedenti) fu di ottenere il più vasto consenso del pubblico teatrale. Di qui l'intento di concepire il dramma musicale in funzione dell'"effetto", inteso come capacità di commuovere lo spettatore. Significativa in questo senso è la frase lapidaria di Bellini in una lettera, del maggio 1834, al librettista Carlo Pepoli (1796-1881) durante la preparazione dei *Puritani*:

> Scolpisci nella tua testa a lettere adamantine: *Il dramma per musica deve far piangere, inorridire, morire cantando.*

Un numero crescente di soggetti operistici sollecitava una diretta partecipazione emotiva ai casi dei personaggi. Entrano in larga misura nei libretti del melodramma ottocentesco le vicende – fino ad allora poco coltivate nel teatro d'opera – che evidenziano i sentimenti privati dei personaggi, i loro amori, i loro odii, ambizioni, rimorsi. La passione d'amore con i suoi errori, incomprensioni e controversie – elemento caratterizzante gran parte della letteratura romantica europea – costituisce il tema fondamentale di molti libretti italiani dell'epoca. Al finale lieto, quasi obbligatorio fino a poco tempo prima, si preferisce una soluzione tragica della vicenda, perlopiù di cupa disperazione. L'assoluto predominio della ragione sul sentimento e sulla passione, che esigeva Metastasio nel Settecento (cfr. il vol. II,

Cap. 19), era divenuto per gli spettatori commossi dell'Ottocento un motto antiquato e pressoché privo di significato. Alla programmatica astrazione dei personaggi metastasiani subentra una molteplicità di figure umane agitate dai più diversi sentimenti, anche contrastanti. Ciò si rivela con piena evidenza nelle opere verdiane, soprattutto a partire da *Rigoletto*. Parti integranti della trama sono sempre i conflitti psicologici che dominano completamente la mente dei protagonisti e che influiscono sul confronto con gli altri personaggi.

Un elemento che con molta frequenza introduce nei libretti materia conflittuale e tragico intreccio è il triangolo soprano-eroina femminile, tenore-innamorato, basso/baritono-insidiatore o geloso (vedi, per esempio, *I puritani* di Bellini e *Il trovatore* di Verdi, dove il tenore e il baritono sono amanti della stessa donna). Giravano all'epoca molte proverbiali battute circa il modello narrativo invalso nel melodramma, "ove il tenore ama il soprano, di cui il basso è geloso". Questo schema-base della drammaturgia operistica dell'Ottocento è passibile di infinite varianti e dilatazioni (mediante l'aggiunta di un'altra primadonna o di un altro basso o tenore, per esempio). Il rivale in amore è un altro tenore in *Lucia di Lammermoor* di Donizetti, mentre il conflitto verso lo stesso uomo ha luogo tra due donne in *Norma* di Bellini, *Maria Stuarda* di Donizetti, *Aida* di Verdi. Verdi specialmente arricchisce e complica questo schema facendo venir fuori forme di emotività complessa in situazioni "nuove", un'esigenza fondamentale dell'opera italiana del XIX secolo. Impianta e acutizza tutta una serie di rapporti nelle direzioni più diverse: il rapporto amoroso viene a intrecciarsi con situazioni di ordine politico, sociale e morale. Tra gli elementi che determinano situazioni di tensione nelle trame delle opere verdiane figurano: il legame affettivo familiare tra padri e figli (in *Rigoletto*, *La traviata* e *Aida*; riflette la condizione intrinseca alla struttura patriarcale della famiglia italiana borghese dell'epoca), l'amicizia e il potere di Stato e Chiesa (*Don Carlos*), il raggiungimento di un potere (*Macbeth*), il senso dell'onore (*Ernani*), la fedeltà coniugale (*Stiffelio* e *Otello*), la lotta per la libertà contro l'oppressione dello straniero (*Nabucco*, *La battaglia di Legnano*, *Attila*).

Figura ricorrente nei libretti di molte opere ottocentesche è il tiranno. Ha per antagonista l'esule, il proscritto, il profugo politico che occupa la posizione dell'eroe e diventa il principale protagonista dell'opera (vedi *Il pirata* di Bellini, *Anna Bolena* di Donizetti, *Ernani* di Verdi). Pirati, zingari o banditi stanno molto spesso sul palcoscenico dell'opera romantica; immettono nell'opera un'atmosfera avventurosa (vedi *Il pirata* di Bellini, *Il corsaro*, *I masnadieri*, *Il trovatore* di Verdi). I protagonisti di alcune opere verdiane sono addirittura dei reietti o perlomeno persone socialmente riprovevoli: un buffone di corte gobbo in *Rigoletto*, una dama del *demi-monde* parigino in *La traviata*.

È comunque la figura della donna innamorata, con le sue connotazioni angeliche, romanticamente votata al sacrificio, che domina la drammaturgia del melodramma ottocentesco. Anche Norma – la sacerdotessa protagonista nell'opera omonima di Bellini – benché circondata da un'aura di grandezza classica antica (la vicenda è ripresa dal mito di Medea), è persona che vive totalmente nel suo amore: è l'amore che governa le sue azioni, che la induce a meditare una sanguinosa vendetta e infine la spinge a immolarsi insieme all'amato. Lunga è la galleria di eroine infelici, molto spesso amanti deluse, che popolano i libretti d'opera ottocenteschi. Specialmente il motivo dell'innocenza misconosciuta accomuna una lunga serie di personaggi femminili: Lucia in *Lucia di Lammermoor* di Donizetti; Amina in *La sonnambula*, Beatrice in *Beatrice di Tenda* di Bellini; Desdemona nell'*Otello*, Luisa Miller nell'opera omonima di Verdi. Sono le loro sofferenze a sostanziare il dramma, a condurre spesso la vicenda ad una tensione senza pari. Talvolta la delusione d'amore finisce col porre un così grave fardello emotivo sulla protagonista, da portarla alla pazzia. La rappresentazione di situazioni psichiche al limite della normalità – ovvero le "scene di follia" – costituiva per il pubblico italiano dell'epoca un forte polo di attrazione. Erano momenti di intenso pathos espressivo e al contempo offrivano al virtuosismo vocale di una primadonna il terreno migliore per esibire il proprio talento, come nella scena di follia in *Lucia di Lammermoor*, II/2, di Donizetti. Oltre a Lucia, diventano pazze Anna Bolena, Linda di Chamounix; Imogene nel *Pirata*, Elvira nei *Puritani* di Bellini. Diventano pazzi anche gli uomini: Assur nella *Semiramide* di Rossini, Nabucco nell'opera omonima di Verdi.

I librettisti e i compositori dell'Italia preunitaria dovevano sempre aspettarsi un intervento della censura politica prima – talvolta anche dopo – la pubblicazione del libretto. La "selva" dell'opera – una prima grezza stesura in prosa del libretto preparata solitamente di concerto tra compositore, poeta e impresa teatrale – doveva essere sottoposta alla supervisione e all'approvazione delle autorità politiche. La censura esercitava un forte controllo specie nel Regno delle due Sicilie, nello Stato Pontificio e in quelle provincie del nord occupate dagli austriaci. Ogni libretto veniva setacciato alla ricerca di contenuti sovversivi, di natura politica (non si doveva dar voce a sentimenti nazionalistici o liberali; non si permetteva che i sovrani fossero messi in scena con comportamenti indegni, ecc.), religiosa (si proibiva qualunque parola che avesse a che fare con il rito cristiano, il clero o i santi) e soprattutto morale (si bandivano le parole volgari e i comportamenti licenziosi dei personaggi). Per soddisfare le imposizioni della censura i compositori dovettero in qualche caso rimaneggiare la trama, alterare i titoli, i nomi dei personaggi, le ambientazioni e l'epoca di alcuni celebri soggetti. Opera tormentata dalla censura fu *Un ballo in maschera* di Verdi, perché vi si metteva in scena l'assassinio di un re di Svezia. Il compositore rinunciò di darla a Napoli perché le modifiche pretese dai censori borbonici ne alteravano troppo profondamente il carattere. Ritirò pertanto la sua opera per metterla poi in scena a Roma, dopo essersi rassegnato, per assecondare le richieste della censura romana, a cambiare il luogo dell'azione e l'identità dei personaggi (l'azione venne spostata da Stoccolma alla Boston del Seicento, e il Re di Svezia divenne il governatore del Massachusetts). Verdi ebbe schermaglie con la censura anche per *Stiffelio* (non furono graditi alle autorità austriache un adulterio in primo piano e un possibile divorzio) e per *Rigoletto* (la censura veneziana vietò che un re, come nel dramma di V. Hugo, venisse presentato come un cinico libertino). Nonostante le modifiche imposte dalla censura – in *Rigoletto* il re di Francia fu trasformato in un anonimo duca di Mantova, per esempio – Verdi è sempre riuscito a mantenere intatti le situazioni-chiave e il contenuto drammaturgico delle proprie opere.

Il libretto dell'opera seria dell'Ottocento è articolato di norma in due o tre (più raramente in quattro) atti. È concepito come una serie di distinte – non necessariamente contrastanti – "situazioni" (= singole tappe dell'azione drammatica) relativamente autonome – ma si stabiliscono ponti logici tra situazione e situazione in modo da mantenere l'attenzione dello spettatore sempre tesa – intorno alle quali si impernia la vicenda. La trama dell'opera si presenta dunque come totalità di situazioni e non più nella alternanza di singoli momenti "affettivi" (= stati d'animo) diversi e contrastanti, caratteristica del vecchio dramma serio per musica settecentesco a numeri chiusi (cfr. il vol. II, Cap. 19). Ad ogni situazione corrisponde un "numero" musicale costituito da una successione di episodi musicali multiformi (cfr. più avanti). Il numero può talvolta coincidere con la singola "scena" – determinata secondo la tradizione dall'uscita o dall'ingresso di singoli personaggi – ma il più delle volte ne accorpa più d'una. Ogni numero è dotato di notevole autonomia morfologica. Ecco la serie dei numeri musicali con cui si articola *Il trovatore* di Verdi (le intitolazioni sono quelle apposte da Verdi nella partitura autografa custodita nell'Archivio di Casa Ricordi a Milano):

Atto	Num.	Titolo	Scena
I	1	*Introduzione*	1
	2	*Cavatina Leonora*	2
	3	*Scena, Romanza e Terzetto*	3-5
II	4	*Coro di Zingari e Canzone*	1
	5	*Racconto d'Azucena*	
	6	*Scena e Duetto*	2
	7	*Aria Conte*	3
	8	*Finale*	4-5
III	9	*Coro*	1
	10	*Scena e Terzetto*	2-4
	11	*Aria Manrico*	5-6
IV	12	*Scena ed Aria Leonora*	1
	13	*Scena e Duetto*	2
	14	*Finale Ultimo*	3-4

Vale notare che lo spessore dei libretti dell'opera ottocentesca tende a diminuire notevolmente – sono dei fascicoletti di poche pagine – in confronto a quelli del Settecento, nonostante che le opere durino in scena tre ore buone. Ciò è dovuto al fatto che i due terzi circa delle parole che formavano un dramma per musica di Metastasio venivano cantate in un veloce recitativo semplice. In un'opera del XIX secolo, al contrario, viene messo in musica – in unità musicali cantabili più ampie rispetto alle arie solistiche del Settecento – quasi l'intero libretto. Inoltre, si assiste in quest'epoca ad un notevole arricchimento delle didascalie sceniche, in genere molto particolareggiate, presenti nei libretti a stampa. Si tratta di prescrizioni attinenti alle scenografie, alle azioni coreografiche, ai gesti e movimenti dei personaggi e delle masse corali. Sono destinate a coloro che cooperano allo spettacolo (cantanti, cori, scenografi, costumisti, registi, ecc.), ma servono anche allo spettatore che vede gli accadimenti scenici, ode la musica e può leggere – le luci di sala lo permettono – il libretto. Riguardo all'impiego nei libretti delle didascalie che indicano le apparizioni dei personaggi sul palcoscenico, si assiste ad un mutamento del significato della locuzione "uscir di scena". Si passa dal settecentesco (cfr. il vol. II, Cap. 19) "esce [di scena]" col relativo "entra [fra le quinte]" all'ottocentesco (e moderno) "entra [in scena]" ed "esce [di scena]". Pertanto con "aria di sortita" si intende ora il brano in cui un personaggio fa la sua apparizione in scena (entra in scena).

Fino all'*Aida* (1871) di Verdi, il librettista organizza il testo dei numeri in versi sciolti e in strofe prevalentemente di egual metro, alcune delle quali (per esempio la doppia quartina, la strofa base del-l'aria col da capo metastasiana) erano rimaste di uso comune fin dal secolo precedente. I versi sciolti (settenari liberamente frammisti ad endecasillabi) restano tradizionalmente tipici del recitativo, mentre per i cosiddetti "cantabili" sia individuali (arie) che dialogati o simul-tanei (duetti, terzetti e via dicendo fino ai concertati) si preferiscono le strofe di un numero pari di versi (ordinariamente quattro, sei, otto), caratterizzati da un'accentuazione assai più forte di quelli dispari. Richiedono tendenzialmente periodicità del ritmo e la qua-dratura delle frasi melodiche (di norma due battute per un verso), dal profilo facilmente intuibile al primo ascolto (esempio: la regola-rità delle frasi melodiche e la forza dell'accento ritmico nella cavati-na di Pollione *Meco all'altar di Venere* in *Norma*, I/2, di Bellini sca-turisce dall'uso di tre strofe di ottonari). Il metro dei versi di ciascu-na strofa più comunemente adoperato è: l'ottonario e il settenario avanti tutti, poi il quinario, il senario, il decasillabo. Nei grandi pezzi concertati multisezionali si usa, come nell'opera buffa di fine Settecento, una varietà di schemi metrici.

A partire dalla metà circa del secolo i librettisti e gli operisti cominciarono a sperimentare strutture poetiche più flessibili, meglio adatte ad un fraseggio melodico asimmetrico, non periodico, che si stava adoperando con sempre maggiore frequenza nell'opera italia-na. Abbondano pertanto le strofe polimetriche, i versi con sillabe dispari, gli schemi metrici liberamente mescolati. Gli endecasillabi (in precedenza riservati ai recitativi), i quinari e i settenari doppi (detti quasi-alessandrini perché molto comuni nell'opera francese) hanno tutti notevole fortuna (il doppio settenario è ampiamente pre-sente in *Otello* e *Falstaff* di Verdi). Soprattutto Verdi, nelle opere tarde, fece strenui tentativi per sfuggire ad una meccanica simme-tria delle frasi melodiche, imposta da una poesia regolata dall'u-niformità della metrica e del verso. Sollecitò più volte lui stesso ai librettisti una varietà di soluzioni metriche, per una poesia che avrebbe dovuto adattarsi alle sue invenzioni musicali. In tutta la cor-rispondenza con Antonio Somma (1809-1865), il librettista di *Un ballo in maschera*, egli insistette sulla vivacità, la chiarezza, l'effetto verbale e ritmico dei versi che doveva mettere in musica. Per l'aria di Amelia *Ma dall'arido stelo divulsa* con cui si apre l'atto II dell'o-pera – un'aria gravida di pathos, con il corno inglese obbligato – Verdi propose a Somma varie soluzioni prima di rimanere soddisfat-to da due sestine di decasillabi. Scrisse al librettista il 26 novembre 1857 in merito ai quinari che gli erano stati proposti in origine:

Quelle due strofette non rialzano la situazione che resta piccola. Non c'è foco, non c'è agitazione, non c'è disordine (e dovrebbe essere estremo in questo punto).

Dagli anni '50 in poi Verdi mostrò un notevole, accresciuto interesse per le strutture poetiche eccentriche e asimmetriche. Nel *Di Provenza il mar, il suol* nell'atto II/7 de *La traviata*, per esempio, si utilizzano due quartine di ottonari doppi tronchi (assai poco usuali), più un quinario egualmente tronco. Endecasillabi piani e settenari tronchi si alternano nell'aria di Leonora *Pace, pace, mio Dio* nella *Forza del destino*, IV/6. Nelle lettere scritte al librettista Antonio Ghislanzoni (1824-1893) durante la preparazione (estate-autunno 1870) di *Aida*, Verdi avanzò più volte soluzioni metriche sempre nuove. Ecco come si esprime in merito alla scelta delle strofe per i cantabili (lettera del 17 agosto 1870):

So bene ch'ella mi dirà: E il verso, la rima, la strofa? Non so che dire; ma io quando l'azione lo domanda, abbandonerei subito ritmo, rima, strofa; farei dei versi sciolti per poter dire chiaro e netto tutto quello che l'azione esige.

Evidentemente il compositore chiede versi "più scenici" nell'ambito di strutture strofiche regolari, ossia versi in cui la "parola scenica" – da lui definita nella stessa lettera come "la parola che scolpisce e rende netta ed evidente la situazione" – viene impiegata per sollecitare l'ascoltatore alla massima attenzione verso le parole pronunciate in quel momento. Inoltre, per realizzare musicalmente la netta distinzione di azioni teatrali concomitanti e diverse, Verdi non esita a sovrapporre simultaneamente negli *ensembles* vocali strutture poetiche polimetriche. Se ne ha un esempio nel quartetto *Quel vel mi porgi* in *Otello*, II/4: i personaggi esprimono le loro emozioni in un vero contrappunto metrico (settenari per le parti lirico-contemplative di Otello e Desdemona, quinari per il dialogo d'azione tra Emilia e Jago).

I tipi vocali

Il melodramma romantico stabilì gradualmente un preciso rapporto tra il ruolo che il personaggio svolge nel dramma e il suo tipo di voce. L'eroe impersonato dalla voce acuta asessuata del castrato, sulla quale si era retta l'opera seria del Settecento (cfr. il vol. II, Cap.

19), sopravvisse ancora negli anni '20, quando l'ultimo grande sopranista Giovanni Battista Velluti (1781-1861) si ritirò dalle scene d'opera. Se non ce n'erano disponibili la parte era sostenuta non già da un tenore ma da un contralto femminile *en travesti* (in vesti maschili per parti maschili), cui si affidarono tessiture spinte verso l'acuto. Molte parti di rilievo furono scritte da Rossini per il contralto (per esempio la parte di Tancredi nell'opera omonima, fino a quella di Arsace in *Semiramide*), come pure, tra gli altri, da Mercadante, Vaccai e Bellini (la parte del protagonista nei *Capuleti e i Montecchi*). Il contralto aveva in genere come antagonista e rivale il tenore, e le voci si differenziavano in quanto il tenore tendeva verso il registro grave, baritonale.

Nelle opere serie del periodo napoletano (1815-1822) Rossini cominciò ad assegnare al tenore le parti di amoroso assieme a quelle, abituali, di antagonista. Sono parti di uno straordinario virtuosismo – contengono complessi vocalismi, trilli, lunghe volate ascendenti e discendenti, ecc. – con una marcata enfatizzazione dei registri acuti (nelle tessiture acute i cantanti facevano ricorso alla voce di falsetto). Con Bellini e Donizetti si affermò il tipo di tenore romantico per eccellenza, che si identifica con la figura dell'uomo fatale, dell'innamorato passionale, dell'eroe dolente. La scrittura vocale si sfronda di buona parte del sensualismo delle fioriture del periodo rossiniano: si presta meglio alle effusioni elegiache (Arturo dei *Puritani* di Bellini) e agli slanci passionali (Edgardo della *Lucia di Lammermoor* di Donizetti). Si affermò gradualmente una vocalità tenorile di tipo stentoreo, espressa da sempre più accentuate sonorità nel registro acuto emesso a voce piena. Ciò avvenne sulla scia dei *grands opéras* di Rossini e di Meyerbeer (cfr. il Cap. 25). Verdi attuò la piena valorizzazione del personaggio tenorile eroico, ardimentoso, vittima della sorte, campione dell'amore ideale, o anche irresistibile seduttore. La voce di tenore è chiamata ad esprimersi con una gamma molto estesa di tinte, gradazioni e sfumature: il canto languido e affettuoso su tessiture perlopiù centrali si alterna ad una vocalità tesa e concitata, spesso declamatoria, che si espande nel registro acuto.

La voce grave e tenebrosa del basso resta il simbolo della tarda età, della solennità, della saggezza. Impersona figure di re, di padre nobile, di sacerdote. Si identifica anche in parti demoniache. L'opera romantica, tuttavia, accordò al basso di tessitura spinta verso l'alto (abbraccia la gamma LA1-SOL3) uno speciale rilievo. Si tratta del baritono, voce poco conosciuta nel Settecento; nel primo Ottocento era chiamata "basso cantante". La netta distinzione delle funzioni drammatiche tra le parti vocali di baritono e basso sarà operata soltanto a partire dalla metà circa del secolo. La parte di baritono nacque in funzione di bieco antagonista in amore del tenore, diventando poi una delle voci-cardine del teatro di Verdi. Incarna innanzi tutto l'uomo invasato dalla gelosia, dall'odio di parte, dal rancore e da altre passioni violente (vedi il Conte di Luna del *Trovatore*, Jago di *Otello*). Ma rappresenta anche una figura nobile e cavalleresca (Carlo V in *Ernani*, Rodrigo in *Don Carlos*).

La voce di soprano femminile è legata a personaggi idealizzati: la giovane donna innamorata, la fanciulla angelica fragile e vulnerabile, dai sentimenti puri, spesso spinta all'estremo sacrificio. È la voce che meglio si presta al canto d'agilità, da eseguire talvolta in una tessitura molto acuta. Tuttavia, per rispondere alle esigenze di una drammaturgia romantica sempre più imperniata sulle situazioni fortemente tensive e conflittuali, l'eroina è chiamata ad esprimersi spesso – specialmente a partire da *Un ballo in maschera* di Verdi – in un canto spianato e a sfondo declamatorio, sempre più ricco di slanci passionali, di scatti vigorosi, da eseguire con voce piena. Questo tipo di soprano è chiamato "di forza".

La voce di mezzosoprano (abbraccia la gamma dal $LA\flat_2$ al SI_4) è l'equivalente femminile del baritono e spesso sostiene la parte di rivale del soprano (vedi Maddalena in *Rigoletto*, Amneris in *Aida*). Qualche volta è anche impiegata in ruoli protagonistici, come Leonora della *Favorita* di Donizetti e Azucena del *Trovatore* di Verdi. Dispone di una gamma espressiva molto varia e flessibile.

La vocalità

I connotati musicali del melodramma dell'Ottocento discendono in linea diretta dalla tradizione dell'opera seria e comica del Settecento. È una tradizione fondata sul predominio dell'elemento melodico vocale, che resta un punto fondamentale del pensiero musicale di ogni compositore d'opera italiano. Mai la linea vocale corre il rischio di essere sopraffatta dall'orchestra, che pure contribuisce a sottolineare certe sfumature del discorso drammatico e senza dubbio partecipa largamente all'effetto complessivo di un brano vocale. Dal punto di vista degli ascoltatori e dei critici, soprattutto dei primi decenni del secolo, l'ideale primo dell'opera italiana restava la melodia canora discretamente accompagnata, basata su elementi semplici, facili da ricordare. Indifferentemente nell'opera seria e buffa si apprezzava, però, non tanto e non più il canto virtuosistico fine a sé stesso quanto quello strettamente legato al significato della parola, alla situazione scenica e all'espressione drammatica. Per la sua struttura pluriarticolata (vedi più avanti) a seconda dell'azione drammatica, il brano vocale solistico o concertante si pone indubbiamente al servizio del dramma e al suo evolversi.

Le ampie colorature o fioriture vocali (= ornamenti virtuosistici alla linea del canto) perdono in genere il carattere "accidentale" che avevano avuto nell'opera seria del Settecento – erano lasciate interamente alla improvvisazione del cantante e raramente erano notate – divenendo un mezzo integrante ed essenziale della composizione. Il canto arricchito di fioriture è un tipico aspetto dello stile di Rossini. Egli fu infatti il primo compositore a scrivere le colorature per esteso. Lo fece non tanto allo scopo di impedire ai cantanti d'introdurne di proprio conio (continuò a tollerarne di improvvisate), quanto per costringerli ad un'emissione "belcantistica", ossia non forzata, fondata sulla leggerezza, flessibilità e plasticità del suono. Molte sue melodie sono intrinsecamente legate all'abbellimento, concepite in unione con esso. Se si spogliassero molte di queste melodie delle loro fioriture, rimangono se mai frasi di un recitativo privo di espressione, come nell'assolo di Semiramide *Giuri ognuno ai sommi Dei* nel finale I di *Semiramide* (ESEMPIO 2):

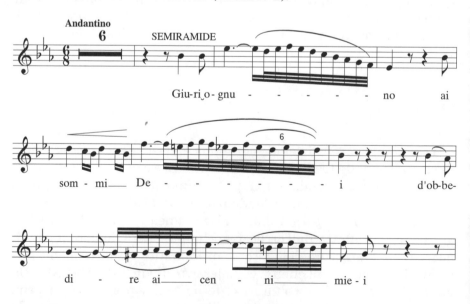

ESEMPIO 2

In molti brani la melodia riappare quasi ricoperta dalle colorature, come nel secondo rondò-finale (una delle arie più virtuosistiche
che Rossini abbia mai composto) *D'amore al dolce impero*
dell'*Armida*. Il motivo iniziale (ESEMPIO 3a)

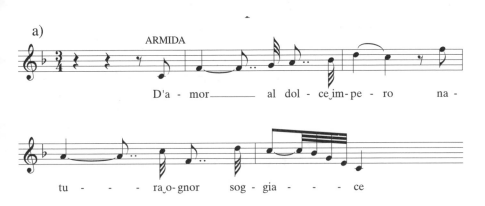

ESEMPIO 3a

viene ripreso così (ESEMPIO 3b):

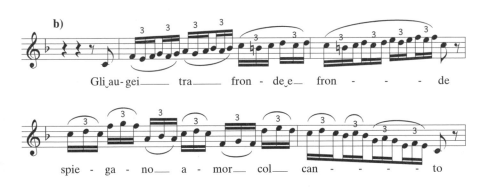

ESEMPIO 3b

e poi così (ESEMPIO 3c):

La fre - sca e - tà sen fug - - - ge,

è___ la bel - ta - de un lam - - - - po

ESEMPIO 3c

Bellini assorbe certi caratteri tipici della vocalità rossiniana, ma tende a concedere uno spazio molto più contenuto al virtuosismo puro. Quasi mai nei suoi capolavori le colorature sono adoperate senza uno specifico valore espressivo: le introduce (ma sono sempre meno estese che nelle opere rossiniane) per ottenere effetti particolari, come nella scena della pazzia dei *Puritani*, II/3 (*Vien diletto*: qui l'effetto è l'espressione perfetta di un rapimento estatico). Bellini sviluppò una nuova vocalità che può considerarsi il preannuncio della vocalità d'epoca romantica, tutta protesa verso una più intima unione fra musica e poesia, piegata a mettere bene in luce il senso e l'atmosfera della situazione drammatica (esempio: la cavatina *Casta diva* in *Norma*, I/4). La novità dello stile belliniano è appunto la spiccata predilezione per una vocalità di carattere "spianato", cioè lontana dal canto fiorito, articolata per ampi archi melodici, dotata di straordinario, inconfondibile pathos lirico. Si tratta di quelle "melodie lunghe, lunghe, lunghe [...] come nissuno ha fatto prima di Lui", che Verdi particolarmente lodò nella lettera del 2 maggio 1898 al critico francese Camille Bellaigue. Un esempio tipico di una melodia di ampio respiro si trova nell'aria di Amina *Ah non credea mirarti*, la parte lenta di una "scena e aria" che forma il finale ultimo della *Sonnambula* (ESEMPIO 4):

ESEMPIO 4

Questa melodia "lunga" spazia, con ininterrotta continuità, in un arco melodico dalla prima alla undicesima battuta del canto (nessuna battuta ripete la struttura ritmica dell'altra). L'arco della melodia si estende anche oltre la batt. 11, quando l'oboe intona un tema in maggiore, la cui seconda parte viene cantata da Elvino; Amina ritorna al LA min. e il flusso continuato della melodia si estende fino alla batt. 19, dove si posa su una cadenza di dominante-tonica. Nei recitativi di Bellini si trovano ariosi di ampio respiro melodico e intensità lirica, in misura molto più ampia rispetto ad altri compositori a lui precedenti. Egli riduce pertanto la distanza fra i recitativi e il cosiddetto pezzo chiuso, ed anche questo è un fatto storico di grande significato. Una delle più belle melodie di *Norma* in quanto a pathos lirico, per esempio, non fa parte né di un'aria e neppure di un pezzo concertato, ma di un recitativo: *Teneri, teneri figli*, nella scena che apre l'atto II dell'opera.

Con Donizetti si introdussero nella vocalità esplosioni di forza, bruschi salti di registro ed altre violazioni dei canoni belcantistici. Si fece strada in Italia, per esempio, il tenore nell'accezione e nel ruolo ch'è di origine non belcantistica ma francese.

Nelle opere della maturità di Verdi il bel canto di agilità rossinianamente inteso è molto raro e tende progressivamente a scomparire. Dalla corrispondenza con i cantanti, i gestori di teatri, l'editore Ricordi, risulta che egli fosse soprattutto preoccupato, spesso tormentosamente, delle capacità mimiche e sceniche degli interpreti delle sue opere, più che delle loro qualità virtuosistiche vocali. Vale a dire un tipo di vocalità sostanzialmente declamatoria, dettata dalla situazione drammatica e intesa a mettere in evidenza la qualità espressiva dei versi poetici. Illuminanti in proposito sono le parole di Verdi all'editore Ricordi (lettera del 10 luglio 1871), allorché si stava decidendo sulla scelta degli interpreti per la prima italiana di *Aida* alla Scala:

> Voi conoscete il libretto d'*Aida*, e sapete che per *Amneris* ci vuole un'artista di sentimento altamente drammatico e padrona della scena [...]. La voce sola, per quanto bella [...] non basta per quella parte. Poco m'importa della così detta *finitezza del canto*: io amo far cantare le parti come voglio io [...].

Invero, già nel *Macbeth* del 1847 Verdi aveva palesemente affermato una vocalità teatrale totalmente asservita alla parola e alla situazione drammatica (vedi le didascalie sceniche disseminate nelle edizioni dello spartito, così frequenti quali in nessun'altra opera sua).

L'organizzazione formale

L'organizzazione formale del melodramma italiano dell'Ottocento si fonda sull'alternarsi di grandi unità o "numeri" musicali funzionali al discorso drammatico (articolato in una serie di distinte "situazioni"; vedi sopra), ognuno dei quali è costituito da più sezioni di forme in sé conchiuse, abbastanza differenziate tra loro per il tempo, la tonalità, i caratteri stilistico musicali, l'organico vocale (recitativi accompagnati, arie solistiche, duetti, terzetti, cori, ecc.). È un tipo di organizzazione le cui origini storiche sono evidentemente nel finale d'opera buffa di vaste proporzioni (cfr. il vol. II, Cap. 19), in cui il discorso musicale asseconda l'incalzare del dialogo e degli eventi, con una strumentazione pensata in funzione di contorno o di sostegno alla linea del canto. Ciascun numero musicale è costruito secondo uno stesso modello che non ha subìto trasformazioni, al di là delle infinite variazioni e dilatazioni, da Rossini fino al 1870 circa. Rossini, però, non fu l'inventore bensì il codificatore dei meccanismi formali che delinearono l'opera italiana del XIX secolo. Furono elaborati poco alla volta da compositori attivi nel periodo a cavallo tra Sette e Ottocento.

All'interno di ciascun numero musicale si alternano sezioni "cinetiche" (in cui l'azione procede in modo dinamico) e sezioni "statiche" (in cui l'azione rallenta o ristagna), articolate di solito in quattro "tempi" diversi. Ecco lo schema base di tali pezzi, valido per l'opera seria come per quella buffa:

	Gran duetto	**Aria/Cavatina**	**Finale intermedio**
	0. Scena [versi sciolti, recitativo	Scena [idem]	[coro, balletto, scena, aria, duetto, marcia, ecc.]
sez. cinetica	1. Tempo d'attacco	——————	Tempo d'attacco
sez. statica	2. Adagio/Cantabile	Adagio/Cantabile	Pezzo concertato/Largo
sez. cinetica	3. Tempo di mezzo	Tempo di mezzo	Tempo di mezzo
sez. statica	4. Cabaletta	Cabaletta	Stretta

La sequenza dei "tempi" di cui consta ciascuno di questi "numeri" si consolidò sulla base del "Gran duetto" che si rintraccia di sovente nell'opera del primo Ottocento. I termini "Tempo d'attacco" e "Tempo di mezzo" non si trovano nelle partiture dell'epoca ma sono desunti dallo *Studio sulle opere di G. Verdi* (Firenze 1859, p. 191) del livornese Abramo Basevi (1818-1885) – critico molto acuto del melodramma del suo tempo – e oggi entrati nella terminologia di molti autorevoli studi sull'opera italiana dell'Ottocento. Basevi definisce questa struttura compositiva con la locuzione "solita forma". Tale "forma" va intesa non tanto come una norma rigida e stringente, quanto piuttosto come uno schema di massima, che di volta in volta il compositore può osservare oppure trasgredire. I diversi "tempi" si differenziano uno dall'altro per ragioni sia d'ordine drammatico, sia d'ordine musicale.

I tratti drammatico-musicali tipici di ciascun "tempo" della "solita forma" si possono così distinguere:

— 0. "Scena". Imposta la situazione emotiva che precede il pezzo chiuso; al suo interno si possono trovare momenti statici di contemplazione e momenti dinamici d'azione. Nelle arie e nei duetti l'episodio è scritto in stile recitativo accompagnato, arricchito in varia misura da ariosi (estese frasi lirico cantabili) e caratterizzato da pregnanti motivi orchestrali, ma senza una precisa configurazione formale. Vale notare che il recitativo semplice (oggi comunemente noto come "secco"; cfr. il vol. II, Cap. 19) era scomparso a Napoli dalle partiture dell'opera seria verso il 1812 a favore di quello "strumentato", in parte come riflesso dei contatti con la musica francese (Rossini è stato uno dei primi compositori ad eliminarlo: per la prima volta in *Elisabetta, regina d'Inghilterra* del 1815); nel resto d'Italia intorno al 1820. Avviene, così, che con la scomparsa del veloce recitativo semplice si trasferisce gran parte dell'azione ai due tempi cinetici.

— 1. "Tempo d'attacco". Avviene lo scontro dialettico tra i personaggi, talvolta in stile detto "parlante" (le voci procedono sillabando), in squarci di recitativo, su un movimento continuo dell'orchestra (sulla quale è concentrato tutto l'interesse melodico), di armonie tensive e modulanti, che conducono ad un culmine sentimentale. Ben evidente è pertanto la conclusione di questa sezione. Avviene di solito con un "colpo di scena" che muta la situazione drammatica: può essere un'irruzione inattesa di uno o più personaggi, un evento inaspettato, una riflessione, un voltafaccia emozionale, una rivelazione, un insulto; o anche un segnale sonoro, una fanfara, un coro, il canto di un personaggio amato o aborrito sentiti da fuori scena (come avveniva nell'*opéra-comique* di fine Settecento).

— 2. "Adagio/Cantabile". È il momento in cui il culmine sentimentale trova sfogo, come reazione al colpo di scena suddetto ed è costituito dalla simultanea meditazione lirica dei personaggi. L'azione drammatica viene in effetti sospesa e i personaggi restano immobili in gesti e pose statuarie (in un concertato ognuno commenta fra sé il fatto inatteso). È questa la sezione più memorabile sotto il profilo melodico.

— 3. "Tempo di mezzo". È sullo stile di 1) e si svolge, talvolta, in seguito ad un colpo di scena, o ad un evento, che porta ad un brusco cambiamento emozionale: il tempo riprende a scorrere e

l'azione ritorna dinamica, mentre il discorso musicale asseconda l'incalzare del dialogo e degli eventi scenici. Nei concertati può esservi l'entrata di un nuovo personaggio.
— 4. "Cabaletta". È la sezione conclusiva in tempo mosso, in cui si sfoga la nuova situazione.

Ognuno dei momenti della "solita forma" è sottolineato da un cambiamento di metro poetico, di tempo, di tonalità. Molto spesso il tempo lento interno dei numeri quadripartiti è alla distanza di una terza maggiore o minore, all'insù o all'ingiù, dalla tonalità di base, tonalità che torna nella cabaletta perlopiù in maggiore.

Su questo schema di massima, quadripartito, si possono innestare molte varianti. Nei pezzi solistici (arie, duetti, terzetti, ecc.) la struttura può essere semplificata (vengono omessi i numeri 1 e/o 3) oppure ampliata nei finali intermedi e d'atto, dove i numeri 2 e 4 prendono il nome di "Largo" e di "Stretta".

Tramontata definitivamente l'aria col da capo, sono contemplate le arie d'un sol tempo e d'una sola sezione, precedute da un recitativo. Un'aria ridotta al solo cantabile si denomina "Romanza", in genere di carattere amoroso. L'aria che i personaggi principali cantano nell'entrare la prima volta in scena si chiama "Cavatina", ma a questo termine non sono legate distinte caratteristiche formali come nel Settecento (cfr. il vol. II, Cap. 19). Spesso assolve alla funzione di narrare l'antefatto, ed è pertanto un brano consacrato all'espressione di stati d'animo individuali.

Molto comune è l'aria in due sezioni contrastanti, senza legami tematici: la prima lenta (riflessiva ed espressiva), la seconda veloce, brillante e virtuosistica conosciuta come "Cabaletta", un termine che non si trova quasi mai nelle partiture dell'epoca (era termine gergale tra gente del mestiere). Sempre all'interno di un medesimo stato sentimentale del protagonista, l'aria in due tempi segna pertanto un dualismo tra effusione lirica e determinazione volitiva. Dal momento che chi canta l'aria non è quasi mai solo in scena, si inseriscono spesso tra le due sezioni diverse – il cantabile e la cabaletta – alcune battute dialogiche, che il personaggio scambia col compagno o i compagni di scena, oppure con il coro; può anche esservi una breve transizione orchestrale. (Gli interventi di personaggi, perlopiù secondari, con poche battute di canto nel corso di un'aria solistica sono definiti convenzionalmente "pertichini".) La cabaletta, dunque, fa parte di un duetto o di un pezzo composto, di cui essa costituisce la conclusione; di norma esprime sentimenti di gioia, combattività, vendetta, ma anche preoccupazione, tristezza ecc.

Il cantabile che precede la cabaletta presenta generalmente una struttura poetica di due strofe, molto spesso di quattro versi ciascuna, con melodie prive di ripetizioni (*durchkomponiert*), come *Ah non credea mirarti* (cfr. l'ESEMPIO 4) nell'ultima scena della *Sonnambula* di Bellini, oppure intessute di ripetizioni di un breve disegno ritmico, come *Qual cor tradisti* nell'ultima scena della *Norma* di Bellini, metodo questo che è anche uno dei preferiti di Donizetti. Anche la cabaletta presenta spesso una struttura a due quartine, con frasi melodiche di 16 (8+8) o 32 battute che si allargano in prossimità della cadenza finale. Era abituale ripetere le due strofe della cabaletta dopo una sezione intermedia del coro o di altri personaggi, e di concluderla con coro, ripetuto, e una coda/stretta; per un esempio vedi *Ah non giunge* nell'ultima scena della *Sonnambula* di Bellini: dei quattordici numeri di quest'opera non meno di sette sono arie o duetti con coro o insieme. La ripetizione della sezione solistica della cabaletta offriva ai cantanti l'occasione di abbellire e variare la melodia – come nella vecchia aria col da capo. Per un esempio di cantabile-cabaletta con una sezione intermedia di coro tra i due tempi e tra una ripetizione e l'altra della cabaletta, vedi *Parmi veder le lagrime* che apre l'atto II di *Rigoletto* di Verdi. Si danno anche casi di cabalette placide, in tempo moderato, prive di virtuosismi; per un esempio vedi *Tu che a Dio spiegasti l'ali* che chiude *Lucia di Lammermoor* di Donizetti.

Il termine cabaletta viene anche applicato alla stretta conclusiva di un duetto in quattro tempi. In *Semiramide* di Rossini, opera che funse da modello da seguire per molti operisti delle generazioni successive (rimase in cartellone fino agli anni '80), quattro sono i duetti costruiti in quattro tempi. Ciascuno dei duetti, oltre a concludersi con una cabaletta in piena regola, ha la stessa struttura ed è preceduto da una "Scena" in stile recitativo. Il duetto Semiramide-Assur che apre l'atto II segue lo schema seguente:

— una prima sezione ("tempo d'attacco", "Allegro", SI♭ magg.) costruita su due strofe (due quartine), di cui la prima è intonata da un personaggio, la seconda dall'altro, su di una musica identica o quasi;

— segue una sezione lenta dialogica (a botta e risposta tra i due personaggi) in una nuova tonalità ("Andantino", SOL magg./SOL min.);

— quindi arriviamo al "tempo di mezzo" ("Allegro", SOL magg., MI♭ magg.), una transizione in ritmo vivace punteggiata da una musica festevole di banda, che conduce alla

— cabaletta ("Allegro", SI♭ magg.) di ritmo scandito, nella quale le due voci cantano la stessa frase melodica in successione, quindi insieme alla distanza di una decima.

Nelle cabalette duetto, spesso la prima strofa è intonata da un personaggio, la seconda dall'altro su una musica identica o quasi; dopo un episodio orchestrale/vocale, le due strofe sono cantate da entrambi (le parole possono essere identiche ma non necessariamente), con la melodia che si scambia tra le due voci, o trattata omofonicamente o in imitazione. (Per un esempio, vedi il duetto Rigoletto-Gilda *Ah! Veglia, o donna* in *Rigoletto*, I/4, di Verdi.)

Molto rilievo assumono nel melodramma italiano dell'Ottocento i concertati d'insieme di vaste proporzioni, specialmente i finali d'atto o d'opera. In questi pezzi – che hanno luogo in situazioni sceniche gremite di protagonisti, comprimari e masse corali – ogni carattere sulla scena è travolto da una voragine collettiva. Ancor più che nei concertati d'insieme dell'opera comica settecentesca, di cui ereditano la funzione, la tensione si sviluppa a poco a poco, per accumulazione delle linee vocali punteggiate da interventi collettivi fino all'immancabile addensarsi della "stretta" finale, un "tutti" vocale – comprensivo del coro – e orchestrale (sui caratteri stilistico musicali della stretta vedi il vol. II, Cap. 19). L'intento è di creare un clima di febbrile eccitazione psicologica. Della rilevanza dei grandi concertati erano coscienti musicisti e pubblico, che ne fecero un polo d'attrazione, in genere superiore ad arie e duetti.

I concertati finali d'atto seguono, di norma, l'articolazione quadripartita della "solita forma". Loro percorso d'obbligo è l'avvio dell'azione sotto apparenze festose o spensierate, cui seguono una interruzione a causa di un evento inaspettato, una pausa di riflessione (in tempo lento), la ripresa dell'azione nella nuova situazione prodottasi, e la "stretta" finale. Il finale dell'atto I de *Il barbiere di Siviglia* di Rossini segue appunto questo percorso, con la musica e il dramma che procedono di pari passo:

— 0. "Scena". Comincia (I/13) con una marcia militare sulle parole *Ehi di casa ... buona gente* e l'entrata in scena dei vari personaggi.

— 1. "Tempo d'attacco". Si potrebbe individuare con l'entrata di Figaro alla scena 15 ("Allegro"). Si basa su più temi orchestrali che vengono sviluppati e dispiegati in diverse tonalità. Il colpo di scena destinato a fermare l'azione è l'inatteso comportamento dell'Ufficiale che riconosce il conte travestito da finto soldato.

— 2. "Largo". Qui tutti sono ammutoliti dallo stupore; l'azione s'arresta e ognuno commenta fra sé il fatto inatteso; le parti vocali procedono in un falso canone, con un accompagnamento orchestrale ridotto al minimo essenziale.

— 3. "Tempo di mezzo". Dopo una pausa coronata, la musica entra all'improvviso in uno stato di furiosa agitazione sulle parole di Bartolo *Ma signor...* ("Allegro"). La scena ritorna dinamica e i cantanti si scambiano brevi frasi melodiche.

— 4. "Stretta". Comincia con le parole *Mi par d'esser con la testa* cantate inizialmente da tutti sottovoce e all'unisono per addensarsi via via in un movimento ritmico, dinamico e sonoro sempre più impetuoso, elettrizzante, caratterizzato dalla iterazione ossessiva e meccanica di uno o più motivi (il famoso "crescendo").

Il finale dell'atto I della *Semiramide* di Rossini segue lo stesso percorso:

[Solita forma]	Situazione drammatica	Tempo	Tonalità
[Scena]	Cori e marce recitativo giuramento di fedeltà	All.o mod. C Andantino 6/8	DO magg. MI♭ magg.
[Tempo d'attacco]	Rivelazione del nome dello sposo; tuono sotterraneo e fulmine	All.o C	SOL magg./ LA♭ min.
[Concertato]	Orrorosa apparizione dell'ombra di Nino; reazione degli astanti	Andantino C	LA♭ min./ LA♭ magg.
[Tempo di mezzo]	Ripresa dell'azione; l'ombra scompare	All.o molto mod. C	FA min.
[Stretta]	Tutti	Vivace 3/4	DO magg.

Bellini, Donizetti e Verdi hanno accolto e insieme trasformato la struttura tradizionale della "solita forma". Nella costruzione dei duetti, per esempio, Donizetti apportò alcuni cambiamenti: a volte il primo tempo ("tempo d'attacco") consiste in un dialogo praticamente ininterrotto, tenuto insieme da un disegno orchestrale, più che vocale, come in *Soli noi siamo* nella *Lucrezia Borgia*, I/6. Nei finali d'atto questi compositori ottengono i migliori risultati con il "Largo" concertato piuttosto che con le sonorità opulente della "stretta finale". Vedi il famoso sestetto *Chi mi frena in tal momento* compreso nel finale dell'atto II della *Lucia di Lammermoor;* il finale I di *Maria Stuarda* inizia di punto in bianco con un poderoso "Largo" concertato. Dall'atto III di *Ernani* in poi Verdi talvolta conclude un finale intermedio con un esteso "Largo" concertato. Per sottolineare i momenti carichi di tensione drammatica dei finali, Bellini fa spesso ricorso a dei crescendo che hanno un tempo molto più lento rispetto a quelli rossiniani, briosi ed impetuosi. Arrivato al culmine dinamico Rossini pone un ininterrotto "fortissimo", mentre Bellini cambia spesso un "*f*" o "*ff*" in un improvviso "*p*" o "*pp*", per iniziare, dopo una nuova onda sonora, un nuovo crescendo melodico e dinamico. Paradigmatico in questo senso è il finale II di *Norma*.

Verdi si mantiene perlopiù nel solco della tradizione dell'opera italiana, puntando però ad adattare e a piegare le strutture formali convenzionali alle esigenze dello sviluppo drammatico. Rispetta sostanzialmente la consueta forma quadripartita, ma se ne discosta a seconda dei caratteri e delle situazioni che vuole rappresentare. Ispirato dall'esempio dell'opera francese, egli impone all'opera italiana contenuti via via sempre nuovi che la costringono a trasformarsi dall'interno. Attraverso un attento calcolo della distribuzione e del peso dei "numeri" nel corso della partitura egli cerca deliberatamente, a partire soprattutto da *Rigoletto*, di mettere in stretto rapporto i contenuti musicali con la stringente evoluzione drammatica e con le rispettive posizioni psicologiche dei personaggi. (Vale sottolineare che Verdi fu, molto probabilmente, il primo operista italiano che passò dal metodo tradizionale di comporre uno per uno i vari "numeri", all'abitudine di stendere un primo abbozzo sommario che contiene tutta l'opera nelle sue linee fondamentali.) Pertanto forma chiusa e forma aperta si avvicendano e si compenetrano sempre più sottilmente, per seguire il continuo mutare della situazione e per delineare una vasta gamma di stati d'animo e di esperienze umane (i personaggi verdiani danno sfogo a emozioni e passioni semplici ed elementari). Un esempio di mirabile equilibrio tra forma tradizionale e la fluidità richiesta dalla situazione drammatica è dato dalla *Scena ed Aria* [e *Miserere*] che apre l'atto IV del *Trovatore*. Pur rispettando la forma tradizionale Verdi ottiene effetti sorprendenti ribaltando i rapporti tra le varie sezioni: centro emotivo della scena (di eccezionale densità drammatica) è il *Miserere*, che non è che il "Tempo di mezzo" dell'aria di Leonora, tra l'"Adagio" *D'amor sull'ali rosee* e la cabaletta *Tu vedrai che amore in terra*. Ecco lo specchietto della scena:

[Solita forma]	Personaggi	Tempo	Tonalità
[Scena]	Leonora, Ruiz	Adagio C	FA min.
[Cantabile]	Leonora	Adagio C	FA min./LA♭ magg.
[Tempo di mezzo]	coro interno ⎫ Leonora ⎬ Manrico dalla torre ⎭	Andante assai sost. C	LA♭ min./LA♭ magg.
[Cabaletta]	Leonora	All.o agitato C	FA magg.

Di grande effetto drammatico è, nel *Miserere*, l'intreccio di coro funebre, cantilena d'addio alla vita di Manrico e rintocco della campana a morto, che pervade d'angoscia il cuore e il canto di Leonora sola in scena.

Rigoletto è tra le opere in cui la concezione drammatico-musicale verdiana perviene ad un alto grado di perfezione. Con quest'opera Verdi tenta di ampliare i confini del melodramma italiano attuando quel misto di comico e di tragico, di sublime e grottesco che molti romantici come V. Hugo (vedi la prefazione al *Cromwell*, 1827; cfr. il Cap. 24) avevano scoperto in Shakespeare. Il muro che separava il serio dal comico viene abbattuto presentando sulle scene un gobbo buffone di corte (Rigoletto), ch'è un eroe tragico in un'opera seria.

La vicenda di *Rigoletto* è costruita in modo che lo svolgimento dell'azione porti ad un graduale spiegarsi e definirsi. La caratterizzazione dei singoli personaggi è costantemente determinata dal loro reciproco confronto e dall'evolversi della vicenda. Sono personaggi fra loro molto diversi eppur accomunati dalla morsa del dramma, che precipita ineluttabilmente ad una tragica conclusione. La figura di Rigoletto muta radicalmente nel corso dell'opera: da buffone di corte presentato all'alzarsi del sipario si trasforma in padre possessivo e assetato di vendetta, alla fine totalmente sconfitto nel tentativo di difendere la dignità e l'onore della figlia Gilda, sedotta dal Duca. L'ingenua innocenza iniziale di Gilda diviene alla fine coraggio senza confronto, sino al supremo sacrificio di sé per l'essere amato: decide di morire – spira tra le braccia del padre, pazzo di dolore – pugnalata dal brigante Sparafucile pagato da Rigoletto per uccidere il Duca. Quest'ultimo ci viene presentato come il libertino cinico, baldanzoso e prepotente, un carattere decisamente opposto a Gilda e a Rigoletto.

La musica di Verdi in *Rigoletto* è tagliata a puntino per scolpire a tutto tondo le azioni dei singoli personaggi, per evidenziare le loro lacerazioni, i loro conflitti interiori. Gli elementi compositivi adoperati in sé stessi sono per lo più tradizionali, ma vengono fusi in una maniera nuova ed emozionante, con punti di altissima ispirazione melodica. *Rigoletto* è l'unica opera verdiana priva di concertati di fine atto, e vi si trovano pochissimi pezzi d'assolo solistici, uno soltanto di profilo convenzionale (la "Scena e aria" *Parmi veder le lagrime* che apre l'atto II). Una preminenza assoluta è data ai duetti, strumenti elettivi del confronto drammatico, in cui il compositore differenzia al massimo le melodie dei contendenti (vedi i tre duetti tra padre e figlia). Verdi fu perfettamente cosciente del peso formale affidato ai duetti. Nella lettera dell'8 settembre 1852 all'impresario Carlo Antonio Borsi che gli aveva chiesto un'aria per la moglie cantante da introdurre nell'opera, egli rispose con le seguenti parole:

> Se il *Rigoletto* può stare com'è, un pezzo nuovo ci sarebbe di più. Difatti dove trovare una posizione? Dei versi e delle note se ne possono fare, ma sarebbero senza effetto dal momento che non vi è la posizione [...]. Ho ideato *Rigoletto* senz'arie, senza finali, come una filza interminabile di duetti, perché così ero convinto [...].

L'unica aria solistica di Gilda (*Caro nome*, I/13) si staglia nel bel mezzo dell'opera, è in un solo movimento ed è perfettamente funzionale all'evolversi della vicenda. Esprime il fremito d'amore della candida fanciulla: sogna felice del suo "Gualtier Maldè" – nome del Duca che le si era presentato fingendosi un povero studente innamorato di lei. Gilda è rapita nel suo sogno d'amore, e per qualche momento l'aura funesta che grava sull'opera sembra diradarsi o svanire del tutto. La musica mette in risalto magistralmente lo stato d'animo della fanciulla. È uno degli esempi più sorprendenti di fioritura vocale usata introspettivamente. Attorno alle parole chiave "caro", "nome", "volerà" Gilda intesse incantate fantasie di semicrome che procedono perlopiù per moto discendente e per gradi congiunti. Eppure non vi è nulla di brillante in questo pezzo: il tempo è moderato e l'esecuzione è tutta sottovoce. Del tutto unica è la struttura formale dell'aria. Il motivo iniziale del canto, caratterizzato da singole note separate da brevi pause – molto adatte ad esprimere la trepidazione amorosa di Gilda – procede per continue variazioni che si succedono di quattro in quattro battute. L'aria si conclude con una coda su un interminabile pedale, in pianissimo, di tonica eseguito dall'orchestra, mentre Gilda pronuncia il nome dell'amato.

Vi sono nell'opera tre momenti precisi in cui il personaggio del Duca è identificato efficacemente in quanto libertino: all'inizio, con la "Ballata" *Questa o quella*; nel breve duetto con Gilda *È il sol dell'anima*; e all'inizio dell'atto III con la "Canzone" *La donna è mobile*.

Per rendere con eloquenza il frequente mutare dei sentimenti di Rigoletto, Verdi sceglie spesso una vocalità "parlante", caratterizzata da una libera articolazione ritmica – si avvicina al linguaggio parlato – mentre tutto l'interesse melodico sta nell'orchestra. È un procedimento adottato nella scena iniziale dell'opera, l'*Introduzione*, concepita quasi per intero – fino all'entrata di Monterone – nel linguaggio dell'opera comica. In molti momenti dell'opera Verdi assegna al recitativo tutta l'ampiezza e il peso formale dell'aria. Classico esempio è il monologo di Rigoletto *Pari siamo*, I/8, in cui questo personaggio mette a nudo per la prima volta i suoi sentimenti (lamenta la sua condizione di giullare, inveisce contro i cortigiani, riflette sulla maledizione di Monterone, pensa alla figlia, ecc.). Rigoletto si esprime in un libero canto declamato che si trasforma in episodi di intensa cantabilità, a seconda del mutare del suo stato d'animo.

È specialmente nel quartetto del III atto *Bella figlia dell'amore* che Verdi riesce a scolpire e al contempo differenziare *simultaneamente* tramite la vocalità, con stupenda maestria compositiva, la situazione psicologica dei singoli personaggi. Ciascuno dei quattro personaggi è caratterizzato da un andamento ritmico e melodico ben definito e distinto (ESEMPIO 5):

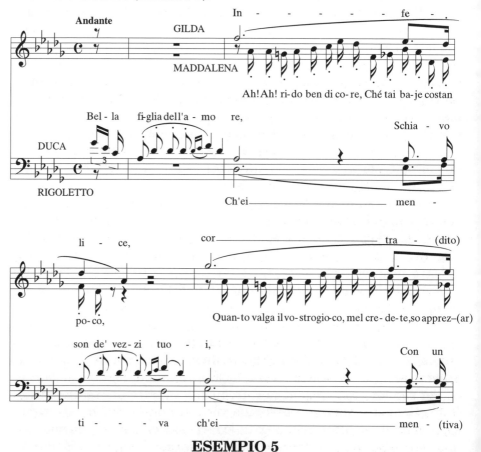

ESEMPIO 5

La foga erotica del Duca seduttore è espressa con una melodia cantabile dal moto ascensionale (il momento di maggior esaltazione si trova nella cadenza sulla parola "palpitar"), le risate sprezzanti di Maddalena con frasi a semicrome staccate, il pianto dirotto di Gilda con una linea melodica tesa all'ingiù e poi con frasi su ritmi spezzati simili a singhiozzi, il furore represso di Rigoletto con un disegno melodico statico dal movimento lento. La novità di questo quartetto non sta però tanto nell'espressione dei quattro sentimenti diversi dei personaggi – un procedimento già molto adoperato nell'opera comica – quanto nel fatto che nell'intero brano si svolgono due azioni, simultanee ma visibilmente ben distinte: due personaggi, all'esterno, sono in preda alla disperazione mentre gli altri due, all'interno, stan facendo baldoria (il comico si sovrappone pertanto al tragico).

Un posto di primo piano ha in *Rigoletto* il colore strumentale. All'alzarsi del sipario, e proprio a ridosso del preludio cupo e terrificante, l'ambiente frivolo e gaudente di festa alla corte di Mantova viene delineato musicalmente attraverso la successione di tre tipi di danza, eseguiti da diversi gruppi strumentali (vi partecipa una banda interna, posta cioè dietro le scene, e un'orchestra sul palco). Nel quadro seguente, il dialogo tra Rigoletto e Sparafucile, in stile "parlante", si svolge su un tessuto orchestrale tipicamente oscuro (clarinetti, fagotti, quattro viole suddivise in due gruppi, violoncelli, contrabbassi, grancassa) che riesce ad evocare con forza icastica l'ambiente notturno. Così pure l'atmosfera cupa della riva solitaria del Mincio in una notte tenebrosa, su cui si svolge la parte conclusiva dell'opera, viene fissata nella mente dello spettatore attraverso un tessuto polifonico affidato al registro grave degli archi.

Dopo *Les vêpres siciliennes* e *Don Carlos* Verdi esplorò l'innesto di alcuni aspetti del *grand opéra* (i grandi effetti scenografici, le masse corali, le danze, ecc.) sul tronco della tradizione italiana del melodramma. Questo tentativo culminerà nell'*Aida*, sintesi luminosa, non più superata, di melodramma italiano e di opera francese.

Nei suoi ultimi lavori (*Otello* e *Falstaff*) Verdi non abbandona le forme operistiche tradizionali, ma le rende più complesse e duttili – i "numeri" sono ormai completamente integrati in scene assai vaste – sia sotto il profilo letterario che musicale: richiedono perciò risorse artistiche e tecniche fuor dal consueto, soprattutto per quanto riguarda la ricchezza del tessuto orchestrale e del linguaggio armonico. Fa spesso ricorso a successioni armoniche audaci, con la tendenza a moltiplicare i collegamenti non funzionali mediante l'uso di concatenazioni di settime di dominante parallele (l'area tonale non rimane così precisamente definita). Tra le pagine armonicamente più audaci di

Verdi si possono citare la scena della Sala del Consiglio nell'atto I di *Simon Boccanegra* (seconda versione del 1881) e l'atto I/3 di *Otello*.

La "Giovane scuola" e l'opera verista

Con l'appellativo di "Giovane scuola" i critici degli anni a cavallo tra Otto e Novecento spesso accomunarono un gruppo di compositori dediti al melodramma che da allora fu chiamato "verista": Pietro Mascagni (1863-1945), Ruggero Leoncavallo (1857-1919), Umberto Giordano (1867-1948), Francesco Cilea (1866-1950) e Giacomo Puccini (1858-1924). In effetti, questi musicisti non ebbero una formazione musicale omogenea: Mascagni e Puccini si perfezionarono al Conservatorio di Milano sotto la guida di Amilcare Ponchielli (1834-1886); Leoncavallo, Giordano e Cilea frequentarono invece il Conservatorio di Napoli. La Casa editrice di Sonzogno (vedi sopra) era comune a tutti, con la rilevante eccezione di Puccini, legato all'editore Ricordi. Nelle opere che scrissero tra il 1890 e il 1905 circa, i compositori della cosiddetta "Giovane scuola" sono inoltre accomunati da certe affinità stilistiche, in particolare dall'uso di un tipo di vocalità molto enfatica, protesa verso il registro medio-acuto, caratterizzata da inflessioni vicine al linguaggio parlato, senza rinunciare però ai momenti di espansione lirico-cantabile. Si tratta di un linguaggio operistico che subì fortemente l'influsso delle opere di Verdi nonché delle proposte e delle esperienze della musica teatrale proveniente d'oltralpe, dalla Francia specialmente, già in passato fonte primaria per temi e argomenti dei libretti di nuove opere. Il periodo 1860-1890 è infatti caratterizzato dall'ingresso e dalla presenza massiccia di opere straniere sulle scene italiane: i *grands opéras* di Meyerbeer e di Halévy a partire dagli anni '60, i "drammi lirici" di Gounod e, dal 1879, *Carmen* di Bizet. L'ingresso in Italia delle prime opere di Wagner tradotte in italiano (furono recepite dal pubblico e dalla critica come una variante del *grand opéra*) avvenne più lentamente, a partire dalla prima italiana (Bologna 1871) di *Lohengrin*. Le sue opere più recenti dovettero però attendere fin quasi al volgere del secolo prima di essere rappresentate nei teatri italiani (il *Tristan* attese fino al 1888 prima di essere rappresentato, ancora a Bologna).

Ad aggiornare la cultura italiana al più avanzato romanticismo operante oltralpe contribuì segnatamente il movimento letterario d'avanguardia detto della "scapigliatura", fiorito soprattutto a

Milano e Torino tra il 1860 e la fine del secolo. I letterati "scapiglia-ti" erano seguaci del romanticismo francese, con un gusto particola-re per l'eccentrico, il sinistro, il grottesco. Posero l'accento sulla necessità di una letteratura non aulica, inglobando nel proprio lin-guaggio il parlato quotidiano. Tra i numerosi esponenti della scapi-gliatura figurano Giuseppe Rovani (1818-1874), Emilio Praga (1839-1875) e Arrigo Boito (1842-1918). Manifestarono un forte interesse per la musica – e ciò rappresenta un fatto nuovo nella cultura lette-raria italiana – e alcuni di essi si cimentarono nella professione di librettista. Furono molto critici verso il melodramma tradizionale, che vollero riformare. Aspirarono ad una migliore qualità letteraria dei libretti, favorendo un forte sperimentalismo metrico-linguistico.

L'apertura alla rappresentazione di opere di autori stranieri, anche assecondata dagli interessi dell'editoria musicale italiana (vedi sopra), non tardò a manifestarsi nella produzione dei musicisti italiani più giovani. Il taglio con la tradizione del melodramma post-rossiniano diventa sempre più netto e radicale: all'organizzazione a "numeri" si preferiscono le strutture più concise e scorrevoli. Le arie o le cavatine in due movimenti, per esempio, diventano sempre più rare nelle opere degli anni '70. Assumono un'importanza preminen-te le pennellature sonore di colore locale esotico o storico, il dispie-gamento di masse corali, gli inserti di danza (in precedenza il ballo era del tutto separato dall'azione dell'opera). Per questo tipo di opera fu coniata la nuova definizione di "opera-ballo". Gli esempi più rino-mati, oltre all'*Aida* di Verdi, sono *Mefistofele* (Milano 1868) di Boito, *Ruy Blas* (Milano 1869) di Filippo Marchetti (1831-1902), *La Gioconda* (Milano 1876) di A. Ponchielli, *Le Villi* (Milano 1884) del-l'esordiente G. Puccini, *Loreley* (Torino 1890) di Alfredo Catalani (1854-1893).

Determinante fu l'influenza del teatro musicale francese, in par-ticolare della *Carmen* di Bizet – opera ricca di elementi realistici – per l'affermazione della "Giovane scuola" e del "verismo", ossia di quell'ideale operistico che punta alla esibizione del sentimento nelle sue manifestazioni più voluttuose e più violente. Sotto l'influenza del naturalismo positivistico francese di Emile Zola (1840-1902) e del verismo letterario di Giovanni Verga (1840-1922), miranti a rappre-sentare i fatti in maniera "nuda e schietta", si portano in scena drammi amorosi di tragica passionalità, d'ambientazione contempo-ranea e rurale, popolati da personaggi che appartengono ad un basso livello sociale (contadino, plebeo o sottoproletario). I drammi possono anche essere ispirati a fatti storici di un passato più o meno lontano, o svolgersi in regioni esotiche.

La ricerca di un soggetto quanto più possibile audace e insolito è all'origine della nascita del verismo nel teatro musicale: storie truculente di sangue, di gelosie, vicende enfaticamente sentimentali, con l'azione che spesso precipita verso momenti di travolgente concitazione. Nel Prologo di *Pagliacci* (Milano 1892) Leoncavallo, il quale fu anche autore del libretto dell'opera, riassume bene alcuni dei princìpi della nuova estetica verista:

PROLOGO

Tonio, *in costume da Taddeo come nella commedia, passando a traverso al telone.*

TONIO
Si può? ...
    Poi salutando.
        Signore! Signori! ... Scusatemi
se solo mi presento. Io sono il Prologo.
Poiché in iscena ancor le antiche maschere
mette l'autore, in parte ei vuol riprendere
le vecchie usanze, e a voi di nuovo inviami.
Ma non per dirvi come pria: "Le lagrime
che noi versiam son false! Degli spasimi
e dei nostri martir non allarmatevi!"
No. L'autore ha cercato invece pingervi
uno squarcio di vita. Egli ha per massima
sol che l'artista è un uomo e che per gli uomini
scrivere ei deve. Ed al vero ispiravasi.

  Un nido di memorie in fondo a l'anima
cantava un giorno, ed ei con vere lacrime
scrisse, e i singhiozzi il tempo gli battevano!
Dunque, vedrete amar sì come s'amano
gli esseri umani; vedrete de l'odio
i tristi frutti. Del dolor gli spasimi,
urli di rabbia, udrete, e risa ciniche!
E voi, piuttosto che le nostre povere
gabbane d'istrioni, le nostr'anime
considerate, poiché siam uomini
di carne e d'ossa, e che di quest'orfano
mondo al pari di voi spiriamo l'aere!

Il concetto vi dissi. Or ascoltate
com'egli è svolto.
    Gridando verso la scena.
        Andiamo. Incominciate!
    Rientra e la tela si leva.

Il compositore trasse ispirazione per la sua opera da un episodio di sangue realmente accaduto a Montalto Uffugo in Calabria, e giudicato da suo padre magistrato: il pagliaccio di una compagnia di attori girovaghi, al termine di una rappresentazione, uccise di coltello prima la moglie e poi il rivale.

In effetti, però, il verismo musicale, più che illustrare il "vero", s'impegna a "fingere" che in teatro succeda come nella vita. Importa soprattutto, ai veristi, che il pubblico popolare dell'epoca possa facilmente identificarsi con le particolari situazioni emotive e con i personaggi, che vengono delineati con immediatezza nel libretto e nella musica. Il vero cui si appella Puccini, ad esempio, è la plausibilità dei sentimenti, delle passioni e delle situazioni, che il pubblico deve poter riconoscere e individuare chiaramente. Lo si ricava da una lettera del 16 agosto 1906, che il compositore scrisse al poeta Gabriele D'Annunzio (1863-1938), quando i due erano in trattative per collaborare ad una nuova opera:

> Io non voglio un *realismo* a cui tu penosamente potresti accostarti, ma un "quid medium" che prenda possesso degli ascoltatori per i fatti dolorosi e amorosi, i quali logicamente vivano e palpitino in un'aureola di poesia e di vita più che di sogno.

Il che voleva dire che Puccini desiderava testi fatti di immagini familiari e non di fantasticherie dolciastre.

Pur vincolati dalla lingua letteraria del libretto in versi, i librettisti delle opere veriste fanno esprimere i loro personaggi nel linguaggio semplice e concreto di ogni giorno, con inflessioni, ritmi e movenze del linguaggio parlato, anziché in quello ampolloso e artefatto in uso fino ad allora. Ciò non significa il rifiuto totale delle forme metriche tradizionali, soprattutto nei momenti di stasi dell'azione. La struttura della versificazione viene però radicalmente modificata, resa mobilissima e flessibile, con frequenti mutazioni metriche e strofe di misure eterogenee. Per un esempio di un testo polimetrico, privo di ogni forma di regolarità, vedi *Vissi d'arte* nell'atto II della *Tosca* di Puccini. Soprattutto nella *Bohème* di Puccini non è possibile identificare forme metriche conchiuse e anche un succedersi regolare di versi. Il sistema metrico che aveva governato il libretto dell'opera italiana per circa due secoli viene così dissolto.

Il verismo nel melodramma italiano inizia propriamente con *Cavalleria rusticana* (Milano 1890) di Mascagni, un'opera in un unico atto tratta dall'omonimo dramma (1884) di G. Verga, a sua volta desunto da una sua novella del 1880. È una storia d'amore passionale, di gelosia, di vendetta e di sangue, di ambiente rurale siciliano contemporaneo. La vicenda si brucia in un brevissimo arco di tempo, il "tempo reale" di una Messa di Pasqua. Si può dire che, prima di *Cavalleria*, non esiste nel teatro d'opera italiano nessuna tragedia passionale pseudo-borghese o contadina. Neanche si portano sulle scene non comiche aspetti della vita quotidiana, o almeno della vita contemporanea (sola eccezione nel passato è *La traviata* di Verdi). Nel piccolo mondo campestre si aprono talvolta conflitti e grosse complicazioni, come nella *Gazza ladra* di Rossini o nella *Sonnambula* di Bellini, ma essi non pervengono a esiti tragici; l'atmosfera non si offusca mai fino ad arrivare a scene sanguinose – non si usa far morire i personaggi nelle storie che si svolgono in un ambiente semplice. L'ambientazione veristica intesa come quadro di vita popolare in *Cavalleria*, lascia inoltre da parte tutti i miti, soggetti esotici, ecc. ai quali s'erano aggirati i libretti di tutto un secolo di storia operistica italo-franco-tedesca. In *Cavalleria* entra sulla scena l'uomo contemporaneo.

Così come in gran parte delle opere veriste di fine Ottocento, la struttura generale di *Cavalleria* è a "numeri" (vedi sopra) che, però, non corrispondono affatto a forme chiuse in senso stretto, a meno che non si tratti di musica "in scena" (canzoni, stornelli, preghiere, brindisi, cantici e inni), come nella vita reale. I brani vocali solistici in forma chiusa non sono più intesi come momenti di riflessione o di espansione lirica; servono piuttosto a creare un'atmosfera pittoresca attraverso l'immediatezza delle forme vocali semplici e popolareggianti. L'inserimento nel Preludio di *Cavalleria* della *Siciliana*, una serenata di Turiddu a Lola, trasporta immediatamente l'ascoltatore nell'ambiente del racconto, che ne risulta fissato una volta per tutte, e in modo realistico. La serenata di Turiddu è anche un eloquente esempio di canto, in cui l'idillio agreste e l'ardore voluttuoso si fondono perfettamente.

Uno dei connotati più appariscenti di *Cavalleria* e di tutto il teatro musicale a sfondo verista è il tipo di tecnica vocale che viene richiesta. Caratteristiche sono le melodie a breve respiro o di lunghezza irregolare, con frequenti variazioni metriche: sono prevalentemente intese ad esprimere con immediatezza lo sfogo delle passioni, degli stati d'animo concitati. (Vale notare, però, che la connotazione passionale del canto era già stata un elemento emergente nella vocalità verdiana.)

Nei periodi melodici brevi, talvolta interrotti da pause, la voce spesso sale gradualmente in un crescendo d'intensità, dal registro medio a quello acuto, come in *Bada Santuzza schiavo non son* di Turiddu nel duetto tenore-soprano, o quando Santuzza, nel racconto *Voi lo sapete o mamma*, canta (Esempio 6):

ESEMPIO 6

Viene così abbandonata definitivamente la tradizione del canto virtuosistico di agilità, fondato sulla flessibilità e leggerezza del suono. Al suo posto cominciano a generalizzarsi attacchi d'impeto, note acute prese di scatto, troncature improvvise, accenti e ritmi còlti dal linguaggio parlato. Specialmente negli istanti della catastrofe tragica o in momenti di travolgente concitazione, il canto trabocca spesso nel parlato o in una forma di grido, che consiste in una sola nota acutissima di breve durata, o in una nota di lungo valore troncata di colpo (per un esempio vedi il grido *A te la mala Pasqua* di Santuzza che conclude il duetto con Turiddu).

L'orchestra ha spesso il compito di condurre un discorso musicale autonomo e anche di raddoppiare la linea melodica nei momenti di maggiore tensione emotiva, in modo da commuovere anche l'ascoltatore più insensibile. L'espressione del sentimento amoroso, dell'effusione sentimentale e del languido abbandono si esplica di norma con frasi melodiche ampie nel loro respiro e legate, di carattere liricheggiante (cfr. la *Siciliana* di Turiddu nel Preludio di *Cavalleria*).

In quanto opera di grande successo, *Cavalleria* costituì un punto di riferimento per quasi tutti i compositori di melodrammi a sfondo rusticano o suburbano, sovente articolati in un unico atto, come *Pagliacci* di Leoncavallo e *Mala vita* (Roma 1892) di Giordano.

Le opere di Giacomo Puccini (1858-1924)

Con Puccini, musicista eccezionalmente raffinato – è il più importante compositore d'opera italiano dopo Verdi – il melodramma verista diviene al tempo stesso prodotto e portavoce degli ideali piccoloborghesi del tempo. Le sue dodici opere (1884-1926) ottennero strepitosi successi e quasi tutte appaiono tuttora nei teatri di tutto il mondo – privilegio che gli è contestato soltanto da Wagner. Oltre a spiccate doti musicali e poetico-letterarie, Puccini possedeva un senso straordinario – senza eguali nella storia dell'opera – delle intime leggi che governano il teatro musicale. Cercava sempre di ottenere un perfetto equilibrio tra musica e azione scenica. Nelle sue opere ogni atteggiamento o situazione dei personaggi doveva avere una motivazione esplicita ed una logica giustificazione, chiare al pubblico. Sempre attenta ed estenuante fu la sua ricerca di soggetti che toccassero l'interesse del pubblico. Come Verdi, imponeva ai suoi librettisti con ferrea volontà le soluzioni drammaturgiche che meglio si adattavano alle sue esigenze musicali. Egli sovrintendeva al lavoro dei librettisti fin nei minimi particolari: suggeriva soluzioni metriche, richiedeva modifiche e tagli nel testo. Tra i suoi più stretti collaboratori furono Luigi Illica (1857-1919) e Giuseppe Giacosa (1847-1906), autori dei libretti dei suoi tre lavori più rappresentati: *La Bohème*, *Tosca* e *Madama Butterfly*.

Nell'approntare il testo musicale delle sue opere Puccini procedeva molto lentamente: componeva fra interruzioni e intervalli d'ogni tipo, talvolta trascorrendo mesi per la maturazione delle idee musicali.

Quanto mai variata è la materia tematica dei libretti delle opere di Puccini. *Le Villi* (Milano 1884) e *Edgar* (Milano 1889) sono ambientate in terra nordica e presentano torbide vicende d'amore che si concludono tragicamente. *Manon Lescaut* (Torino 1893), la prima opera della maturità che lanciò Puccini presso tutti i teatri del mondo, è tratta dal romanzo omonimo (1731), che tanto scalpore aveva fatto nel Settecento, dell'abate Antoine-François Prévost (1697-1763). È la storia della passione fatale di un giovane gentiluomo per una donna affascinante, fragile e amorale. *La Bohème* (Torino 1896) è un'opera senza tensioni psicologiche laceranti: il filo della trama è l'amore di Mimì, una umile sartina, per Rodolfo, un giovane poeta, e si svolge a Parigi, nel mondo *bohémien* degli artisti squattrinati. Sesso, brutalità, sadismo, religione sono gli ingredienti di *Tosca* (Roma 1900), tratta dal dramma omonimo (1887) di Victorien Sardou (1831-1908), una storia di elementare crudezza incorniciata in una Roma monumentale dell'anno 1800. Con *Madama Butterfly* (Milano 1904) Puccini si volge al mondo esotico orientale che ricavò da un dramma omonimo (1900) dello scrittore e regista americano David Belasco (1853-1931). Ambientata nel Giappone contemporaneo, l'opera è basata su un avvenimento reale: la tragica storia di una giovane geisha che si uccide per grande delusione d'amore, quando si vede tradita. Anche tratta da un dramma di Belasco (*The girl of the golden West*, 1905) è *La fanciulla del West* (New York 1910), una vicenda d'amore tra i ricercatori d'oro della California. Con *La rondine* (Monte Carlo 1917) Puccini tenta di confrontarsi con il mondo dell'operetta e la sua cifra sentimentale e frivola. Nelle tre opere in un atto conosciute con il titolo collettivo *Il trittico* (New York 1918) si può scorgere il desiderio del compositore di accostare tre brevi vicende di carattere molto diverso: un dramma dell'orrore che si svolge su un barcone ormeggiato sulla Senna di Parigi (*Il tabarro*), una tragedia sentimentale ambientata in un convento (*Suor Angelica*), una commedia (uno dei rari esempi di opera giocosa del Novecento) tratta da un episodio contenuto nel Canto XXX dell'*Inferno* di Dante (*Gianni Schicchi*). A seguito della trilogia Puccini volle allontanarsi dai suoi soggetti abituali e, dopo aver esitato a lungo, decise per quello di *Turandot* (Milano 1926), tratto da un dramma (1762) di Carlo Gozzi (1720-1806) e suo canto del cigno: è una vicenda fantastica e fiabesca, e al tempo stesso umana e commovente, ambientata in Cina.

Il tema centrale che scorre nella maggior parte delle opere di Puccini è l'amore e la morte. L'amore tende ad emarginare gli altri sentimenti o a subordinarli rispetto al tema centrale ed essenziale del dramma. È sua inclinazione far strutturare ogni libretto in modo da mettere in risalto l'eroina fragile, sentimentale e sensuale, quale perno intorno a cui ruota l'intero dramma. Uno dei tratti specifici di ogni vicenda – irresistibilmente intesa a commuovere lo spettatore – è sempre un amore sincero, senza freni, prima felice e poi tragico della protagonista (tipico esempio: *Madama Butterfly*). L'amante dell'eroina è di solito concepito come un personaggio sentimentale, in certo modo debole ed effeminato, più virile in *La fanciulla del West* (Johnson) e specialmente in *Turandot* (Calaf).

Un tratto saliente della drammaturgia pucciniana è la crescita graduale della tensione, che porta alla catastrofe finale. La maggior parte dei primi atti ruota intorno ad una situazione che vede l'incontro dei due amanti: questa scena offre il destro ad un estatico duetto d'amore (cfr. l'atto I di *Bohème* e di *Madama Butterfly*). Nel secondo atto è introdotta la prima svolta importante del dramma, e per solito termina con un colpo di scena (cfr. l'arresto di Manon, l'assassinio di Scarpia, il ferimento di Johnson e così via). L'atto finale è quasi sempre il più breve: vi è uno scioglimento rapido della vicenda – la parte più cupa e commovente dell'opera – e vi è sempre incluso un lamento disperato di uno dei protagonisti (per esempio: *E lucevan le stelle* di Cavaradossi in *Tosca*, *Un bel dì vedremo* di Butterfly in *Madama Butterfly*). Per raggiungere coesione nella musica Puccini adopera alcuni procedimenti fondati sulla tecnica del *Leitmotiv*, e ciò dimostra che aveva imparato molto da Wagner (cfr. il Cap. 27). I temi ricorrenti sono alterati nella struttura ritmica e armonica (cfr.

l'Esempio 7), giustapposti ad altri temi nell'orchestra come nella voce. Vengono però riproposti come "reminiscenze", non sviluppati organicamente come nelle opere di Wagner.

Le arie e i duetti (talvolta sono brani di una certa estensione; cfr. l'atto I di *Madama Butterfly*) sono sempre giustificati dalla situazione: si ferma il corso dell'azione per far sorgere l'esigenza di un'effusione lirica. La maggior parte delle arie sono brevi, alcune di semplice struttura binaria: spesso la seconda parte è una ripetizione leggermente variata, anche nel colore orchestrale, della prima (cfr. l'aria di Johnson *Ch'ella mi creda* nell'atto III de *La fanciulla del West*). Nei momenti di abbandono sensuale la linea vocale procede spesso attraverso melodie di carattere teneramente elegiaco, costruite su gradi congiunti o piccoli intervalli, articolate in una successione di frasi irregolari e frammentate. Per raggiungere uno stadio di particolare carica sentimentale, salgono – dopo un inizio discorsivo nel registro medio – ad una tessitura acuta, sia con ascese progressive, sia con improvvisi scatti, come in *Chi son e che faccio* dell'aria di Rodolfo *Che gelida manina* nella *Bohème*, Quadro I. In alcuni casi il tema vocale viene anticipato dall'orchestra, mentre la voce sussurra salmodianti note ribattute prima di cedere allo slancio lirico (esempi: *Che gelida manina* in *La Bohème* e *E lucevan le stelle* in *Tosca*, atto III), come spesso avviene in Massenet ed altri autori francesi (cfr. il Cap. 25).

Il tessuto orchestrale contribuisce decisamente a delineare i sentimenti che agitano i personaggi o l'atmosfera predominante in una data situazione. Tipico espediente di Puccini è di raddoppiare, triplicare o perfino quadruplicare una melodia vocale all'ottava, di solito con gli archi (cfr. *E lucevan le stelle* in *Tosca*). Molto comune è pure la reiterazione di disegni orchestrali brevi e incisivi, quasi flessibili "ostinati", per un effetto di monotonia. Appaiono per la maggior parte in situazioni cariche di emozioni negative – dolore, disperazione, tristezza (esempio: *Sola... perduta, abbandonata* di Manon nell'atto IV di *Manon Lescaut*). Il trattamento orchestrale raggiunge il massimo della delicatezza e della trasparenza nella *Bohème,* mentre nel *Tabarro* egli sceglie una tavolozza di timbri prevalentemente cupi e poco brillanti, con un uso frequente di strumenti in sordina. I numerosi segni dinamici e d'espressione che costellano le partiture di Puccini rivelano, come in Mahler (cfr. il Cap. 24), la sua preoccupazione quasi ossessiva di indicare precisamente le più sottili sfumature espressive.

Molto più dei suoi contemporanei italiani Puccini si tenne costantemente aggiornato sulle innovazioni musicali del suo tempo. Si interessò a Schönberg, per esempio, e fece un viaggio apposta a Firenze, nel maggio del 1924, per sentire una delle prime esecuzioni italiane del *Pierrot lunaire*, diretto dall'autore. Il suo linguaggio armonico fa uso di una ricca gamma di accordi e successioni accordali di ogni genere che fanno indebolire la forza attrattiva dei centri tonali. Sperimentò sequenze di accordi paralleli (di quinte vuote, di triadi consonanti, di settime diminuite, di sesta aumentata, ecc.), accordi per quarte e quinte sovrapposte in *Madama Butterfly* e nella *Fanciulla del West*, dissonanze crude e scoperte nel *Tabarro* e nella *Turandot* (atto I, coro degli spettri). Si servì inoltre della scala per toni interi per caratterizzare Scarpia in *Tosca* e in corrispondenza con lo sceriffo Rance in *La fanciulla del West*. Per ottenere l'effetto di grande intensità espressiva Puccini non raramente armonizza con accordi alterati un tema in sé molto semplice, come nel Quadro IV della *Bohème*, in cui Mimì morente viene caratterizzata da una versione trasformata (ESEMPIO 7b) del motivo che aveva cantato (*Mi chiamano Mimì*) al suo primo incontro con Rodolfo (ESEMPIO 7a):

ESEMPIO 7

Il linguaggio armonico di Puccini indubbiamente si arricchì per l'influsso di Wagner e dei contemporanei francesi. È però vero anche l'opposto. Data la sua popolarità, qualche tratto della sua musica restò in mente ad alcuni compositori, quali Stravinskij: la fanfara del Quartier Latino che apre il Quadro II della *Bohème* troverà eco nella *Danse russe* di *Petruška* (1911), per esempio. Da Puccini attingeranno ampiamente anche più generazioni di compositori di colonne sonore filmiche e di *musical*.

Si può dire che dopo Puccini viene meno il tipo del musicista italiano che dedica le proprie attività professionali esclusivamente, o quasi, al teatro musicale. Le ragioni di un simile declino sono molteplici e complesse, non ancora indagate seriamente in sede critica. Piuttosto che verso il teatro d'opera molti compositori del Novecento hanno preferito incanalare le proprie energie creative verso i nuovi mezzi di produzione sonora di massa, quali la musica per film e per la radio-televisione. Sembra siano proprio questi i campi della produzione musicale in cui oggidì sopravvive la figura del musicista artigiano, che in precedenza era organicamente legato alla sfera del teatro d'opera.

Bibliografia

Per ulteriori approfondimenti sull'opera italiana dell'Ottocento si consulti F. Della Seta, *Italia e Francia nell'Ottocento*, Torino, EDT 1993, Capp. II e IV; W. Dean, *L'opera italiana*, in *L'età di Beethoven, 1790-1830*, a cura di G. Abraham, Milano, Feltrinelli 1984, Cap. IX ("Storia della musica", 8); e specialmente la fondamentale (per ora incompleta) *Storia dell'opera italiana*, a cura di L. Bianconi e G. Pestelli, Torino, EDT/Musica 1987-1988, 3 voll. Un compendio storico ed assieme le caratteristiche strutturali del libretto e della musica sono forniti in L. Bianconi, *Il teatro d'opera in Italia. Geografia, caratteri, storia*, Bologna, Il Mulino 1993.

J. Rosselli, *Sull'ali dorate. Il mondo musicale italiano dell'Ottocento*, Bologna, Il Mulino 1992, offre un eccellente sguardo d'insieme del contesto storico-sociale dell'opera ottocentesca (compositori, teatri, editoria, repertorio, pubblico). Al funzionamento del sistema teatrale e alla configurazione dei suoi protagonisti (compositori, librettisti e cantanti) è dedicato il vol. di J. Rosselli, *L'impresario d'opera. Arte e affari nel teatro musicale italiano dell'Ottocento*, Torino, EDT 1985. Sulle strutture teatrali, le stagioni e i repertori operistici, i pubblici dei vari Stati preunitari, vedi C. Sorba, *Teatri. L'Italia del melodramma nell'età del Risorgimento*, Bologna, Il Mulino 2001.

Sulle convenzioni formali del libretto d'opera ottocentesco esemplificate nella produzione del librettista dei più importanti operisti dell'epoca, vedi A. Roccatagliati, *Felice Romani librettista*, Lucca, Libreria Musicale Italiana 1996. Ai processi della "comunicazione" che governano il teatro d'opera italiano del XIX secolo è dedicato l'ampio studio di M. Beghelli, *La retorica del rituale nel melodramma ottocentesco*, Parma, Istituto Nazionale di Studi Verdiani 2003. I testi completi, curati filologicamente e preceduti da brevi capitoli introduttivi, dei seguenti principali libretti ottocenteschi sono pubblicati nella raccolta di *Libretti d'opera italiani dal Seicento al Novecento*, a cura di G. Gronda e P. Fabbri, Milano, Mondadori 1997: *Il barbiere di Siviglia*, *La Cenerentola*, *Semiramide* di Rossini; *Norma* di Bellini; *Anna Bolena*, *Don Pasquale* di Donizetti; *Rigoletto*, *Il trovatore*, *Un ballo in maschera*, *Falstaff* di Verdi; *Pagliacci* di Leoncavallo; *La Bohème*, *Gianni Schicchi* di Puccini. Sulla categoria di libretti d'opera ottocenteschi che rielaborano precedenti libretti di successo, vedi M. Emanuele, *Opera e riscritture. Melodrammi, ipertesti, parodie*, Torino, De Sono-Paravia 2001, Capp. II-III.

Le biografie, molto valide e agili, di tre principali operisti del tempo sono raccolte nel vol. di P. Gossett-W. Ashbrook-J. Budden-F. Lippmann, *Rossini. Donizetti. Bellini*, Milano, Ricordi 1995.

Per Rossini manca un'ampia biografia aggiornata e lo stato attuale, molto lacunoso, delle conoscenze riguardanti i caratteri del suo linguaggio drammaturgico e musicale – come di quello di altri operisti attivi negli anni 1800-1820 – non consente ancora di precisare l'effettivo contributo dato dal compositore pesarese al teatro musicale dell'Ottocento. Per uno studio approfondito sulle strutture musicali e drammaturgiche che governano alcune sue opere serie vedi M. Emanuele, *L'ultima stagione italiana. Le forme dell'opera seria di Rossini da Napoli a Venezia*, Firenze, Passigli 1997. Di notevole utilità è l'edizione di *Tutti i libretti di Rossini*, a cura di M. Beghelli e N. Gallino, Milano, Garzanti 1991 (comprende un pregevole saggio introduttivo sulla librettistica rossiniana). Sulle strutture formali e i tratti stilistici che caratterizzano il teatro d'opera pre-rossiniano, vedi tre saggi compresi nel vol. *Aspetti dell'opera italiana fra Sette e Ottocento: Mayr e Zingarelli*, a cura di G. Salvetti, Lucca,

Libreria Musicale Italiana 1993. Sul teatro comico di Rossini vedi F. D'Amico, *Il teatro di Rossini*, Bologna, Il Mulino 1992; e P. Gallarati, *L'Europa del melodramma. Da Calzabigi a Rossini*, Alessandria, Edizioni dell'Orso 1999, Parte terza.

Sulla biografia e l'opera di Bellini è fondamentale la monografia di M. R. Adamo e F. Lippmann, *Vincenzo Bellini*, Torino, ERI 1981. Una biografia critica, molto ben documentata, del compositore catanese è il *Bellini* di J. Rosselli, Milano, Ricordi 1995. Sul libretto e la musica de *La sonnambula* vedi il saggio di F. Degrada, *Prolegomini a una lettura della "Sonnambula"* compreso nel suo *Il palazzo incantato. Studi sulla tradizione del melodramma dal Barocco al Romanticismo*, Fiesole, Discanto 1979, vol. II, pp. 43-77. Vedi anche l'edizione di *Tutti i libretti di Bellini*, a cura di O. Cescatti, Milano, Garzanti 1994.

Lo studio generale più ampio ed esauriente su Donizetti è W. Ashbrook, *Donizetti*, vol. I: *La vita*; vol. II: *Le opere*, Torino, EDT 1986-1987. Sugli anni (1822-1838) del periodo napoletano e suoi rapporti con il mondo teatrale francese vedi i saggi compresi nel vol. *Donizetti: Napoli, l'Europa*, a cura di F.C. Greco e R. Di Benedetto, Napoli, Edizioni Scientifiche Italiane 2000. Per la raccolta dei libretti vedi *Tutti i libretti di Donizetti*, a cura di E. Saracino, Milano, Garzanti 1993.

Per una eccellente guida complessiva all'opera teatrale di Verdi vedi J. Budden, *Le opere di Verdi*, Torino, EDT 1985-1988, 3 voll. L'affascinante monografia di O. Mula, *Giuseppe Verdi*, Bologna, Il Mulino 1999 ("L'identità italiana", 13), prende in esame l'arte e la personalità del compositore emiliano nel contesto della ideologia nazionale del tempo. Il vol. di M. Conati, *Verdi. Interviste e incontri*, Torino, EDT 2000, comprende un'ampia raccolta di scritti di giornalisti, letterati e musicisti che ebbero modo di incontrare Verdi.

Per orientarsi sull'estetica e la drammaturgia che soprintendono al melodramma verdiano, vedi G. de Van, *Verdi. Un teatro in musica*, Scandicci, La Nuova Italia 1994. Interpretazioni molto acute sulla drammaturgia verdiana si trovano inoltre in G. Baldini, *Abitare la battaglia. La storia di Giuseppe Verdi*, 2ª ed., Milano, Garzanti 2000; nel saggio di F. D'Amico, *Note sulla drammaturgia verdiana,* compreso nel suo *Un ragazzino all'Augusteo*, Torino, Einaudi 1991, pp. 41-58; e nella parte II (le opere discusse sono *Otello*, *Simon Boccanegra* e *Don Carlos*) del libro di F. Noske, *Dentro l'opera. Struttura e figura nei drammi musicali di Mozart e Verdi*, Venezia, Marsilio 1993. M. Lavagetto, *Quei più modesti romanzi. Il libretto nel melodramma di Verdi*, Torino, EDT 2003, analizza i rapporti con la letteratura e i meccanismi strutturali che caratterizzano i libretti verdiani. I caratteri stilistici e drammaturgici di una delle opere più popolari del Maestro di Busseto sono esaminati in dettaglio – atto per atto, scena per scena – in M. Conati, *Rigoletto. Un'analisi drammatico-musicale*, Venezia, Marsilio 1992. Per una lettura critica di *Macbeth*, *Don Carlos* e *Otello* vedi i saggi di F. Degrada compresi nel vol. II del suo *Il palazzo incantato* cit. Sul rapporto tra testo e musica in *Aida* vedi il saggio di P. Petrobelli, *La musica nel teatro: a proposito dell'atto III di "Aida"*, in *La drammaturgia musicale*, a cura di L. Bianconi, Bologna, Il Mulino 1986, pp. 143-156. Sulla concezione verdiana della drammaturgia di Shakespeare vedi il saggio sul *Macbeth* di D. Goldin compreso nel suo *La vera Fenice. Librettisti e libretti tra Sette e Ottocento*, Torino, Einaudi 1985, pp. 230-282; e il saggio di P. Weiss, *Verdi e la fusione dei generi*, in *La drammaturgia musicale* cit., pp. 75-92. Per un'analisi dei caratteri peculiari della trama di una delle più celebri opere verdiane, considerata nel suo rapporto col modello teatrale francese, vedi D. Goldin Folena, *"La Traviata" di Francesco Maria Piave e Giuseppe Verdi*, in *Letteratura italiana. Le Opere*, vol. III: *Dall'Ottocento al Novecento*, Torino, Einaudi 1995, pp. 497-592. Alla raccolta completa dei libretti è dedicato il vol. *Tutti i libretti di Verdi*, con introduzione e note di L. Baldacci, Milano, Garzanti 1992. Per una rassegna e l'analisi complessiva delle forme metriche impiegate nei libretti di Verdi, vedi R. Garlato, *Repertorio metrico verdiano*, Venezia, Marsilio 1998. La componente visiva delle opere di Verdi è argomento dei saggi compresi nel vol. *La realizzazione scenica dello spettacolo verdiano*, a cura di P. Petrobelli e F. Della Seta, Parma, Istituto nazionale di studi verdiani 1996. Sull'allestimento scenico di cinque prime rappresentazioni verdiane e sull'arte di due dei maggiori scenografi del XIX secolo vedi M.T. Muraro e M.I. Biggi, *L'immagine e la scena. Giuseppe e Pietro Bertoja scenografi alla Fenice 1840-1902*, Venezia, Marsilio 1998. Sulla figura di Abramo Basevi e per una documentazione sulla produzione critica musicale contemporanea a Verdi vedi Abramo Basevi, *Studio sulle opere di Giuseppe Verdi (1859)*, edizione critica a cura di U. Piovano, Milano, Rugginenti Editore 2001.

Sulla vocalità e i tipi vocali dell'opera italiana del XIX secolo vedi R. Celletti, *Storia del belcanto*, Fiesole, Discanto 1983, Capp. IV e V. Sull'argomento vedi anche il saggio di M. Beghelli, *Sulle tracce del baritono*, in *Tra le note. Studi di lessicografia musicale*, a cura di F. Nicolodi e P. Trovato, Fiesole, Edizioni Cadmo 1996, pp. 57-91; e i saggi di argomento donizettiano compresi nel vol. antologico *La vocalità e i cantanti (Bergamo 25-27 settembre 1997)*, a cura di F. Bellotto e P. Fabbri, Bergamo, Fondazione Donizetti 2001. Per la storia – basata su documenti d'archivio – di una categoria di artisti da sempre protagonisti nel teatro d'opera, vedi J. Rosselli, *Il cantante d'opera. Storia di una professione (1600-1990)*, Bologna, Il Mulino 1993.

Le diverse monografie sugli autori più importanti – in particolare quelle di Adamo-Lippmann su Bellini e di Budden su Verdi – contengono ampi capitoli sul mondo operistico, sullo stile, sulle strutture formali e le convenzioni dell'opera italiana dell'Ottocento. Per un quadro generale degli aspetti letterari del melodramma ottocentesco vedi R. Di Benedetto, *Il Settecento e l'Ottocento*, in *Letteratura italiana*, vol. VI: *Teatro, musica, tradizione dei classici*, Torino, Einaudi 1986, pp. 373-401. Sulle proprietà formali della cabaletta vedi il saggio di F. Noske, *La famigerata cabaletta* compreso nel suo *Dentro l'opera* cit., pp. 293-318.

Sui compositori della "Giovane scuola", su Puccini in particolare, esiste una vasta letteratura, nella maggior parte impostata, però, con scarso rigore storico-critico. Per un quadro generale dell'opera verista vedi G. Salvetti, *La nascita del Novecento*, nuova ed., Torino, EDT 1991, Cap. V. Utile è anche il vol. di R. Tedeschi, *Addio fiorito asil. Il melodramma italiano da Rossini al verismo*, nuova ed., Pordenone, Edizioni Studio Tesi 1992. Sui rapporti tra musica e i librettisti della scapigliatura e del verismo letterario, vedi A. Guarnieri Corazzol, *Musica e letteratura in Italia tra Ottocento e Novecento*, Milano, Sansoni 2000, Capp. I-IV. Sull'opera verista si tengano in considerazione le osservazioni di C. Dahlhaus, *Il realismo nel melodramma* incluso nel suo *Il realismo musicale*, Bologna, Il Mulino 1987, pp. 89-100.

Fondamentale su Puccini è, ancor oggi, la monografia di M. Carner, *Giacomo Puccini. Biografia critica*, Milano, Il Saggiatore 1981. Lo studio più aggiornato e completo in lingua italiana sulla figura e l'opera del grande compositore lucchese è quello di M. Girardi, *Giacomo Puccini. L'arte internazionale di un musicista italiano*, Venezia, Marsilio 1995. Le più recenti acquisizioni della ricerca musicologica su l'uomo e il suo teatro si possono leggere nei saggi compresi nel vol. *Puccini*, a cura di V. Bernardoni, Bologna, Il Mulino 1996; e in *Giacomo Puccini. L'uomo, il musicista, il panorama europeo*, a cura di G. Biagi Ravenni e C. Gianturco, Lucca, Libreria Musicale Italiana 1997. Sul libretto dell'opera più famosa di Puccini vedi il saggio molto acuto di D. Goldin, *Drammaturgia e linguaggio della "Bohème" di Puccini* compreso nel suo *La vera Fenice* cit., pp. 335-374. La raccolta completa dei testi operistici pucciniani è pubblicata nel vol. *Tutti i libretti di Puccini*, a cura di E.M. Ferrando, Milano, Garzanti 1995.

27. *L'opera romantica tedesca.*

L'opera tedesca nel primo Ottocento

Negli ultimi anni del Settecento il teatro d'opera in lingua tedesca non aveva ancora sviluppato salde e vigorose radici in Germania e in Austria. Le opere nazionali nella forma del *Singspiel*, spettacolo misto di canto e recitazione e d'argomento leggero (cfr. il vol. II, Cap. 22), erano meno abili nell'integrare musica e teatro delle loro contemporanee italiane e francesi. Nei teatri di corte degli innumerevoli Stati grandi e piccoli – i più importanti dei quali erano l'Austria, la Prussia, la Baviera e la Sassonia – si preferiva rappresentare opere importate dall'estero, a volte dalla Francia ma generalmente dall'Italia. Anche i teatri che davano rappresentazioni in lingua tedesca basavano il loro repertorio per la maggior parte sull'*opéra-comique* francese e sull'opera comica italiana, tradotti in tedesco. Moltissimi compositori tedeschi – da Hasse a Gluck a Mozart – che volevano affermarsi nel campo del teatro musicale, scrissero prevalentemente in lingua italiana, e alcuni anche in francese.

Con Mozart il genere del *Singspiel* non fu solo portato all'altezza del capolavoro, ma divenne il fondamento dell'opera nazionale. *Il flauto magico* (1791) in particolare estese l'arco tematico ad argomenti esotici e favolosi, combinati ad una elaborata spettacolarità, schiudendo così la via a prospettive "romantiche" nel senso germanico del termine, quelle che dovevano trionfare nell'Ottocento. Nel *Flauto magico* Mozart utilizzò inoltre elementi stilistico-musicali provenienti dall'opera italiana seria e buffa; nel secondo finale diede posto perfino alla musica "dotta", fondata sui procedimenti contrappuntistici (cfr. il vol. II, Cap. 22).

Le condizioni ideali per lo sviluppo dell'opera romantica tedesca si ebbero al volgere del XIX secolo. Le guerre di liberazione dal dominio napoleonico (1801-1814) diedero impulso alla creazione, per lo meno nell'ambito della cultura e dell'arte, di quell'unità che mancava in campo politico (la Germania fu unificata nel 1870). Era naturale che la sua forza nutrice fosse prevalentemente di carattere letterario e filosofico, prima che musicale. Si considerò la letteratura popolare come espressione e voce dello "spirito nazionale", inconsapevolmente creativo. A sollecitare il recupero del patrimonio popolare fino ad allora quasi ignorato fu soprattutto Johann Gottfried Herder (1744-1803), uno dei principali esponenti del movimento letterario dello *Sturm und Drang* ("tempesta e impeto"). Egli auspicò una poesia più schiettamente popolaresca e germanica, la quale, unendosi alla musica, poteva esercitare sull'animo suggestioni prodigiose. Nello scritto di estetica *Kalligone* (1800) e nel saggio *Tanz und Melodrama* ("Danza e melodramma") inserito nel dramma *Adrastea* (1801) Herder affermò che anche sulla scena l'ideale è che le arti collaborino fra di loro, precorrendo così, in un certo senso, l'aspirazione romantica alla fusione tra le arti.

La librettistica del *Singspiel*, che aveva profonde radici popolari, divenne terreno fertile per l'affermazione dei nuovi ideali di un'arte e di una coscienza nazionali. Un energico tentativo in tal senso venne compiuto da Johann Wolfgang Goethe (1749-1832), il massimo poeta tedesco del tempo, il quale scrisse numerosi libretti di *Singspiel* ma per dei compositori insignificanti.

In reazione al razionalismo del XVIII secolo, i librettisti romantici tedeschi riscoprono il mondo dei sentimenti, dell'oscuro inconscio, del misterioso, del soprannaturale. In linea con gli orientamenti letterari dell'epoca, si prediligono i libretti che attingono a singolari leggende, favole, miti popolareschi ambientati in un lontano passato cavalleresco in cui predomina sempre, sul destino dei personaggi e sul corso degli eventi, l'intervento di sinistre, impetuose e misteriose forze della natura, della magia, del regno invisibile degli spiriti. Il mondo dell'opera romantica tedesca è popolato fittamente di cavalieri, cacciatori, damigelle, umili pastori, eremiti, folletti, spettri, vampiri e altre creature diaboliche. I protagonisti sono visti non tanto come semplici individui, quanto come rappresentanti di forze soprannaturali, buone o cattive. Una eventuale vittoria dell'eroe diventa il trionfo del bene sulle forze demoniache del male, scatenate su di lui per la sua dannazione. È questo il senso dell'idea di "redenzione" che, nelle forme più diverse, attraversa i libretti dell'opera tedesca, fin dopo Wagner.

Dal punto di vista musicale, sull'opera tedesca forte fu l'influsso dell'*opéra-comique* francese della Rivoluzione con dialoghi parlati (cfr. il Cap. 25). Gli *opéras-comiques* più importanti – di Dalayrac, Méhul, Cherubini – prodotti a Parigi giunsero a Berlino e a Vienna, tutti tradotti in lingua tedesca, e vi produssero una grandissima impressione. Ogni compositore tedesco di una certa importanza – da Beethoven a Weber a Schubert a Mendelssohn – considerava in particolare Cherubini il più grande operista del tempo. L'influsso italiano si fece sentire nella tendenza a organizzare l'opera in "numeri" chiusi (cfr. il Cap. 26) e a costruire solidi blocchi musicali *durchkomponiert*, sul modello dei concertati d'insieme dell'opera buffa. I tratti musicali più salienti dell'opera tedesca del primo Ottocento si possono riassumere nei seguenti punti:

– Tendenza verso il discorso musicale continuo, tipica dell'opera ottocentesca in genere, ma particolarmente sentita dall'opera tedesca.

– Predilezione per le forme brevi dell'aria, perlopiù in due sezioni (A B) e per le semplici strutture del *Lied* strofico, con la melodia identica per ogni strofa del testo poetico.

– Crescente attenzione volta ai motivi ricorrenti, già adoperati – ma in modo meno sistematico – da alcuni compositori dell'opera del periodo rivoluzionario (cfr. il Cap. 25).

– Uso del dialogo parlato, come nell'*opéra-comique* (nel primo Ottocento sono molto rare le opere tedesche musicate da cima a fondo).

– Nelle atmosfere sinistre, angosciose, diaboliche, nei momenti di terrore e di brivido, si fa allargato impiego della tecnica del *mélodrame* (l'orchestra interviene in concomitanza o in alternanza alla recitazione), concepita da J.-J. Rousseau per sincronizzare il ritmo dei movimenti degli attori con quello della musica (cfr. il vol. II, Cap. 19).

– Dipendenza dall'armonia come risorsa espressiva molto importante, con incessanti modulazioni (anche enarmoniche), passaggi cromatici, progressioni di accordi di settima diminuita.

– Predilezione per le linee vocali essenzialmente declamatorie.

– Ampio sfruttamento del timbro orchestrale per stabilire contrasti d'atmosfera drammatica, per evocare le forze della natura e soprannaturali. Spesso l'orchestra interviene con motivi propri, indipendenti cioè dalla parte vocale. La linea strumentale è spesso basata su tremoli, brevi passaggi lirici, accordi massicci. Specialmente C.M. von Weber (vedi più avanti) dimostrò una straordinaria sensibilità al colore orchestrale, che farà di lui un caposcuola della strumentazione romantica. Egli fu maestro della strumentazione a base di legni e di ottoni: nutrì una particolare predilezione per il clarinetto e per il corno, che, con la suggestione di lontananza e di malinconia, è fra tutti lo strumento più tipicamente romantico.

Fu il critico-compositore-scrittore E.T.A. Hoffmann (cfr. il Cap. 24) ad aprire la strada all'opera romantica tedesca. Nel saggio dialogico *Der Dichter und der Komponist* ("Il poeta e il compositore", 1813) egli ci presenta il modello ideale dell'opera "romantica" come la "sola autentica"; suo elemento caratteristico è "il Meraviglioso" (= il fantastico). Sottolinea inoltre la necessità di uno stretto rapporto tra testo e musica:

> Il poeta si prepara all'ardito volo verso il lontano regno del Romanticismo, lì trova il Meraviglioso che deve riportare nella vita di tutti i giorni, così vivo e splendente di freschi colori che è portato a credere, come in un sogno inebriante, lontano dalla meschina vita quotidiana, di muoversi nei viali fioriti della vita romantica e di capire solo la sua lingua, la parola che suona con la musica [...]. Ritengo che l'opera romantica sia la sola autentica opera perché la musica è di casa soltanto nel regno del Romanticismo. [...] Nell'opera si deve rendere chiaro l'influsso esercitato da una più potente natura e si deve manifestare ai nostri occhi un'esistenza romantica, in cui la lingua risulti potenziata o, meglio, tratta da quel regno lontano, e si riveli cioè Musica e Canto – laddove azione e situazione, librandosi in potenti suoni e tonalità ci conquistano e ci trascinano impetuosamente. In questo modo la musica deve sgorgare direttamente e necessariamente dalla poesia.

Hoffmann stesso fornì un esempio di opera romantica con *Undine* (Berlino 1816), composta sulla base della fiaba omonima (1811) di Friedrich de la Motte-Fouqué (1777-1843), scrittore tedesco che si ispirò alla mitologia nordica nonché al mondo eroico cavalleresco del Medioevo. L'opera, che reca il sottotitolo di *Zauberoper* ("opera magica"), ha come soggetto l'impossibile unione tra un essere umano (Huldbrand) e una creatura fatata (Ondina), figlia delle acque, resa donna dall'amore e restituita alle acque dal tradimento dello sposo. La musica lascia fortemente sentire l'influsso di Cherubini e di Mozart (Hoffmann ne era un fervente ammiratore), del *Don Giovanni* in particolare. Don Giovanni divenne per Hoffmann il tipico superuomo romantico, condannato a distruggere gli altri e sé stesso. Il finale dell'atto II di *Undine* fu forse ispirato all'entrata finale del Commendatore in *Don Giovanni*: è dominato dall'apparizione, mentre si scatena una tempesta, del sinistro e crudele spirito acquatico Kühleborn, che personifica la terribilità cieca degli elementi naturali e soprannaturali. L'atmosfera tenebrosa è resa mediante l'impiego di intervalli ampissimi, progressioni melodiche cromatiche e accordi di settima diminuita, che ritornano con funzione di *Leitmotiv* nel corso dell'opera. È una scena che prelude a tante evocazioni del "demoniaco" nell'opera tedesca dell'Ottocento. Alla prima rappresentazione *Undine* riscosse molto successo, ma non entrò nel repertorio dei teatri tedeschi, forse a causa di un incendio, scoppiato nel teatro di Berlino alla sua quattordicesima ripresa nell'agosto del 1816, che ne distrusse completamente l'allestimento prodotto dal celebre scenografo Karl Friedrich Schinkel (1781-1841). La sua importanza risiede nell'influsso che esercitò su *Der Freischütz* ("Il franco cacciatore", Berlino 1821) di Carl Maria von Weber (1786-1826), l'opera in cui il teatro musicale tedesco trova la sua prima grande espressione e uno dei massimi capolavori nella storia del melodramma. *Undine* fece una profonda ed entusiastica impressione su Weber, il quale su di essa scrisse una recensione altamente positiva sulle pagine dell'*Allgemeine musikalische Zeitung* del 19 marzo 1817.

Figlio di un impresario teatrale, Weber si perfezionò negli studi musicali con il celebre didatta Georg Joseph Vogler (1749-1814) a Vienna nel 1803-1804. Ebbe poi vari incarichi di direttore artistico in teatri tedeschi, e ciò gli permise di prendere parte attiva alla rappresentazione di innumerevoli opere di ogni genere allora in voga. Egli fu tra i primi a esercitare in senso moderno l'arte della direzione d'orchestra, prestando molta attenzione non solo all'esecuzione musicale, ma anche ad ogni dettaglio della regìa e della rappresentazione scenica. Weber lasciò anche parecchi scritti (saggi, articoli di giornale) vicini agli orientamenti estetici di Hoffmann, oltre ad un romanzo autobiografico, *Tonkünstlers Leben* ("Vita di compositore"), iniziato nel 1809 e mai terminato. Fu direttore dei teatri di Breslavia (1804-1806), di Karlsruhe (1806-1807), quindi fu a Stoccarda (1807-1810) al servizio, come segretario, alla corte di Württemberg. Nel 1813-1816 diresse il teatro d'opera di Praga, e nel 1816-1826 esercitò a Dresda le funzioni di soprintendente dell'Opera Tedesca, rimanendo in un primo tempo in posizione di inferiorità rispetto a Francesco Morlacchi (1784-1841), maestro della cappella reale e, dal 1810 alla morte, dell'organizzazione musicale dell'Opera Italiana della stessa città. L'incarico a Dresda, da tempo roccaforte del melodramma italiano, offrì a Weber la possibilità di battersi, attraverso i suoi scritti di critica musicale, per indirizzare il gusto del pubblico verso la nuova musica tedesca. Invitato dal teatro del Covent Garden di scrivere un'opera in lingua inglese (l'*Oberon*), nel marzo del 1826 andò a Londra, dove morì il 6 giugno dello stesso anno.

Tratto da un racconto popolare tedesco, una storia di spettri del *Gespensterbuch* ("Libro dei fantasmi", 1810) – tipico esempio del gusto "gotico" dei romantici – di Johann August Apel (1771-1816), il libretto del *Freischütz* presenta tutti i principali elementi entrati in seguito a far parte dell'opera romantica tedesca: soggetto tratto dalla letteratura nazionale, importanza primaria data alla natura misteriosa e selvaggia che si identifica con gli stati d'animo dei personaggi, interventi demoniaci e soprannaturali – si confrontano nella lotta tra il bene e il male – sotto l'apparente semplicità della vita campagnola. È la storia, che si svolge in un villaggio della Boemia verso la metà del XVII secolo, del giovane cacciatore Max (tenore), il quale, per vincere una gara di tiro a segno dal cui esito dipende la sua unione con la giovane Agathe (soprano), si serve di proiettili magici fusi nella foresta, a mezzanotte, da un emissario del demonio (Samiel, parte recitante).

Dal punto di vista musicale molto rilevante in *Freischütz* è l'influenza francese, evidente già nell'*ouverture*: come in Rameau e in Gluck (cfr. il vol. II, Cap. 18) è interamente costruita – escluso il tema all'inizio affidato ai corni – sui temi principali che appariranno nel corso dei tre atti dell'opera. Nei tratti stilistici fondamentali l'opera si avvicina al genere dell'*opéra-comique* (cfr. il Cap. 25): usa il *mélodrame* (cfr. il finale dell'atto II) e i dialoghi parlati tra i brani musicali; assegna un ruolo preminente all'orchestra nella definizione di situazioni ambientali, emotive e psicologiche; dà risalto ai cori pittoreschi (cfr. il coro di damigelle intitolato *Volkslied*, atto III, n. 14, e il coro di cacciatori, n. 15), ai motivi di danza (cfr. il *Walzer* del I atto, n. 3), alla marcia di giovani contadini (atto I, n.1), al *Lied* strofico di Caspar (atto I, n. 4) per la creazione di un "colore locale" nazionale. Di palese derivazione francese sono inoltre i brani vocali più brevi, come l'*Ariette* di Ännchen, *Kommt ein schlanker Bursch gegangen* (atto II, n. 7), col suo ritmo di "polacca". L'influsso italiano si fa sentire nell'organizzazione dell'opera in "numeri" chiusi (cfr. il Cap. 26) e nei brani vocali più complessi che adottano strutture musicali snelle e dinamiche, in cui il recitativo si fonde nell'arioso e nel pezzo chiuso, come la scena e aria di Max *Durch die Wälder* (atto I, n. 3) e di Agathe, *Wie nahte mir der Schlummer* (atto II, n. 8). Per creare nessi che trascendono i confini dei numeri musicali separati, Weber si avvale, in modo molto più estensivo rispetto ai compositori d'*opéra-comique*, della tecnica dei motivi ricorrenti. Vale notare che il termine *Leitmotiv* ("motivo conduttore" o "motivo ricorrente") fu coniato per la prima volta – prima che dai discepoli di Wagner – da F. W. Jähns (*Carl Maria von Weber in seinen Werken*, Berlino 1871) proprio a proposito delle opere di Weber. Oltre che melodici, i principali temi ricorrenti in *Freischütz* sono timbrici e armonici. Il motivo di Samiel (cfr. il finale dell'atto II), per esempio, è costituito dal timbro dei timpani, clarinetti, oboi e archi nel registro basso. La tonalità di DO min., l'intervallo di tritono e l'accordo di settima diminuita sono associati con le forze malefiche, mentre il trionfo del bene è identificato con le tonalità di MI♭ magg., DO magg. (cfr. l'*ouverture* e il finale ultimo) e MI magg. (cfr. l'aria di Agathe *Leise, leise*, atto II, n. 8).

La parte più famosa e avvincente del *Freischütz* è il finale del II atto, la scena della *Wolfsschlucht* ("valle del lupo"). Essa racchiude il conflitto centrale dell'opera (è lì che Samiel procede alla fusione delle sette pallottole magiche), ed è senza dubbio una delle evocazioni più efficaci di tensione soprannaturale creata sulla scena d'opera. Tra gli espedienti tecnici impiegati da Weber figurano le armonie cromatiche e il tremolo degli archi, i cori degli spiriti all'unisono su un'unica nota, il dialogo tra Caspar che canta e Samiel che parla, le figure di ostinato, l'onnipresente accordo di settima diminuita, l'uso di *mélodrame* durante la fusione delle pallottole. La scena culmina con la consegna a Max delle sette pallottole, una per volta, mentre sibilano gli uragani. Qui Weber costruisce magistralmente un clima di graduale, grande tensione, facendo seguire ad ogni pallottola consegnata un cambiamento di tonalità, di timbro orchestrale, di figure ritmiche e melodiche.

La prima esecuzione di *Freischütz* a Berlino il 18 giugno 1821 ebbe accoglienza trionfale. L'opera fu ripresa successivamente in molte città tedesche e, tradotta in francese col titolo *Robin des bois*, fu eseguita a Parigi nel 1824. Al pubblico parigino apparve quanto di più inedito, di originale ci si potesse aspettare dall'opera in musica. Qualche anno dopo l'opera fu elaborata da H. Berlioz che vi aggiunse i recitativi al posto dei dialoghi parlati; in questa versione fu eseguita nel 1841.

A continuare lo sviluppo dell'opera romantica tedesca sulla scia di Weber fu soprattutto Heinrich Marschner (1795-1861), il quale raggiunse molta celebrità con due opere drammatiche su soggetti soprannaturali: *Der Vampyr* ("Il vampiro", Lipsia 1828) e *Hans Heiling* (Berlino 1833). *Der Vampyr* ha per protagonista un tetro personaggio che beve il sangue delle vergini da lui uccise. *Hans Heiling* ha momenti di forte drammaticità, specialmente nel II atto, una mescolanza di *mélodrame*, canto, estesi passi orchestrali. La figura di Hans Heiling, metà essere umano e metà spirito della terra, incapace di gioire dell'amore, ha molti punti di contatto con il protagonista del *Fliegende Holländer* di Wagner.

Richard Wagner (1813-1883): profilo biografico

Wagner nacque a Lipsia, ultimo di nove figli. Il padre Friedrich (1770-1813), un modesto cancelliere di polizia e un attore dilettante, morì sei mesi dopo la nascita di Richard per effetto di una epidemia di tifo. La vedova Johanna Pätz (1774-1848) sposò nel 1814 il pittore, attore e poeta Ludwig Geyer (1779-1821), il quale comprese e incoraggiò il talento precoce del fanciullo. Nel 1821 la famiglia si trasferì a Dresda, e lì cominciarono le prime grandi passioni di Wagner: in primo luogo la musica di Weber, poi la mitologia greca, Shakespeare, e infine Beethoven. Compì i suoi studi musicali sostanzialmente da autodidatta. Nel 1828 lasciò Dresda per rientrare nella natia Lipsia, iscrivendosi alla locale università come studente di musica. Prese inoltre, per breve tempo, lezioni di armonia da un certo Christian Gottlieb Müller, e di contrappunto da Christian Theodor Weinlig (1780-1842), *Kantor* della Thomaskirche. Il suo addestramento musicale fu in realtà tutt'altro che rudimentale: a diciasette anni fu in grado di eseguire la riduzione per pianoforte della *Nona sinfonia* di Beethoven, e nel 1832 compose alcune sonate per pianoforte e una sinfonia. Negli anni 1833-1839 ottenne successivamente i posti di maestro di coro al teatro di Würzburg e poi di direttore artistico dei teatri di Magdeburgo, Königsberg e Riga. Venne così a contatto con il repertorio operistico corrente, acquistando familiarità, tra l'altro, con opere come *Robert le diable* di Meyerbeer, *Der Vampyr* e *Hans Heiling* di Marschner, *La straniera* di Bellini. Nel 1839 si recò a Parigi, dove sperava di far carriera con la protezione di Meyerbeer e dove invece avrebbe vissuto una vita di stenti per oltre due anni (tutti i tentativi di far eseguire qualche sua composizione venivano frustrati). Si diede a comporre musiche frivole da salotto, arrangiamenti, trascrizioni. Scrisse inoltre recensioni, articoli e vari saggi per la *Revue et Gazette musicale de Paris* in cui si trovano in germe già molte idee del Wagner maturo. Nel saggio *Über deutsches Musikwesen* ("Sulla musica tedesca", 1840), per esempio, sviluppa molte argomentazioni che verranno sbandierate in seguito con sempre maggiore virulenza: chiarisce quali siano i caratteri che i tedeschi cercano nella musica, la loro preferenza per la musica strumentale, il loro rifiuto della superficialità e dell'effetto che inficiano l'opera italiana. Tornato in patria nel 1842, fu nominato (1843) maestro di cappella alla corte di Dresda. Fu però costretto a fuggire da Dresda nel maggio del 1849 per aver partecipato ai moti rivoluzionari organizzati in città dal noto agitatore russo Michail

Bakunin (1814-1876). Assieme alla moglie Minna Planer (1809-1866) si rifugiò a Zurigo (Svizzera), dove visse quasi ininterrottamente per un decennio. Quattro anni della sua permanenza a Zurigo furono dedicati quasi interamente alla scrittura di testi di critica in cui espose le sue convinzioni artistiche ed estetiche. Nel 1849 completò *Die Kunst und die Revolution* ("L'arte e la rivoluzione") e *Das Kunstwerk der Zukunft* ("L'opera d'arte dell'avvenire"); nel 1851 terminò *Oper und Drama* ("Opera e dramma"), lo scritto che offre la trattazione più approfondita e coerente delle sue idee in merito al *Wort-Ton-Drama* ("dramma di parole e musica"). Secondo la concezione di Wagner il dramma musicale doveva fondere i fenomeni artistici, sia visivi sia uditivi, in una unica, perfetta opera d'arte ch'egli chiamò *Gesamtkunstwerk* ("opera d'arte totale").

Avvenimento notevole in questo periodo della vita di Wagner fu la sua relazione amorosa con Mathilde Wesendonck (1828-1902), una donna versata negli studi letterari e musicali, moglie di un ricco finanziere benefattore del compositore. Questa relazione, molto intensa, causò la separazione di Wagner dalla moglie.

Wagner visse dal 1861 per un certo tempo a Vienna, ma nel 1864 fu costretto ad andarsene in gran fretta per sfuggire ai suoi creditori. Nello stesso anno il re Ludwig II di Baviera (regnò dal 1864 al 1886), il quale, squilibrato e poi pazzo, nutriva per Wagner una venerazione morbosa, lo chiamò alla corte di Monaco per offrirgli aiuto e protezione per tutta la vita. Tuttavia, dopo due anni le ostilità della corte indussero il compositore a lasciare Monaco e a trasferirsi a Triebschen, sul lago di Lucerna (Svizzera). Qui entrò in rapporti di amicizia con il filosofo Friedrich W. Nietzsche (1844-1900) e sposò (1870) la figlia di Liszt, Cosima (1837-1930), divorziata dal direttore d'orchestra Hans von Bülow (1830-1894).

Il capitolo finale della vita di Wagner si aprì nel 1872, quando si stabilì con la moglie nella cittadina di Bayreuth – in Baviera, 60 chilometri a nord di Norimberga – dove poté far costruire, grazie all'appoggio di Ludwig II, il teatro consacrato alle sue opere (cfr. più avanti). Wagner morì all'improvviso per un attacco cardiaco il 13 febbraio 1883 a Venezia, dove si trovava con la famiglia dal settembre del 1882.

La vita di Wagner si svolse con ritmo febbrile, totalmente dominata dall'ambizione di affermarsi e d'imporsi con tutti i mezzi, artistici e non artistici. Fu una vita di enormi successi, ma anche di grandi sconfitte, di lotte, di frustrazioni. Come spesso accade ai grandi creatori, Wagner mostrava il peggio di sé nei suoi rapporti col mondo esterno e il meglio di sé nelle sue opere. Aveva un carattere egocentrico, che traeva origine da una spavalda, incrollabile sicurezza di sé. Nell'arte, nell'amore, nei rapporti con gli altri, era un dominatore nato, e in ciò ha indubbiamente influito l'aura ieratica attribuita dal primo romanticismo (da Wackenroder e E.T.A. Hoffmann; cfr. il Cap. 24) alla figura dell'artista e del musicista in particolare. Amava il lusso sfrenato e per questo la sua situazione finanziaria era in perenne stato di crisi; contrasse sempre debiti nuovi che lo portavano spesso sull'orlo del fallimento, costringendolo a mettersi in salvo dai suoi creditori.

Wagner non ignorava i desideri del pubblico, della cui ammirazione aveva tanto bisogno. Si impegnò con tenacia indomabile per la realizzazione di uno spettacolo teatrale che fosse nello stesso tempo grandioso e profondo, ad uso e consumo dei molti ed anche dei pochi. Al grosso pubblico Wagner offriva spettacoli stupefacenti – aveva una istintiva conoscenza delle esigenze del palcoscenico – con nani, giganti, mostri vomitanti fuoco, mitici dèi, impavidi eroi, Ondine natanti sulla superficie e nelle profondità del Reno, Walkirie (esseri femminili sovrumani che raramente cedono all'amore terreno degli uomini) su cavalli, sfilate, processioni, colpi di scena, momenti di grande tensione drammatica, spasmodiche scene d'amore. Agli intellettuali offriva suggestive e disparate "filosofie", delle quali si nutriva la borghesia tedesca della seconda metà del XIX secolo, che aveva fortemente subìto l'influsso del pessimismo metafisico di Schopenhauer: l'inutilità dell'agire umano, il culto della cultura germanica, l'esaltazione di valori pre-razionali (= recupero del mito) e delle fonti primigenie dell'espressione. Agli intenditori Wagner inoltre offriva la complessità, veramente inestricabile ed inesauribile, del suo raffinatissimo linguaggio musicale che si avvale di un sistema fluttuante e altamente concettuale di reminiscenze, incessanti variazioni e trasformazioni tematiche entro un ricco tessuto orchestrale, continuamente modificato dall'aggiunta o sottrazione di timbri diversi, sì da produrre nell'ascoltatore una specie di magica ipnosi.

Nell'ambito dell'intera produzione creativa wagneriana, gli scritti teorico-filosofici, molto numerosi e di varia estensione, occupano una posizione di particolare importanza: gli servirono per riflettere in modo sistematico sulle proprie idee riguardo alla creazione musicale e per preparare i cruciali cambiamenti che voleva introdurre nell'arte operistica (ma si deve rilevare che lasciò principalmente alla sua intuizione musicale la facoltà di decidere ogni conflitto tra teoria e pratica). Per realizzare il suo concetto di *Gesamtkunstwerk* e per giungere ad una stretta unione di poesia e musica, Wagner ritenne necessario che a scrivere libretto e musica dovesse essere la stessa persona: "sono una sola e medesima cosa, perché ognuno sa e sente ciò che l'altro sa e sente. Il poeta è diventato il musicista, il musicista il poeta: ora essi formano ambedue l'uomo artistico completo" (*Oper und Drama*, Parte III, Cap. 4). Wagner scrisse i libretti di tutte le sue opere teatrali.

I drammi musicali di Wagner

L'idea fondamentale di Wagner era che l'opera in musica, in passato ritenuta una forma d'arte di rango inferiore nella gerarchia estetica (veniva considerata per metà spettacolo di rappresentanza e per metà svago; cfr. il vol. II, Cap. 18), potesse essere un'opera d'arte nel senso assoluto della parola, anzi la quintessenza dell'arte. È un concetto che senza dubbio nasce da un atteggiamento tipico del romanticismo tedesco nei confronti della musica (viene apparentata alla religione perché porta, più delle altre arti, alla percezione dell'assoluto, del segreto ultimo delle cose), già preannunziato dai primi romantici per quanto riguarda la musica strumentale (cfr. il Cap. 24). Era però opinione di Wagner che la musica sinfonica e cameristica facesse ormai parte del passato – aveva raggiunto il punto d'arrivo in Beethoven – e che il futuro appartenesse al dramma musicale. Il genere sinfonico, culminante nella *Nona sinfonia* di Beethoven, poteva trovare prosecuzione soltanto nell'"opera d'arte totale" (cfr. *Das Kunstwerk der Zukunft*, Cap. II, 4). Con questo intendeva legittimare sé stesso come vero erede di Beethoven: l'apoteosi della musica teatrale diventava l'apoteosi della propria musica, che doveva soppiantare l'opera del passato. Mai prima di allora un compositore aveva osato affermare tanto di sé, e mai si era assistito ad una esibizione così ostentata di megalomania. Sempre per giustificare e propagandare le innovazioni che propugnava nel teatro d'opera, Wagner proferì giudizi indiscriminatamente negativi nei confronti della musica italiana e francese. In *Oper und Drama* (Parte I, Capp. 1-7) narrò a suo modo la storia dell'opera, criticando i compositori del passato per aver mantenuto una posizione di subordinazione nei confronti delle convenzioni e delle consuetudini teatrali del loro tempo; creò così una serie di malintesi, di cui la critica non si è ancora del tutto liberata. È comunque con l'autorità del suo genio, che fu enorme sotto quasi ogni aspetto dell'invenzione musicale, che Wagner impose nell'opera un suo spiccato gusto individuale, costringendo dispoticamente ogni pubblico – dapprima esitante, poi rispettoso ed infine entusiasta – ad un ascolto particolare, ad una sorta di attenzione devota, più propria di un rito religioso che d'uno spettacolo teatrale. L'idea di *Festspiel* ("sagra scenica") che tentò di realizzare con tenacia indomabile a Bayreuth non ha significato se non questo. A tal fine, egli preordinò una rivoluzione integrale dell'opera che investì contemporaneamente la concezione drammatico-musicale, le abitudini del pubblico e perfino l'edificio che doveva accogliere la rappresentazione dell'opera. Ha molto ampliato, per esempio, i modi e i tempi d'ascolto di un'opera (cinque ore filate di musica per ciascuna opera della maturità), da ascoltare in silenzio e a luci di sala spente.

L'"opera d'arte totale" richiedeva una nuova architettura teatrale. Wagner compose pertanto le opere della maturità pensando ad un luogo ideale per la loro esecuzione, finché, negli anni '70, poté far costruire a Bayreuth quel teatro, il Festspielhaus, agognato fin dai primi anni '60 per ospitare un "festival" delle arti e permettere una adeguata realizzazione del suo nuovo dramma musicale. Il teatro è costruito a semicerchi degradanti a forma di anfiteatro greco e ha una capienza di 1.345 spettatori. Sua caratteristica fondamentale è il cosiddetto *mystischer Abgrund* ("golfo mistico") o fossa orchestrale. Realizzato per la prima volta a Bayreuth, il golfo mistico s'incunea tra il palcoscenico e la platea della sala ed è collocato, rispetto a quest'ultima, ad un livello più basso, in modo da nascondere al pubblico la vista della compagine orchestrale (non lo deve distrarre dal dramma). Tale disposizione risponde ad un duplice ordine di esigenze, proprie del dramma musicale wagneriano: il primo, pratico e acustico, inteso a conseguire una più compatta fusione dei suoni orchestrali con le voci; il secondo, di natura estetica e psicologica, che attribuisce allo spazio invisibile del golfo mistico, dove si occulta l'orchestra, il compito di avvolgere la musica in un'aura misteriosa e rituale. A poco a poco l'innovazione wagneriana fu adottata da tutti i teatri lirici d'Europa di nuova costruzione o preesistenti. Anche le sale settecentesche rimodernarono, intorno la fine del secolo, una dopo l'altra le strutture dello spazio orchestrale, informandosi alle caratteristiche della fossa orchestrale.

La prima pietra del teatro di Bayreuth fu posta il 22 maggio del 1872. Fu inaugurato con grande pompa con la prima rappresentazione dell'intero ciclo di *Der Ring des Nibelungen* ("L'anello del Nibelungo") il 13, 14, 16 e 17 agosto 1876. Da allora è rimasto come tempio della produzione di opere wagneriane, eseguite durante l'estate. Il *Festspiel* di Bayreuth fu cronologicamente il primo festival creato per presentare "esecuzioni modello" di un singolo autore, di un livello tale da attrarre un pubblico internazionale. Divenne in seguito il modello per numerosi altri festival (quello di Salisburgo dedicato alle opere di Mozart, per esempio) che hanno svolto un ruolo molto importante nella vita musicale del nostro tempo.

Per le opere scritte fino al 1850 Wagner si riallaccia quasi totalmente a quella stessa tradizione operistica contro la quale egli andava fortemente polemizzando. I suoi modelli sono i *grands opéras* di Spontini – compositore che egli ammirava grandemente – e Meyerbeer, i *Singspiele* di Weber, le opere di Marschner. Tra le opere giovanili figurano *Die Feen* ("Le fate", rappresentata per la prima volta a Monaco di Baviera nel 1888), ricavata da una fiaba di C. Gozzi, e *Das Liebesverbot* ("Il divieto d'amare" Magdeburgo 1836) adattata molto liberamente da *Measure for measure* di Shakespeare. *Rienzi* (Dresda 1842) è un dramma storico (la vicenda è ambientata nella Roma del XIV secolo) di impianto grandioso. Tratto da un romanzo di Edward G. Bulwer-Lytton (1803-1873), *Rienzi* ha tutte le caratteristiche dei *grands opéras* di Meyerbeer. *Der fliegende Holländer* ("Il vascello fantasma", alla lettera "L'olandese volante", Dresda 1843) è ricavato da un racconto di H. Heine: è la storia di un navigatore maledetto, condannato a vagare in eterno per i mari, finché una donna a lui fedele non lo redimerà dalla maledizione con il suo amore. I temi della "maledizione" e quello della "redenzione", due elementi fondamentali dell'opera wagneriana, appaiono in quest'opera per la prima volta. Vi appaiono inoltre alcuni tratti principali dell'opera di Weber, quali l'evocazione costante della natura selvaggia (l'elemento marino) e un uso sistematico del *Leitmotiv* inteso come fattore di coesione drammatico-musicale. Con *Tannhäuser* (Dresda 1845), tratto dalle leggende della Germania cristiana medievale, è ancora il tema della redenzione attraverso l'amore ad ispirare Wagner. Il *Lohengrin* (Weimar 1850), desunto da un gruppo di leggende anglosassoni medievali e dal poema cavalleresco *Parzival* (ca. 1200) di Wolfram von Eschenbach (*fl.* 1170-1220), è la prima opera di Wagner nella quale l'idea del mito determina la storia, ambientata nel X secolo. Lohengrin, il misterioso cavaliere del Santo Graal (il nome della coppa che secondo la leggenda avrebbe contenuto il sangue di Cristo e che fu affidata ad un sodalizio di cavalieri) dotato di poteri sovrumani, giunge a salvare Elsa dalle trame dei malvagi; la giovane sposa il suo eroe, ma lo perde non appena vorrà sapere chi egli sia.

In queste prime opere sono ancora presenti nella sostanza gli elementi convenzionali del recitativo e dell'aria, sebbene siano perfettamente integrati nel dramma e inseriti in scene vaste e complesse. Vi sono ampie parti corali, cortei sontuosi, processioni e grandi scene corali di massa. La scena dell'arrivo di Lohengrin (*Nun sei bedankt*, finale dell'atto I) dopo la preghiera di Elsa (*Einsam in trüben Tagen*) e il triplice grido del banditore, è una delle scene più emozionanti e magnificentemente spettacolari che il teatro d'opera abbia mai prodotto. Certi tratti vocali italianizzanti – come l'articolazione delle frasi in periodi regolari di 4 o 8 battute, per esempio – ancora rilevabili in *Tannhäuser*, scompaiono quasi totalmente in *Lohengrin*. In quest'opera la condotta melodica della voce oscilla con una certa frequenza tra il recitativo e l'arioso senza soluzione di continuità (gruppi di due battute si alternano spesso); per un esempio, vedi il dialogo Telramund/Ortrud che apre l'atto II. L'aspetto nuovo della partitura di *Lohengrin* sta comunque nella concezione orchestrale. L'organico dell'orchestra è notevolmente ampliato, in particolare nel numero dei legni. Piuttosto che sull'opposizione di gruppi strumentali omogenei, l'orchestrazione di Wagner è caratterizzata, specialmente da *Lohengrin* in poi, da armoniose mescolanze e trasmutazioni timbriche, da luminosi impasti e aggregati sonori. Il ruolo dell'orchestra – ch'è sempre molto presente, in un grado mai raggiunto prima di allora – diviene preminente in molti passaggi; per un esempio, vedi ancora il dialogo Telramund/Ortrud dell'atto II di *Lohengrin*, sorretto quasi senza interruzione da una fitta trama di motivi orchestrali. Vale notare che, già in quest'opera, l'orchestra è il vero "protagonista" nel dramma wagneriano (cfr. più avanti).

Nei lavori teatrali composti dopo il 1850 Wagner cercò di dare applicazione pratica ai cruciali, radicali cambiamenti che si era proposto di introdurre nel teatro d'opera in sede teorica (cfr. gli scritti del 1849-1851, *Oper und Drama* in particolare). Occorre però tenere presente che nella realtà la prassi compositiva di Wagner non fu sempre coerente con le sue teorie. Ecco una tabella delle opere appartenenti alla sua maturità artistica:

Titolo	Composizione del testo	Composizione della musica	Prima rappresentazione
Tristan und Isolde ("Tristano e Isotta")	1857	1857-1859	Monaco 1865
Die Meistersinger von Nürnberg ("I maestri cantori di Norimberga")	1845, 1861-1862	1861-1867	Monaco 1868
Der Ring des Nibelungen ("L'anello del Nibelungo")			
1. *Das Rheingold* ("L'oro del Reno")	1851-1852	1853-1854	Monaco 1869

2. *Die Walküre* ("La Walkiria")	1851-1852	1854-1856	Monaco 1870
3. *Siegfried*	1851	1856-1857, 1864-1865, 1869-1871	Bayreuth 1876
4. *Götterdämmerung* ("Il crepuscolo degli dèi")	1848-1852	1869-1874	Bayreuth 1876
Parsifal	1857, 1865, 1877	1877-1882	Bayreuth 1882

Per questi lavori Wagner modificò il proprio metodo creativo, che si fece più lungo e complesso. Mentre in precedenza aveva posto l'invenzione della parte vocale, come gli operisti italiani, al centro della propria visione compositiva, a partire dal 1850 circa i motivi orchestrali venivano abbozzati fin dalle prime fasi del processo creativo. Il catalogo tematico completo delle opere del compositore – il *R. Wagner Werk-Verzeichnis* (*WWV*), a cura di J. Deathridge, M. Geck e E. Voss (Mainz, Schott 1986) – comprende un'autorevole discussione sull'argomento. Wagner era solito scrivere prima i suoi testi poetici, quindi li metteva in musica, alcuni molti anni dopo (vedi sopra la tabella delle opere), apportando alterazioni, talvolta anche modifiche importanti. Erano quattro gli stadi della stesura del testo poetico; effettuava: 1) una prima completa stesura del *plot*, 2) un abbozzo in prosa, 3) una prima stesura del testo completo, e infine 4) la stesura definitiva del testo. L'invenzione del testo musicale si presentava alla mente di Wagner mentre i testi poetici stavano prendendo forma (ma su questo modo di procedere c'è disaccordo tra gli studiosi specialisti). Il lavoro di stesura della musica era articolato in tre stadi principali: 1) vari schizzi brevi e separati, 2) un abbozzo completo con la linea vocale sostenuta da uno o due righi strumentali (per tutti i drammi successivi alla *Walkiria* scrisse due abbozzi di questo genere, il secondo dei quali con maggiori indicazioni di strumenti – una specie di partitura abbreviata), e 3) una copia definitiva della partitura.

Nelle opere della maturità Wagner si pose come obiettivo il superamento delle preordinate simmetrie dei "numeri" operistici tradizionali (cfr. il Cap. 26), formati di recitativi, arie, duetti, ecc., di cui sono conservate molte tracce nelle sue opere precedenti. Il genere destinato a superare il teatro d'opera tradizionale doveva essere il *Musikdrama* ("dramma musicale"). Nella concezione di Wagner, "dramma" è il risultato dell'intreccio di poesia, musica e azione scenica, un'azione che in realtà si svolge principalmente nella musica. Nel saggio *Über die Benennung "Musikdrama"* ("Intorno alla denominazione di 'dramma musicale'", 1872) egli parla infatti dei drammi come "gesta della musica divenute visibili". Era sua ferma convinzione, espressa soprattutto in *Oper und Drama*, che il dramma musicale non debba soggiacere ad alcuno schema prestabilito (come nell'opera italiana): i suoi principii, i suoi mezzi vanno determinati di volta in volta, opera per opera. E perché l'opera abbia la massima intensità verbale e drammatica è necessario che la sua struttura musicale abbia carattere di assoluta continuità, che sia *durchkomponiert*, ossia "composta da cima a fondo", senza riprese e ripetizioni. Mai la musica ha da interrompersi all'interno di ciascuno dei tre atti.

Per poter sviluppare appieno le nuove risorse espressive del dramma musicale Wagner ritenne indispensabile attingere le sue trame dalla mitologia, rimpiazzando però i miti dell'antichità classica coi miti germanici. Considerava il mito adatto all'opera perché lontano dalle convenzioni del mondo moderno, prosaicamente quotidiano. Infatti, secondo Wagner (cfr. *Oper und Drama*, Parte III, Cap. 2), il mito (= l'interazione delle forze che regolano i rapporti degli uomini con gli dèi) rappresenta i principii eterni ed immutabili che regolano la sfera religiosa, sociale ed economica, cui l'arte non può mancare di fare riferimento.

Alla base di *Tristano*, per esempio, c'è un'antica saga medievale di probabile origine celtica. L'azione si svolge in Cornovaglia e in Bretagna in epoca remota e non precisata. In quest'opera molto rilievo viene dato all'idea, tipicamente romantica, della passione amorosa irresistibilmente attratta dalle tenebre della notte e della morte. Nel grande duetto d'amore dell'atto II, *O sink hernieder, Nacht der Liebe* ("O scendi quaggiù, notte d'amore"), il momento supremo dell'opera, Tristano e Isotta si proclamano "sacrati alla notte", il momento vero dell'illuminazione, in contrasto alla luce del giorno che porrà fine alla loro estasi amorosa. La morte è, per Tristano e Isotta, l'unico vero appagamento ed insieme compimento del loro amore.

Per la serie di quattro opere (un Prologo e tre "giornate"), spesso chiamata *Tetralogia*, che costituisce il *Ring* ("L'anello"), Wagner si ispirò ai miti e alle leggende del Medioevo tedesco. Protagonista ideale della mitica vicenda è l'oro, che diventa fonte di corruzione, di distruzione e di morte. Nell'*Oro del Reno* il nibelungo Alberich (= appartenente ad una stirpe di nani demoniaci) riesce ad impossessarsi dell'oro che giace in fondo al Reno. Le Ondine del fiume gli rivelano un segreto: chi saprà forgiare un anello con l'oro del Reno avrà il dominio del mondo, ma dovrà rinunciare all'amore. Alberich forgia l'anello, ma gli viene sottratto da Wotan, il re degli dèi che si era fatto costruire dai giganti un grandioso castello – il Walhalla – sulla cima di un'altura selvaggia. Sull'anello Alberich lancia una maledizione: esso recherà sventura a chiunque ne entrerà in possesso. Nella *Walkiria* il potere dell'amore aleggia più ampiamente dell'amore del potere: i pericoli e le gioie della passione amorosa si collocano al centro della vicenda. Siegmund, figlio di Wotan, si abbandona ad un amore incestuoso con Sieglinde (sono fratelli gemelli, ma inizialmente non lo sanno) e genera Siegfried, il più glorioso e impavido degli eroi. Per aver violato la legge che Wotan è tenuto a far rispettare, Siegmund viene ucciso in duello, ma Sieglinde, con in grembo Siegfried, viene fatta fuggire in una selvaggia foresta da Brünnhilde, la Walkiria figlia prediletta e ribelle di Wotan. Per punire Brünnhilde della sua disobbedienza, Wotan la riduce a semplice mortale, la immerge in un sonno profondo e la fa circondare da un muro di fiamme che soltanto un eroe intrepido e puro avrebbe potuto varcare; e sarà preda di colui che la desterà. Nella seconda "giornata" a lui intitolata compare Siegfried. Allevato in una fonda caverna dal nano Mime dopo la morte della madre, l'eroe intende venire in possesso dell'anello fatale custodito dal gigante Fafner sotto le sembianze di drago. Dopo aver ritemprato *Notung* ("figlia della Necessità"), la spada invincibile spezzata da Wotan, Siegfried uccide il drago e s'impossessa dell'anello magico. Guidato dagli uccelli della foresta, si dirige poi verso il monte dove in un cerchio di fuoco dorme Brünnhilde. La bacia, ella si sveglia. Dapprima Brünnhilde cerca di difendere la sua divina verginità, ma poi è travolta dalla passione e s'abbandona con gioia tra le braccia di Siegfried. Nel *Crepuscolo degli dèi* Siegfried affida a Brünnhilde l'anello fatale, e la abbandona; dopo aver bevuto, ignaro, un filtro magico che gli toglie la memoria, l'eroe s'accende d'amore per Gutrune, sorellastra di Hagen, il genio del male, figlio di Alberich. Siegfried si batte poi in duello con Hagen, che lo uccide con l'aiuto di Brünnhilde, la quale, straziata dal rimorso, fa innalzare un rogo su cui viene posta la salma dell'eroe. Poi entra accanto a lui tra le fiamme, mentre l'anello incantato viene restituito al Reno. Le fiamme altissime raggiungono il Walhalla, che crolla in un'immane catastrofe, nella quale periscono Wotan e tutti gli dèi.

I maestri cantori di Norimberga si allontana dal clima di cupo fatalismo che accompagna il *Tristano* e dalle dimensioni di ineluttabile catastrofe che caratterizza l'*Anello*. L'opera si occupa più che altro del potere della musica e della sua capacità di spazzar via convenzioni aride, in favore della libera creatività artistica. Il soggetto si rifà alle vicende storiche delle corporazioni dei maestri cantori della Norimberga del Cinquecento e alle loro gare di canto.

L'ultima opera, il *Parsifal* – un *Bühnenfestspiel* ("sacra rappresentazione" o anche "rito scenico teatrale") – è basata su due leggende: quella del Graal (vedi sopra) e quella di Parsifal – dall'arabo *parsi* ("puro") e *fal* ("folle") – l'eroe simbolo della semplicità incontaminata della natura, destinato a redimere l'umanità attraverso la sua totale rinuncia agli egoismi e alle passioni della carne. La differenza tra il soggetto di *Parsifal* e i miti germanici delle opere precedenti è il suo carattere religioso; in che misura e con quale preciso significato, è questione che ha sempre diviso i commentatori: per esempio, a proposito della possibile relazione tra elementi buddisti e cristiani nel pensiero di Wagner. L'opera ha comunque a che fare con la fede cristiana, presumibilmente più filosofica che confessionale. Durante la composizione di *Parsifal* Wagner scrisse un saggio, *Religion und Kunst* ("Religione e arte", 1880), nel quale esalta la "sublime semplicità della pura religione cristiana" e afferma che la rinascita del Cristianesimo si compie definitivamente solo nella musica, l'unica tra le arti che pienamente corrisponde alla fede cristiana. La musica conduce infatti alla "conoscenza del bisogno di redenzione" e per questo si pone come guida ideale per una rigenerazione dell'umanità. Sulla natura religiosa dell'arte – l'opera d'arte viene concepita come un rituale sacro – affermata da Wagner, si avverte l'eco della filosofia della musica dei primi romantici, di Wackenroder in particolare (cfr. il Cap. 24).

Il soggetto di *Parsifal* ruota intorno ai temi della Passione e della "redenzione" (quest'ultimo tema ricorre con frequenza dal *Vascello fantasma* in poi). La vicenda è caratterizzata da una struttura complessa e da un profondo simbolismo: si chiude, per esempio, con le enigmatiche parole *Erlösung dem Erlöser* ("redenzione al Redentore"), blasfemo concetto che il Cristo ha bisogno di Parsifal per essere redento dal peccato originale. Parsifal, l'innocente folle, deve recuperare la sacra lancia (con la quale il soldato romano Longinus colpì Cristo sulla croce) sottratta dal maligno mago Klingsor ad Amfortas, re dei cavalieri del Graal e figura simbolica del Cristo. Per aver peccato di lussuria con una donna, perdendo così la purezza, Amfortas fu trafitto dalla lancia ed è costretto a subire indicibili sofferenze, che avranno termine solo quando un eroe redentore saprà toccargli la piaga con la stessa lancia che gli ha aperto la ferita. È questi il "puro folle". Egli saprà resistere alla tentazione della carne (atto II: nel giardino incantato di Klingsor non volle abbandonarsi tra le braccia di Kundry, la seducente, bellissima, quasi animalesca donna che agisce per conto di Klingsor), di fronte alla quale Amfortas era stato costretto a soccombere. Parsifal riporterà la lancia ai cavalieri del Graal, assumendo il compito di Amfortas. In un Venerdì Santo egli pone fine alle sofferenze di Amfortas con la lancia tolta a Klingsor; una bianca colomba scende sul suo capo mentre benedice i cavalieri in adorazione. Per dare coerenza strutturale al gigantesco edificio sonoro di *Parsifal* Wagner fa ricorso ad una quarantina di *Leitmotive*, molti dei quali, di carattere diatonico, sono derivati dal motivo iniziale dell'opera – il "motivo del Graal" (vedi ESEMPIO 1). *Parsifal* costruisce inoltre la sua coesione musicale su una serie di ritorni e di relazioni tonali. La tonalità di LA♭ magg., con cui l'opera inizia e finisce, è usata come base della musica che ritrae i cavalieri del Graal e le fanciulle-fiore; molti centri tonali importanti nell'opera stanno in relazione di terza maggiore o minore con questa tonalità.

Al fine di creare un nesso sostanziale tra il testo e la musica, Wagner fa ricorso, principalmente nel *Tristano* e nell'*Anello del Nibelungo*, allo *Stabreim* ("allitterazione"), una tecnica versificatoria basata sulla ripetizione di consonanti eguali fortemente accentate, all'inizio di due o più parole successive. In *Oper und Drama* (Parte II, Cap. 3), Wagner fornisce come esempi di allitterazione i versi seguenti: *Die Liebe gibt Lust zum Leben* ("L'amore dà gioia alla vita") e *Die Liebe bringt Lust und Leid* ("L'amore arreca piacere e dolore"). È un tipo di versificazione che dà particolare rilievo "fonico" e pregnanza significante alle singole parole, riportandole quanto più possibile alle loro radici linguistiche (nell'antica poesia germanica lo *Stabreim* è elemento fondamentale del verso). Nei versi allitterati di Wagner – non però in quelli antico tedeschi – il numero iniziale degli accenti di ciascun verso è irregolare. Il ritmo irregolare e flessibile dei versi provoca a sua volta l'abbandono della "quadratura" regolare del periodo musicale fondata, sin dal Settecento, sull'adozione della frase di 4 o di 8 battute come unità di misura fondamentale. Frasi melodiche di estensione ineguale e irregolare si alternano tra la voce e l'orchestra, allacciandosi l'una con l'altra quasi senza interruzione (esempio: il racconto di Waltraute *Seit er von dir geschieden*, nell'atto I/3 del *Crepuscolo degli dèi*).

Caratteri stilistici del linguaggio musicale di Wagner

Per dare un senso di continuità al discorso musicale Wagner si avvale di un'ampia gamma di mezzi tecnici ed espressivi. Gli elementi principali che caratterizzano il linguaggio musicale delle opere della sua maturità artistica, si possono riassumere nei seguenti punti:

MELODIA. Soprattutto nell'*Anello* le linee melodiche sono di ampio fraseggio, quasi senza punti cadenzali periodici e sono caratterizzate dalla presenza di pochi elementi ripetitivi. Come detto, il periodo regolare delle frasi (4+4, 8+8 battute) viene evitato ed esteso in continuazione in modo che ogni nota tende a scorrere senza che quasi si avverta mai la fine. Questo è uno dei significati del termine *unendliche Melodie* ("melodia infinita") che Wagner coniò nel saggio *Zukunftsmusik* ("Musica del futuro", 1860). L'intensità di espressione di questo tipo di melodia, che sembra estendersi in una continuità "infinita", deve variare ad ogni alterazione dello stato d'animo e seguire parole e azione con la maggiore aderenza possibile. I motivi orchestrali, congiuntamente con le frasi vocali, concorrono a determinare la "melodia" nell'accezione wagnerianamente ampia del termine. Il canto consiste in una sorta di declamato arioso flessibile, ugualmente distante dalle forme chiuse come dal recitativo tradizionale. È quasi sempre costituito da una serie di interiezioni o frammenti staccati, strettamente aderenti alle proprietà fonetiche e prosodiche della lingua tedesca.

ORCHESTRA. È lo strumento di comunicazione principale dell'opera: ad essa è trasferito il peso principale del discorso musicale. Oltre a fornire la base armonica, enuncia i *Leitmotive* (cfr. più avanti), che raramente vengono cantati, in una tavolozza timbrica di straordinaria ricchezza. Wagner ha concepito sicuramente il dramma musicale in termini "sinfonici" – ossia con materiali tematici proprii circolanti lungo tutto il corso dell'opera – in un grado mai raggiunto prima di lui e che nulla ha a che vedere con l'ordinario rapporto di "canto" e "accompagnamento" dell'opera tradizionale. Secondo Wagner, l'orchestra è "lo strumento che porta sicuramente e domina i flutti infiniti dell'armonia" (*Oper und Drama*, Parte III, Cap. 4). Essa "esprime appunto sol quello che il linguaggio delle parole non può esprimere, [ossia] l'*inesprimibile* [...] e invero unendosi ad un'altra cosa, che è pure inesprimibile, *il gesto*" (*ibid.*, Parte III, Cap. 5). Latrice della parola, l'orchestra deve "prender parte ininterrotta all'attuazione del dramma, sostenendo e chiarificando il complesso delle manifestazioni che l'attore-cantante indirizza all'orecchio e all'occhio: essa è il seno materno della musica, pieno di nobiltà e di vita, dal quale si sviluppa il vincolo che mantiene unita

e concorde l'espressione" (*ibid.*, Parte III, Cap. 6). L'organico orchestrale nel *Tristano* e nella *Tetralogia* è sensibilmente aumentato,
anche con l'introduzione di strumenti nuovi come le cosiddette
Wagnertuben ("tube wagneriane"), di gradazione timbrica intermedia fra i corni e le trombe. Il gruppo degli ottoni, che costituisce senza
dubbio il colore strumentale predominante della *Tetralogia*, è grandemente accresciuto: il numero dei corni è elevato a quattro-sei,
mentre al sottogruppo dei tre tromboni vengono ad aggregarsi il
registro basso e quello contrabbasso, alle tre trombe una tromba
bassa. (La predilezione per le grandi fanfare di ottoni è chiaramente
derivata da Berlioz e Meyerbeer.) Il coro dei legni è costituito da tre
flauti e ottavino, quattro oboi (il IV con l'obbligo del corno inglese),
tre clarinetti e clarinetto basso, quattro fagotti (il IV con l'obbligo del
controfagotto). Il numero delle arpe viene portato a sei, e notevolmente aumentato si fa anche quello degli strumenti a percussione
(tre timpani sono richiesti nel *Tristano* per facilitare i rapidi cambiamenti di accordatura determinati dall'impianto armonico continuamente modulante). Gli archi sono spesso trattati in sottogruppi
"divisi" (cfr. specialmente l'atto I della *Walkiria*). L'espansione della
tavolozza orchestrale viene però predisposta non tanto per le conse-
guenti possibilità di potenza sonora, quanto per la maggiore dispo-
nibilità a creare impasti timbrici sempre più variegati ed immaginosi. D'altronde Wagner ricorre alla piena orchestra solo nei punti cul-
minanti del decorso drammatico. Più comunemente, egli dispone il
discorso armonico e la struttura polifonica attraverso un massa
sonora in perenne trasformazione timbrica, quasi come un suono
d'organo continuamente modificato dall'aggiunta, sottrazione o
mescolanza di registri. Questo tipo di struttura timbrica "pluridi-
mensionale" della partitura è esemplificato dalle varie apparizioni
del tema del Santo Graal nel corso del Preludio di *Lohengrin* e
durante tutta l'opera. La massiccia intelaiatura contrappuntistica,
caratteristica delle partiture wagneriane, è ben marcata dai vari
raddoppi e unisoni timbricamente compositi. Il motivo di apertura
del Preludio del *Parsifal*, per esempio, è marcato da un colore intenso nei timbri amalgamati dei clarinetti, fagotti, violini con sordina,
violoncelli con sordina, cui viene ad aggiungersi, verso il culmine
della curva melodica, il corno inglese, poi tolto all'inizio della fase
discendente in "diminuendo" (ESEMPIO 1):

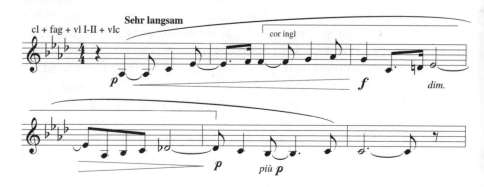

ESEMPIO 1

LEITMOTIV. Nel dramma musicale wagneriano il *Leitmotiv* ("motivo ricorrente" o "motivo conduttore") è inteso come fattore essenziale di coesione del discorso drammatico-musicale. Il termine *Leitmotiv* non fu coniato da Wagner, che invece denominò i motivi ricorrenti *melodische Momenten* ("momenti melodici"), *Grundthemen* ("temi basilari"), ecc. teorizzandone le funzioni in *Oper und Drama* (Parte III, Cap. 6). Il termine fu introdotto nella letteratura critica wagneriana nel 1876 da Hans von Wolzogen (1848-1938), autore di molte "guide" tematiche delle opere di Wagner. I nomi ai vari motivi furono dati non dal compositore, ma dai commentatori delle sue opere, da Wolzogen in qua. È pertanto sempre rischioso assegnare ad essi denominazioni che li identifichino troppo rigidamente.

Il periodico ricorrere di temi nel corso di un'opera si era riscontrato già nel teatro musicale della Rivoluzione francese (cfr. il Cap. 25) e di Weber specialmente (cfr. sopra), ma in Wagner, nella *Tetralogia* in particolare, tale tecnica trova sistematica attuazione e assurge a fattore fondamentale e determinante della concezione drammaturgica e della complessa costruzione musicale.

Nella tecnica compositiva di Wagner il *Leitmotiv* è una precisa unità musicale – una breve o lunga melodia, uno schema ritmico, una serie di accordi, di particolari sonorità orchestrali – associata ad uno stato d'animo, pensiero, sentimento riguardante singoli personaggi, o collegata ad una determinata situazione, oggetto, concetto, evento nel dramma. Ai *Leitmotive* Wagner attribuisce oltre alla funzione di caratterizzare musicalmente avvenimenti del presente, anche quella di "reminiscenze" di eventi passati e quella di "presentimenti" di eventi futuri. Hanno per la maggior parte valore simbolico allusivo e sono, in genere, facilmente riconoscibili dagli spettatori che assistono allo svolgersi della vicenda. La fitta rete di relazioni che viene istituita tra i vari motivi nel corso dell'opera costituisce, come detto, l'elemento caratterizzante della strategia drammaturgico-musicale wagneriana; il loro uso intenso permette una continuità che garantisce l'unità del tutto. I motivi sono sottoposti a variazioni ed elaborazioni incessanti e ininterrotte, possono essere combinati contrappuntisticamente, sviluppati, smembrati in semifrasi e segmenti motivici. Tale tecnica compositiva basata sul ritorno e la trasformazione dei motivi s'apparenta indubbiamente con l'elaborazione del materiale tematico in una sinfonia e in un poema sinfonico, quelli di Liszt specialmente. Essendo spesso gravati di significati simbolici e insieme associati agli eventi scenici, i *Leitmotive* commentano ed espongono l'azione e il pensiero dei personaggi anche laddove la parola e il gesto da soli non si potrebbero esprimere. Mentre la voce tace, molto spesso uno o più motivi vengono affidati ad uno strumento solista o ad aggregazioni timbriche continuamente cangianti. Il procedimento ha radici indubbiamente nella tradizione del *mélodrame*, dove la scena viene mimata e parlata in alternanza o in concomitanza dell'accompagnamento orchestrale (cfr. il vol. II, Cap. 19). In Wagner, però, la pantomima è spogliata del gesto esteriore, divenendo una sorta di mimica *senza* movimento; di conseguenza, il teatro tende a ridursi sempre più – nella *Tetralogia* specialmente – a un quadro interiore e ideale (per un esempio pregnante di pantomima non gestuale vedi *La Walkiria*, I/2).

Oltre che di fisionomia musicale, i motivi mutano spesso di significato, a seconda dei vari contesti in cui appaiono entro un'opera o più opere, come nel caso della *Tetralogia*. Nell'*Epilogischer Bericht* ("Rapporto a mo' di epilogo", 1871) intorno al processo compositivo dell'*Anello del Nibelungo*, Wagner afferma di aver ricavato e sviluppato la molteplicità di *Leitmotive* (circa novanta) impiegati nella serie delle quattro opere da pochi motivi originari:

> Con *L'oro del Reno* imboccai subito la nuova via che doveva permettermi anzitutto di trovare i motivi originari, plasmabili, i quali poi, sviluppandosi e assumendo tratti sempre più individuali, dovevano farsi portatori delle passioni sottese all'azione ampiamente articolata e dei caratteri che vi si esprimono.

Dal *Leitmotiv* della natura (ESEMPIO 2a), per esempio, Wagner fa derivare, come tutto dalla natura deriva, altri motivi principali (ESEMPIO 2b-k) dell'*Anello*:

ESEMPIO 2 a-k

Anche gran parte dei temi di *Parsifal* deriva, come detto, dalla grande, solenne melodia con la quale si apre il Preludio all'atto I (cfr. l' Esempio 1).

ARMONIA. Nelle opere della maturità Wagner ha portato al limite estremo la funzionalità armonica del sistema tonale, principio dominante della composizione musicale dalla fine del XVII al XIX secolo. L'ambiguità delle funzioni armoniche – gli accordi possono essere sentiti come appartenenti contemporaneamente a varie tonalità – è il risultato delle particolari tensioni create da un ricchissimo tessuto cromatico e da un audacissimo trattamento delle dissonanze. Questa ambiguità tonale non nacque con Wagner (cfr. il Cap. 24), ma fu da lui impiegata per scopi espressivi in maniera molto più estesa rispetto ai suoi predecessori e contemporanei. Vale notare, però, che molti passi in cui la tonalità appare "sospesa" si trovano frammisti a lunghi episodi diatonici che restano legati ad una tonalità generale bene affermata. L'accento sonoro della musica wagneriana cade comunque, quasi sempre, sulla dissonanza piuttosto che sulla consonanza. Tra gli espedienti tecnici di cui Wagner si avvale per l'arricchimento notevole della trama armonica figurano:

— Modulazioni indotte da cambiamenti enarmonici.

— Raro uso di cadenze perfette (possiedono sempre un effetto di relativa stasi del flusso musicale continuo) con risoluzione delle dominanti su gradi diversi dalla tonica (cadenze evitate).

— Uso sistematico di aggregazioni complesse e dissonanti (accordi di settima diminuita, di nona, ecc.).

— Ampio impiego di sequenze di accordi per progressione cromatica (per esempio, accordi di settima che sfociano in un'altra settima anziché in una triade consonante). Questo procedimento trova la sua espressione più chiara all'inizio del Preludio all'atto I di *Tristano* (ESEMPIO 3): il *Sehnsuchtmotiv* ("motivo del Desiderio") sarebbe una serie di intervalli tonalmente pressoché insignificante, un segmento di scala cromatica, se non fosse per gli accordi irrisolti per lungo tempo — la risoluzione avviene non prima della diciassettesima battuta – che sorreggono la condotta melodica:

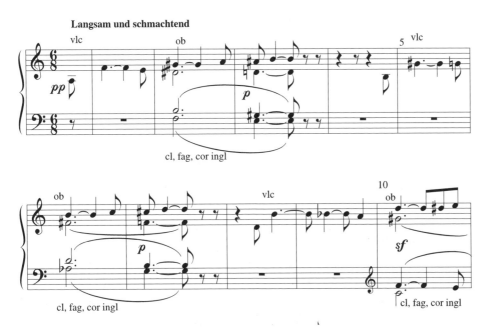

259

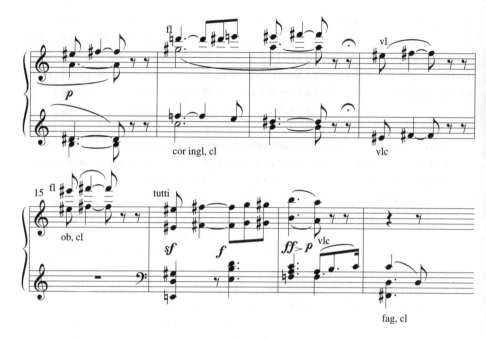

ESEMPIO 3

– Uso abbondante di lunghe appoggiature e sospensioni dissonanti nelle varie linee melodiche, che non vengono risolte in
una consonanza ma che sfociano in un'altra nota estranea
all'accordo; ciò conferisce al discorso melodico un andamento
che si dispiega in una continuità che sembra "infinita".

L'influsso di Wagner

Enorme fu l'effettiva portata dell'influenza di Wagner sulla musica e sulla cultura dei decenni a cavallo tra Otto e Novecento: non può
essere paragonata a quella di nessun altro artista e non fu limitata
alla sola Germania né alla sola musica. Poiché capace di rappresentare simbolicamente le forze oscure dell'inconscio, la musica di
Wagner costituì, soprattutto per i letterati della "decadenza", l'esempio supremo del carattere intimamente morboso, stravagante, srego-
lato dell'arte e della musica in particolare.

Iniziatore del wagnerismo europeo può essere considerato Charles
Baudelaire (1821-1867), il poeta che aprì la via al gusto del "deca-

dentismo" con *Les fleurs du mal* ("I fiori del male", 1857). Egli fu appassionato ammiratore della musica di Wagner e lo dimostrò con il suo famoso articolo apparso sulla *Revue européenne* ("Rivista europea") del 1 aprile 1861, scritto in risposta all'insuccesso della prima parigina del *Tannhäuser*. Baudelaire scrive che la fascinazione della musica di Wagner è determinata dall'"energia passionale della sua espressione", capace di dare voce agli aspetti più nascosti del cuore umano. Nella suggestione irresistibile emanata dalla musica del compositore tedesco, il poeta francese ritrova "le visioni che si concepiscono nella vertigine dell'oppio".

La poesia di Baudelaire, che adotta un linguaggio denso di significati e di rapporti simbolici tra le parole, si pose all'origine della corrente poetica del "simbolismo" francese, che ebbe influenza immensa nella letteratura europea. I simbolisti si proponevano di realizzare una poetica nuova mediante la rottura del tradizionale sistema sintattico e grafico: le parole e la versificazione del componimento poetico dovevano essere intenzionalmente inintelligibili (si fa ampio uso, per esempio, di vocaboli arcaici ed esotici, di strutture metriche irregolari). Guidato da Stéphane Mallarmé (1842-1898), il movimento simbolista si prefiggeva di ottenere in poesia ciò che Wagner aveva praticato in musica avvalendosi di un complesso sistema di rimandi e riferimenti (i *Leitmotive*) altamente evocativi: suggerire al lettore, attraverso un vocabolario denso d'immagini a sensi multipli e di significati nascosti, associazioni verbali e impressioni appartenenti alla sfera dell'inconscio. L'influsso della musica di Wagner sui poeti simbolisti è riconosciuto nel saggio di Mallarmé *Richard Wagner, rêverie d'un poète français* ("Richard Wagner, sogno di un poeta francese"), apparso sulla *Revue wagnérienne* ("Rivista wagneriana") dell'agosto 1885.

Il *Tristano* è l'opera che esercitò la maggiore suggestione sulla letteratura: viene percepita come opera-limite oltre la quale è difficile andare, perché si è spinta sino alla soglia estrema di ciò che è esprimibile, dando pertanto voce al mondo notturno dell'inconscio. Nella letteratura di fine Ottocento viene anche considerata come l'opera che rappresenta l'essenza stessa della musica, in quanto capace di catturare ipnoticamente l'ascoltatore, facendogli provare estasi "infinite". E diviene diretto o indiretto modello d'innumerevoli opere letterarie che cercano di riprodurne la suggestione. I due esempi più illustri di parafrasi del *Tristano* sono contenuti nel romanzo *Il trionfo della morte* (1894) di Gabriele D'Annunzio (1863-1938) e nella novella omonima (1903) di Thomas Mann (1875-1955). Sia D'Annunzio che Mann furono grandi ammiratori della musica di

Wagner (nella sua attività giornalistica giovanile, il celebre poeta pescarese scrisse numerosi articoli sulle opere di Wagner). Nella dedica al *Trionfo della morte* D'Annunzio afferma di voler gareggiare con la grande orchestra wagneriana nel produrre una "prosa plastica e sinfonica, ricca d'immagini e di musiche". La struttura stessa del romanzo è costruita secondo la tecnica dei *Leitmotive*: al tema principale (l'oblìo e il desiderio di morte) si affiancano temi secondari che sorgono, si sviluppano, cadono, riaffiorano di volta in volta, in un continuo intreccio di immagini, di suggestioni sensuali e oniriche. Mirabile è poi l'esegesi che D'Annunzio fa del *Tristano* nel Libro VI del romanzo: la rievocazione di una rappresentazione dell'opera a Bayreuth serve a innalzare la morbosa passione e la folle attrazione dei due protagonisti Giorgio e Ippolita, il cui esito non potrà che essere, come nel *Tristano*, la distruzione di entrambi. Pressoché tutte le parole del testo della novella di Mann si ritrovano nel libretto del *Tristano* wagneriano, che viene citato letteralmente o parafrasato sottilmente.

Il gusto per il simbolismo e per le formule dei motivi ricorrenti pieni di allusioni di ogni tipo è caratteristico della drammaturgia del norvegese Henrik Ibsen (1828-1906) e della prosa dell'irlandese James Joyce (1882-1941). In *Ulysses* ("Ulisse", 1922), capolavoro di Joyce e uno dei libri fondamentali della letteratura moderna, il concetto di linguaggio come comunicazione diretta di pensieri e situazioni viene totalmente vanificato, anche perché vengono introdotti sintagmi e parole in parte o totalmente nuovi. Il racconto degli avvenimenti vissuti dai protagonisti del romanzo si svolge nel fluire tra il ricordo e il sogno, tra le immagini del presente e del passato, proprio come in un'opera wagneriana. Sembra che l'episodio delle "Sirene" (Cap. XI) sia stato concepito da Joyce in maniera simile alla struttura del tema con variazioni.

L'influsso di Wagner si estese anche al settore delle arti figurative. Il pittore moscovita Vasilij Kandinskij (1866-1944), uno degli artisti più innovativi del principio del XX secolo, mirò a raggiungere nella pittura la stessa emancipazione già ottenuta da Wagner nella musica. Profonda impressione gli fece l'ascolto di *Lohengrin* nella sua città natale durante gli anni giovanili. Narrando nella sua autobiografia intitolata *Rückblick* ("Sguardo al passato", 1913) dei suoi tentativi di dipingere Mosca in un'ora particolare egli scrive:

> Il *Lohengrin* mi parve una perfetta realizzazione di tale Mosca. I violini, i bassi gravi e particolarmente gli strumenti a fiato incarnarono allora per me tutta la forza di quell'ora di prima sera. Vidi nella mente tutti i miei colo-

ri, erano davanti ai miei occhi. Linee tumultuose, quasi folli si disegnavano
dinanzi a me. Non osavo esprimere le mie impressioni dicendo che Wagner
avesse dipinto musicalmente "la mia ora".

Con Kandinskij il colore sembra perdere ogni funzione illustrativa
per cedere il posto alle "visioni" lontane dalla percezione diretta,
eppure regolate da particolari impressioni "allusive": il giallo è caldo,
il blu tranquillo, il rosso ardente, ecc. Ogni forma e ogni colore hanno
un proprio contenuto e una propria "necessità interiore" (cfr. il suo
scritto del 1912 *Über das Geistige in der Kunst*, "Lo spirituale nel-
l'arte"). I suoi quadri si possono invero considerare come "sinfonie di
colori".

In campo propriamente musicale l'esempio del linguaggio wagneriano costituì un punto di riferimento obbligato per generazioni e
generazioni di compositori. L'espansione e l'arricchimento dell'orchestra wagneriana, e il suo importantissimo ruolo nel sostegno e nello
svolgimento del dramma, furono imitati ovunque. Si può dire che
l'intera storia della musica, come anche della critica e della storiografia musicali del XX secolo, da Debussy a Stravinskij a Boulez e
oltre, è sempre stata condizionata, se non dominata, dalle concezioni
estetiche e musicali di Wagner: tutti in un certo modo furono costret-
ti a prendere posizione a favore o contro le sue idee e la sua arte.

Le opere di Richard Strauss (1864-1949)

La concezione sinfonica che Wagner ebbe dell'opera fu portata alle
estreme conseguenze in due lavori in un atto singolo che Strauss
scrisse al volgere del nuovo secolo: *Salome* (Dresda 1905) e *Elektra*
(Dresda 1909). Sono opere che, senza dubbio, mostrano la tendenza
– peculiare della cultura mitteleuropea negli anni immediatamente
precedenti la prima Guerra mondiale (cfr. il Cap. 24) – ad esprimere
con particolare intensità le manifestazioni più oscure e contraddittorie della psiche, con predilezione per i temi della sessualità patologica, della solitudine, della malinconia, della morte.

La trama di *Salome* è tratta dal dramma omonimo di Oscar Wilde
(1854-1900), principale esponente del decadentismo letterario *fin de
siècle*. È la storia biblica, interpretata in chiave scopertamente amorale e perversamente erotica, della principessa di Giudea che perse-
gue la sua opera di seduzione nei confronti di Erode, re degli ebrei. Il
libretto di *Elektra* è una rielaborazione moderna della tragedia di

Sofocle (V secolo a. C.), ambientata nel mondo suggestivo di una Grecia barbarica e dionisiaca. Al centro della vicenda è la schizofrenica – freudiana – sete di vendetta della protagonista nei confronti degli assassini del padre Agamennone. Con *Elektra* ebbe inizio la collaborazione, molto fruttuosa, tra Strauss e il suo principale librettista, il grande commediografo e raffinatissimo poeta austriaco Hugo von Hofmannsthal (1874-1929).

Strauss dimostra eccezionale abilità nel rappresentare musicalmente gli stati patologici dei principali personaggi, sullo sfondo dei cupi orrori della vicenda di ciascuna delle due opere. Il linguaggio musicale che impiega è talmente ricco di dissonanze e di sonorità gigantesche, che i contemporanei lo giudicarono di un'audacia senza pari. La sua armonia subì indubbiamente l'influsso di Wagner (all'inizio della sua carriera Strauss fu wagneriano entusiasta): il sistema tonale è ampliato all'estremo, al limite delle sue possibilità, senza però subire autentiche incrinature. Le successioni accordali sono normalmente condizionate dalla condotta della voce cromatica, con modulazioni molto più lontane e improvvise rispetto a Wagner. L' Esempio 4 da *Elektra* (batt. 27) mostra una successione di accordi – che si possono considerare politonali – tipicamente straussiana. La triade di DO♭ magg. è sovrapposta all'accordo vuoto (senza terza) di RE-LA, producendo un aspro urto dissonante di una nona minore tra RE e MI♭. Lo stesso accordo viene rapidamente fatto scorrere cromaticamente per poi posarsi al suono originario all'ottava inferiore:

ESEMPIO 4

In *Salome* e in *Elektra* viene impiegato un vasto sistema di *Leitmotive* e la musica fluisce ininterrotta, come nelle opere tarde di Wagner, in un crescendo spasmodico che raramente conosce tregua. Il ruolo dell'orchestra viene potenziato al massimo, ancor più che nelle opere di Wagner. Nel gigantesco organico orchestrale di *Elektra* sono compresi otto clarinetti di vario tipo, sei trombe, tube wagneriane, un *Heckelphon* (un tipo di oboe dai toni cupi, il cui registro si colloca un'ottava sotto quello dell'oboe); i violini e le viole sono suddivisi in I, II, III per tutto il corso dell'opera. In *Salome* e in *Elektra* Strauss mise pienamente a frutto tutto il fenomenale virtuosismo orchestrale che aveva acquisito nel campo della musica sinfonica. Vale notare che egli affrontò il teatro musicale dopo essersi dedicato prevalentemente al genere del poema sinfonico (cfr. il Cap. 24). Il tessuto orchestrale nelle due opere è di norma denso e polifonico, caratterizzato dal frequente dispiego di sonorità massicce. Le parti vocali hanno un carattere declamatorio, con molti intervalli insoliti, talvolta di amplissima estensione.

Der Rosenkavalier ("Il cavaliere della rosa", Dresda 1911) su libretto di Hofmannsthal è una delle opere di maggior successo del secolo. È essenzialmente una commedia musicale (ambientata nella Vienna del 1760) dallo stile molto più semplice e orecchiabile di quello delle sue opere precedenti. La partitura è percorsa da frequenti accenni di ritmi di valzer. Scene liriche di carattere patetico sentimentale, piene di grazia e finezza, si accompagnano ad altre burlescamente grottesche, condotte con accenti vigorosi.

Nessuno dei lavori teatrali scritti successivamente da Strauss, salvo *Die Frau ohne Schatten* ("La donna senz'ombra", Vienna 1919), raggiunse il livello di *Salome*, *Elektra* e *Der Rosenkavalier*.

Bibliografia

I caratteri generali dell'opera tedesca del primo Ottocento sono molto bene ed estesamente delineati in R. Di Benedetto, *Romanticismo e scuole nazionali nell'Ottocento*, nuova ed., Torino, EDT 1991, pp. 74-81; in W. Dean, *L'opera tedesca*, in *L'età di Beethoven, 1790-1830*, a cura di G. Abraham, Milano, Feltrinelli 1984, Cap. X ("Storia della musica", 8); e in L. Plantinga, *La musica romantica. Storia dello stile musicale nell'Europa dell'Ottocento*, Milano, Feltrinelli 1989, Cap. VI.

L'influsso dell'*opéra-comique* sull'opera tedesca, di Weber in particolare, è esaminato in C. Dahlhaus, *La musica dell'Ottocento*, Scandicci, La Nuova Italia 1990, pp. 74-82. Il libretto dell'opera più celebre di Weber è pubblicato in *Der Freischütz-Il Franco Cacciatore. Opera romantica in tre atti*, traduzione e commento di L. Tirone, Alessandria, Edizioni dell'Orso 1996.

Sterminata è la letteratura sulla biografia, sull'opera musicale, filosofica, teorica di Wagner (si contano più di 10.000 titoli soltanto tra quelli pubblicati durante la sua vita): è più cospicua di quella riguardante qualsiasi altro personaggio della storia, salvo Napoleone e Shakespeare. Per un quadro generale dell'opera wagneriana vedi R. Di Benedetto, *op. cit.*, Cap. IV; L. Plantinga, *op. cit.*, Cap. IX; C. Dahlhaus, *op. cit.*, pp. 208-219; e A. Whittall, *Le ultime opere teatrali di Wagner*, in *Il Romanticismo (1830-1890)*, a cura di G. Abraham, Milano, Feltrinelli 1991, Cap. V ("Storia della musica", 9).

Tra le monografie su Wagner recentemente rese disponibili in italiano le più ragguardevoli sono: C. von Westernhagen, *Wagner. L'uomo, il creatore*, Milano, Mondadori 1983; e R. W. Gutman, *Wagner. L'uomo, il pensiero, la musica*, Milano, Rusconi 1983.

Una utile guida – canonica e molto celebre – a tutte le opere di Wagner è quella di E. Newman, *Le opere di Wagner*, Milano, Mondadori 1981. Sulla drammaturgia wagneriana molto importanti sono i seguenti contributi di C. Dahlhaus: *La concezione wagneriana del dramma musicale*, Fiesole, Discanto 1983; e *I drammi musicali di Richard Wagner*, Venezia, Marsilio 1998.

L'attività giornalistica e gli scritti giovanili di Wagner sono analizzati molto acutamente nel loro contesto storico e filosofico in M. Giani, *Un tessuto di motivi. Le origini del pensiero estetico di Richard Wagner*, Torino, De Sono-Paravia 1999.

Per una disamina delle traduzioni italiane degli scritti del compositore tedesco vedi M. Giani, *Luigi Torchi traduttore di Wagner*, in *Tra le note. Studi di lessicografia musicale*, a cura di F. Nicolodi e P. Trovato, Fiesole, Edizioni Cadmo 1996, pp. 93-104. Tra gli scritti suoi recentemente tradotti in italiano sono: *La mia vita*, Torino, EDT/Musica 1982; *L'opera d'arte dell'avvenire*, Milano, Rizzoli 1983; *Una comunicazione ai miei amici*, Pordenone, Edizioni Studio Tesi 1985; *Musikdrama*, Pordenone, Edizioni Studio Tesi 1988. I testi drammatici tradotti in italiano con testo originale a fronte, sono raccolti in *Tutti i libretti di Wagner*, a cura di O. Cescatti, Milano, Garzanti 1992.

Sull'immagine di Wagner nella letteratura tedesca di fine Ottocento e negli scritti di T. Mann vedi G. di Stefano, *La vita come musica. Il mito romantico del musicista nella letteratura tedesca*, Venezia, Marsilio 1991, pp. 151-186. Gli scritti wagneriani di C. Baudelaire sono riuniti nel vol. *Su Wagner*, a cura di A. Prete, Milano, Feltrinelli 1983; quelli di T. Mann in *Dolore e grandezza di Richard Wagner*, Fiesole, Discanto 1979; quelli di G.B. Shaw ne *Il wagneriano perfetto*, Torino, EDT/Musica 1981; e quelli di F. Nietzsche in *Scritti su Wagner: "Richard Wagner a Bayreuth", "Il caso Wagner*", "*Nietzsche contra Wagner*", Milano, Adelphi 1979. Sulla fortuna di Wagner nella letteratura italiana vedi A. Guarnieri Corazzol, *Tristano, mio Tristano. Gli scrittori italiani e il caso Wagner*, Bologna, Il Mulino 1988; e *id., Musica e letteratura in Italia tra Ottocento e Novecento*, Milano, Sansoni 2000, Cap. V. Sulla presenza del grande compositore tedesco nei romanzi e nella prosa di G. D'Annunzio vedi A. Guarnieri Corazzol, *Sensualità senza carne. La musica nella vita e nell'opera di D'Annunzio*, Bologna, Il Mulino 1990, Cap. V. Gli scritti di Kandinskij su argomenti connessi alla musica sono raccolti in *Scritti intorno alla musica*, a cura di N. Pucci, Fiesole, Discanto 1979.

Per uno sguardo sintetico sulle opere di Strauss vedi M. Cooper, *Opera e balletto, 1890-1918*, in *La musica moderna (1890-1960)*, a cura di M. Cooper, Milano, Feltrinelli 1974, Cap. III ("Storia della musica", 10). Vedi anche Q. Principe, *Strauss*, Milano, Rusconi 1989, Cap. III.

'Tesi' di storia della musica

secondo i programmi ministeriali per i Conservatori,
con rinvii al *Manuale*, vol. III.

20. "Il melodramma nazionale in Francia (da Lully a Rameau ai nostri giorni) in Germania (da Schütz sino a Mozart e Weber) e in Inghilterra (Purcell)": pp. 145-172; vol. II, Capp. 18, 22; vol. IV, Cap. 29.

21. "Trapianto dell'opera italiana in Francia e in Germania: Piccinni, Sacchini, Cherubini, Spontini, Rossini. L'opera italiana in Russia; Galuppi, Cimarosa Paisiello, Sarti": pp. 147-150, 157-158, 235-240; vol. II, Capp. 18, 19, 22.

22. "L'opera italiana nel XIX secolo: Rossini, Bellini, Donizetti, Verdi; autori minori. Il melodramma contemporaneo": pp. 175-230; vol. IV, Cap. 29.

23. "Riccardo Wagner. Importanza musicale e artistica, e caratteri nazionali della sua produzione. I post-wagneriani": pp. 242-265; vol. IV, Cap. 29.

28. "Haydn, Mozart, Beethoven": pp. 9-46; vol. II, Cap. 22.

29. "Il periodo romantico": pp. 49-74.

30. "La musica strumentale nei secoli XIX e XX: il poema sinfonico e la musica a programma dal Vivaldi in poi": pp. 35-36, 74-120; vol. II, Cap. 20; vol. IV, Cap. 30.

31. "Le giovani scuole nazionali: Russia, Norvegia, Finlandia, Spagna, Cecoslovacchia, Ungheria, Italia": pp. 131-141; vol. IV, Capp. 30, 32.

Indice
dei nomi e delle cose notevoli.

I numeri in carattere neretto rinviano ai luoghi dove l'autore, o argomento, è oggetto di trattazione specifica.

Indice